激闘！
関東三国志

松沢成文

ワニ・プラス

はじめに

戦国時代というと、日本の歴史においては百年以上にわたり、ひたすら戦いに明け暮れた混乱と激動の時代というのが一般的なイメージだろう。実際、いわゆる戦国大名が各地に割拠し、混乱が続いたのは史実として明らかだが、そこには武力の戦いだけではなく、領国統治や地域経済活性化という面でも群雄が競い合い、日本全体の成長を促した活力あるダイナミックな時代という側面もあった。

それでは、いわゆる戦国時代とは、いつどのように始まったのか。これについては、歴史家や研究者の間にも、いまださまざまな見解や議論があるようだが、一般には「応仁・文明の乱」（一四六七〜一四七七）の後に各地で起こった内乱の様相を、京の公家たちが中国古代の戦国時代になぞらえて嘆いたことによるとされる。

南北朝の動乱を収めた三代将軍・足利義満が確立した室町幕府は、斯波《しば》・細川・畠山といった有力大名を管領などの要職に任命して政務に当たらせていた。しかし、各地に散らばる守護大名の力が強まると、それを統制できなくなった幕府は次第に弱体化していく。

そんななか、応仁元年（一四六七）に八代将軍の足利義政の後継ぎをめぐって、弟の義規と子の義尚との間に争いが起こる。そこに、当時、幕府の実権を握っていた有力守護大名の細川氏と山名氏が介入し、諸大名を巻き込んだ紛争に発展。「応仁・文明の乱」が勃発する。

十一年に及ぶ戦乱で、京は焼け野原となり、さらに戦火は地方へ飛び火して、京都にいた守護大名の多くは領国へ下っていく。ところが、そんな彼らを待ち受けていたのは領国での一揆や反乱だった。守護大名が京都で激しく争っていた間に、守護代（守護大名の留守を預かる代官）や国衆（地方在住の武士）が力をつけ、実力で守護大名にとって代わろうとするものが出てきたのである。

この本の主人公のひとりである武田氏は守護大名から、上杉氏は守護代から戦国大名となった。そして北条氏の場合は、今川氏に仕える一介の武将・北条早雲が、下剋上によって戦国大名に成り上がる。

こうして各地に出現した戦国大名たちは、領地拡大や経済基盤の確立などを目的として戦を重ねていく。国の実力がものをいう時代、これを支える家臣や領民の支持を得ることは必須である。そのためには新たな領土を得て、家臣や領民に知行地や恩賞を与えなければならない。

彼らは競合するライバルに勝ち抜くべく、軍隊を育成し堅固な城を築いた。そして、同盟や調略などの外交戦略を駆使し、それがうまくいかない場合は、軍事力による戦闘によって領国の拡大と支配を図った。一方で、屈服させた国衆や地侍たちを積極的に家臣団に組み込み、彼らを有力な家臣たちに預けることで強固な軍事組織をつくり上げていったのである。

同時に、戦国大名たちは内政にも大いに力を入れる。新たに征服した領地で検地を実施し、農民に対する直接支配を強化するほか、領国や家臣団の支配のため「分国法」という独自の家法や領国統治のための法律を定めるものもいた。さらに、治水・灌漑工事や耕地の拡大を行ったり、城下町を築いたり、市場を開いて商工業の発展を図っていく。

戦国大名の代表格といえば、やはり、織田信長・豊臣秀吉・徳川家康だろう。映画やテレビ、小説、さらにゲームなどにも何度も取り上げられ、三人それぞれにファンが多い。

しかし、戦国時代は中央と西国を中心としたこの三人だけの物語ではない。東国にも、活力にあふれる激動の戦国時代があった。北条氏康、武田信玄、上杉謙信という三人の大名とその後継者たちが関東の覇権をめぐり、切磋琢磨しつつ激しく競い合った。まさに関東三国志の激闘である。そのドラマチックな展開は、迫力満点で実に魅力的である。

まず、この三人の豪傑武将たちの活躍を、その誕生から追っていきたい。

なおタイトルを「関東三国志」としたが、この物語の舞台は、現在一般的に使われる地域区分「関東地方」の範囲よりずっと広く、甲信越、東海なども含まれる。この本ではタイトル、本文とも「西国」に対する「東国」の意味で「関東」を使うこととした。

二〇二三年七月

松沢成文

第一章 三英傑の誕生と初陣

■相模の獅子・北条氏康の初陣

十六世紀、中世の戦国時代。日本の東国に、比類なき三人の優れた戦国武将が誕生した。相模国の北条氏康、甲斐国の武田晴信（のちの信玄）、そして越後国の長尾景虎（のちの上杉謙信）である。互いに外交、謀略、合戦、そして和睦、同盟を繰り返しながら、乱世のなか三英傑は権謀術数の限りを尽くして、関東の覇者を目指し、理想の領国を築くべく戦い抜いた。

その壮絶でドラマチックな歴史物語をその幕開けから見ていこう。

永正十二年（一五一五）、相模国の小田原城。ここに戦国大名北条氏の三代目嫡男、北条氏康が誕生した。

北条氏は初代北条早雲が伊豆・相模に侵攻し、戦国大名としての礎を築いた一族で、二代目氏綱が武蔵にまで領国を拡大するなかで、関東管領《かんれい》の山内・扇谷《おうぎがやつ》両上杉家と激しく争っていた。

初陣は享禄三年（一五三〇）六月。氏康が十六歳の時に迎えた「小沢原《おざわがはら》の戦い」である。関東管領上杉氏の扇谷上杉朝興は武蔵府中に侵攻する。これに対し北条勢は、玉川（多摩川）沿いの小沢原（川崎市多摩区・麻生区）で敵陣に一挙に斬り込み、縦横無尽に暴れまわる。当時の合戦の定石は、まず全軍で矢を射かけて弾幕を張り、しかるのちに白兵戦に突入するというものだ。それをいきなり斬り込んだのだから、上杉方は驚き大混乱となった。

それも単なる奇襲と力押しだけでなく、若き氏康の巧みな指揮によって兵も馬も力を合わせて一度に襲いかかり、素早く引いては集散自在の大躍進。ついにひとところも負けることなく相手を追い散らした。初陣で大将を任された氏康は、首尾よく扇谷上杉勢を撃退するという一大戦果をあげたのである。

初陣というのは縁起を担ぐ狙いがあり、勝利が確実な戦場に送り出されることが多かったが、氏康の初陣はとても楽な相手ではなかった。これは早くからその能力が評価されていた証であり、氏康もそれに十二分に応える堂々たる戦いぶりを見せたのである。

ここに、〝相模の若獅子〟が誕生した。氏康はその後も、父の氏綱とともに両上杉氏はじめ強敵ひしめく武蔵の攻略戦を進め、戦果をあげていく。また、甲斐の武田信虎とも「山中合戦」などで戦っている。

天文四年（一五三五）、氏康は初代早雲の代から親交の深い駿河の今川氏親の娘である瑞渓院《ずいけいいん》と結婚する。北条―今川同盟の強化を目指す両家の思惑から実現した婚姻である。

ところが、その直後に今川家では家督相続をめぐる「花倉の乱」が勃発する。その結果、北条氏が支援する今川義元が家督を継ぐことになるのだが、驚いたことにその義元が、突然甲斐の武田信虎と和睦。裏切られた北条氏は今川氏と敵対関係となり、東駿河で「河東《かとう》一乱」を戦うことになってしまう。

だが、それでも氏康は妻となった瑞渓院を離縁しなかった。そんな氏康の愛情に応えてか、瑞渓院は後継者の北条氏政をはじめとする多くの子供たちを産み育て、この子供たちが以後の北条氏を支える基盤をつくっていくこととなる。戦国期における「理想の妻」とは「血をつなぐため多くの子（特に男子）をなせる人物」であり、この当時の価値観からいえば瑞渓院こそ大名の正室として、これ以上ない女性であったといえるだろう。

天文六年（一五三七）頃から、氏康は父氏綱のもと政務にも関与するようになり、徐々に後継者として領国支配の一翼を担っていく。天文十年（一五四一）の夏、氏綱は病に倒れ、薬石の効もなく死去した。享年五十五。

死の直前、氏綱は後継者氏康と北条家の将来を思い、「北条氏綱公御書置」いわゆる「五箇条の御書置」という訓戒を伝えている。要約すると、こんな内容だ。

「義を大切にせよ。利害を捨てて条理に従え。公のために尽くせ」
「領民を大切にせよ。人材育成と適材適所を図れ」
「虚勢を張らず贅沢を慎み、分限を守れ」
「華麗を求めず倹約せよ。そうすれば国が豊かになる」
「勝利によって驕ってはならぬ。勝って兜の緒を締めよ」

現代でも通じる含蓄のある訓戒である。最後の一文「勝って兜の緒を締めよ」は、いまでも戦の教訓として世に広く受け継がれている。

父・氏綱が死去した時、氏康は二十七歳。父の遺訓を心に深く受けとめ、〝相模の獅子〟は戦国乱世に羽ばたいていく。

■甲斐の虎・武田信玄の初陣

氏康誕生の六年後、大永元年（一五二一）、甲斐の積翠寺《せきすいじ》という山城で生まれたのが武田晴信すなわち信玄である（信玄は法名、以後武田信玄と表記する）。父は甲斐の守護を務める武田家十八代当主武田信虎。母は西郡大井の国衆・大井信達の娘、大井夫人。

当時、駿河の今川勢が甲斐に攻め込んでおり、大井夫人は要害の城に避難して嫡男を産んだ。その後、父信虎が駿河勢を撤退させ、母子はようやく府中の居城である「躑躅ヶ崎館《つつじがさきやかた》」（山梨県甲府市）に入る。信玄は治乱興亡の真っ只中に、戦国武将の子として産声を上げたのである。

その頃、父信虎は京都の室町将軍の足利義晴と密に連絡をとっており、そのため関東公方や関東管領にも近づき、特に山内・扇谷上杉家に誼《よしみ》を図っていた。したがって北条氏とは対立関係にあり、何度か交戦している。

信虎は国衆が相争う甲斐の国内統一に向け、隣国の駿河・相模・信濃を牽制しながら、守護大名から戦国大名へと躍進していく。

天文五年（一五三六）、元服した信玄は、その後関係を修復した今川氏の斡旋で、京都の公家の三条公頼の娘を迎える。この正室は信玄と同年齢で義信・竜宝・信之らの母となる。そして、側室として諏訪御料人を迎え、四郎勝頼が産まれた。

初陣は天文五年（一五三六）十一月、信濃佐久郡の「海ノ口《うんのくち》城攻め」である。

この城には猛将として知られる平賀源心《げんしん》が、三〇〇〇の兵とともに立て籠もっていた。攻める武田軍は八〇〇〇。しかしながら、源心は戦巧者で、一ヶ月攻めても城は落ちない。年の瀬も迫り雪も激しくなるなかで、信虎は全軍に撤退を命令。

そのとき、信玄が願い出た。

「それがしに殿《しんがり》（軍列の最後尾で追撃してくる敵を防ぐ役割）をお命じ下さい」

これに対して信虎は言い放つ。

「この雪では敵は追ってこない。勝手にしろ！」

信玄も敵は追ってこないのは承知の上で、奇策を考えていた。勝ったと油断している敵の城を攻めるという不意打ちを仕掛けたのだ。この作戦は大成功し、その結果、信玄は敵将・源心の首を持ち帰るという大殊勲を立てたのである。甲斐の若き虎の戦国デビューである。

しかしながら、文武に秀でた信玄は、それが故に次第に信虎に疎まれるようになり、信虎は弟の信繁《のぶしげ》を贔屓《ひいき》するようになる。武田家中でも信繁が後を継ぐのではという気配が濃厚となっていた。

このように信玄の身辺は、その生い立ちから青春期、自立期にかけて、決して順風満帆だったわけではなく、むしろ暗い屈曲のある人生のなかで忍耐力を養ってきたのではないか。

天文十年（一五四一）、信玄は、大胆なクーデターに出る。父信虎が娘の嫁ぎ先である今川家を訪問した際、重臣の板垣信方《いたがきのぶかた》や甘利虎泰《あまりとらやす》、飯富虎昌《おぶとらまさ》らと謀り、信虎を駿河に追放。信虎は武略に優れた典型的な戦国武将であったが、その強引で残虐な行動は時に目に余るものがあり、家臣や領民の信頼を失いつつあった。信玄は甲斐の将来を慮り、一挙に謀反《むほん》に打って出たのだ。

こうして、父親の追放という異例の無血クーデターによって、信玄は武田家の第十九代目の家督を継承することになった。

いよいよ〝甲斐の虎〟といわれた戦国武将武田信玄の躍進が始まる。

■越後の龍・上杉謙信の初陣

氏康生誕の十五年後、信玄の九年後の享禄三年（一五三〇）。越後の春日山《かすがやま》城（新潟県上越市）で、後の上杉謙信こと長尾景虎が誕生する（謙信は法名）。父は越後守護代の長尾為景《ためかげ》。

母は越後栖吉《すよし》城主（新潟県長岡市）である長尾房景《ふさかげ》の娘の虎御前。幼名は虎千代といい、四男坊であった。当時の越後は内乱が激しく、父為景は戦を繰り返していた。為景は越後の守護大名・上杉顕定《あきさだ》を「長森原《ながもりはら》の戦い」で討ち取る。下剋上である。続いて後継の守護・上杉定実を傀儡《かいらい》化して威勢を振るったものの、越後の平定には至らなかった。

天文五年（一五三六）、今度は旧上杉勢力を吸合した国衆の上杉定憲《さだのり》が、為景に対して謀反を起こす。そこで為景は隠居に追い込まれた。家督は景虎の兄である晴景が継ぎ、景虎は為景から避けられるような形で林泉寺に入門した。ここで景虎は、天室光育《てんしつこういく》という住職のもと、厳しい文武の修行を積む。武勇の遊戯を嗜《たしな》み、弓矢や刀で遊ぶのに優れ、人々を驚嘆させたという。一方で神仏を崇敬する精神も学んだのであろう。

天文十一年（一五四二）、父為景は病没したが、敵対勢力が春日山城に迫ってきた際に、景虎は甲冑を着け、剣を持って亡父の柩《ひつぎ》を護送した。父の死後、兄の晴景には領国をまとめる才覚がなく、守護の上杉定実《さだざね》が復権し、守護派が主流となって反転攻勢をかけてくる。すさまじい越後の内乱である。

天文十二年（一五四三）、景虎は元服し、守護代である兄の晴景に命じられ、十四歳にして栃尾《とちお》城（新潟県長岡市）へ入城。ここで初陣となる「栃尾城の戦い」を迎える。

発端は、上杉定実が伊達稙宗《たねむね》の子を婿養子に入れるかどうかの問題であった。国内が賛成派と反対派に二分され、当時国主であった兄の晴景が病弱であったことも重なり、内乱状態に陥っていく。さらに翌年には越後の国衆が反乱を起こし、景虎が治める栃尾城を攻めてきたのだ。内乱は激化するかに見えたが、当時十五歳の景虎を若輩だと侮ったのが大きな間違いであった。景虎は少数の城兵を二手に分けて、敵本陣の背後を急襲することに成功。敵陣は混乱状態に陥り、追い打ちをかけるように城内から兵を突撃させたことで、戦況は大きく傾き景虎は勝利をつかんだ。戦陣に臨んでは火のように燃える性格が、この頃から如実に示されていた。こうして景虎は見事に初陣を飾ったのである。

ここに〝越後の龍〟、長尾景虎こと上杉謙信が戦国の乱世の表舞台にデビューを果たしたのである（以後、混乱をさけるために上杉謙信と表記する）。

相模の獅子・北条氏康、甲斐の虎・武田信玄、そして越後の龍・上杉謙信。この関東戦国時代の三英傑はそれぞれ類い稀に見る才能を発揮させ、独自の領国づくりを目指していく。関東一円を舞台に国盗り合戦を展開し、好敵手としてダイナミックな三つ巴の戦いを激化させていく。関東三国志の始まりである。

さらに、その後継者である北条氏政・武田勝頼・上杉景勝も、戦国乱世の終結に向けて獅子《しし》奮迅《ふんじん》の活躍を見せ、三国はそれぞれの途を辿《たど》っていくことになる。

第二章　それぞれの領国拡大戦

■氏康の電撃作戦と情報戦術

北条氏綱死去から四年後、あとを継いだ嫡男の氏康は一大危機を迎えていた。

天文十四年（一五四五）七月下旬、駿河の今川義元が、関東管領の上杉憲政と内通して挙兵。突然、駿河の北条領（河東地域）に侵攻してきた。氏康も対抗して出陣したが、これに対して甲斐の武田信玄まで出陣してきたため、状況は極めて不利であった。

その陣中で、氏康のもとに驚くべき知らせが届く。

北条氏の支城となっていた武蔵の拠点である河越城（埼玉県川越市）が、山内上杉氏と扇谷上杉氏の大軍によって包囲されたというのだ。河越城は関東一円のほぼ中央に位置する要の支城であり、そこを奪われることは大きな痛手となる。しかも、そうなれば目前の戦いで駿河の今川軍と武蔵の上杉軍の挟み撃ちに遭う、という絶体絶命の大ピンチだ。

だが、ここで氏康は慌てなかった。

「北条軍の戦力で二正面作戦は戦えない。選択と集中が必要になる。どちらで戦うか戦略を立てなければならない」

そう決断した氏康は、信玄の胸に飛び込んで斡旋《あっせん》を依頼し、義元との間で和議を締結。河東の領土を割譲して、どうにか和睦を成立させた。こうして氏康は東西から挟撃されるという危機を西方で収め、東方へ大転戦を図った。まさに電撃的な作戦展開だ。

ところが、関東方面ではなんと氏康の妹婿である古河公方《こがくぼう》の足利晴氏《はるうじ》までもが、山内上杉氏と共謀して兵を動員。扇谷上杉氏をも含めて三者が和睦し、同盟を締結する。武蔵を北条氏から奪還するためになりふり構わず〝野合〟したのである。この際、先代の氏綱に関東管領の御内書を与えた本人である晴氏の心変わりは、いかにも唐突である。

当初は氏康からの使者による説得もあって晴氏は静観の構えだった。ところが

「このたびの挙は、管領（上杉家）と公方様の君臣が合体し、早雲以来かすめ取られた御領国を回復、御代を安定させるためである」

上杉方からのこんな口車にまんまと乗せられてしまったのだ。

さらに上杉憲政《のりまさ》、上杉朝定《ともさだ》、足利晴氏は、一部の北条方の武将を除いて関東のすべての国衆に号令をかける。そして、それぞれが自ら軍を率いて反北条の大連合をつくり、河越城を包囲。この時の関東諸大名連合軍は、なんと約八万の大軍勢にふくれ上がり、憲政は城の南に陣を張り、朝定は城の北、晴氏は城の東と三方から取り囲んだ。

これに対し河越城は、氏康の義弟で「地黄八幡《じきはちまん》」の幟旗の猛将として名高い北条綱成《つなしげ》が約三〇〇〇の手勢で籠城していた。しかしながら、後詰《ごづめ》の救援がなければ落城は時間の問題であった。

ここで氏康は動く。

今川氏との戦いを和議によって収めた北条軍は、本国の相模から約八〇〇〇の兵を率いて河越城の救援に急行した。援軍の到着を信じ、綱成率いる籠城兵は半年も耐え抜いていた。それを可能にしたのは、平時から食料や武器類を十二分に備蓄しておくという、北条氏の有事に備える準備態勢にあった。氏綱の遺言である「勝って兜の緒を締めよ」の精神に拠《よ》ったのは間違いない。

しかし、その後の戦況は膠着《こうちゃく》したまま天文十五年（一五四六）を迎える。籠城側はいよいよ追い詰められ「どうせ死ぬなら、せめて斬り込んで」との覚悟を固めつつあった。一方、攻囲する側の連合軍は長陣の疲れもあって戦意は低下、軍律も緩んでいくなど、つけ入る隙ができていた。そこには、北条氏の忍者「風魔一党」のかくらん戦術と暗躍もあった。

河越に到着した氏康は、敵の士気の低下を読み取ったうえで、偽りの降伏を装った詫び状を敵方に届け続ける。「綱成と城兵を助命してくれるならば開城する。これまでの争いについても和議のうえ、我らは公方家に仕える」

そこには、彼我の桁違いの戦力差を考え、無理押しをせず奇襲を念頭に置いた氏康の深謀があった。

しかし、この嘆願に上杉方は応じず、逆に北条方を攻撃する。これに対して氏康は戦わぬままに、いったん兵を府中まで引いてみせる。こうした氏康の巧みな戦術によって、上杉方は北条軍の戦意が低いと誤解し、連合軍内にはいよいよ弛緩した楽勝気分が漂っていった。

そこで、この間に氏康はひそかに使者を用いて、城内の綱成と連絡を図った。敵を油断させ、奇襲をかける作戦を伝達したのだ。使者となったのはほかならぬ綱成の弟で、氏康の小姓を務める弁千代（福島勝広）、当時十七歳であった。

「（綱成の身内である）自分であれば捕らえられて身を八つ裂きにされ、骨を粉々に砕かれても秘事を漏らすことはありません」

そんな天晴れな覚悟で弁千代は決死の敵中突破に成功し、作戦が共有された。

■河越合戦、氏康が両上杉軍を奇襲で撃破

そして、天文十五年（一五四六）五月十九日夜を迎える。氏康は自軍を四つに分け、一隊には戦闘が終わるまで動かないよう命じた。そのうえで自身は、残りの兵力を率いて敵陣に向かう。目前の河越城の周囲には敵方の兵が、それこそ雲霞《うんか》のように押し寄せていた。だが、北条軍には「大敵を見て恐れず、小敵を侮らない」という早雲以来の教えが染み込んでおり、大軍に動じることもない。

夜が更けると月が出たが満月の輝きはなく、曇り空のはっきりしない空模様である。その時、氏康は兵たちに厳命した。

「鎧兜《よろいかぶと》を脱ぎすてよ！」

そうすれば音がたたず敵に気付かれにくい。しかも身軽になって大軍の間を一気に走り抜けることができる。北条軍は氏康の号令一下、両上杉軍に突入していった。

午前零時、北条軍から敵陣へ槍が投げ込まれ、まったく予期しない敵襲を受けた上杉勢は大混乱に陥った。北条勢には、奇襲に際して「討ち取った後に首を取ってはならない」との通達が行き届いていた。首を落とす時間が無駄になるからだ。

前にいるかと思えば後ろへ回り、四方に動いて一ヶ所に固まらず、迅速かつ縦横無尽の戦いだった。上杉方両軍は主だった重臣をはじめ三〇〇〇人以上が討ち死にし、扇谷上杉軍では当主の上杉朝定が敗死。山内上杉軍でも、上杉憲政はなんとか逃亡したものの多くの重臣を失った。

これを見て、今や遅しと城内で待っていた綱成軍は、城門を飛び出して足利晴氏の軍に突入していく。すでに浮足立っていた足利勢も、綱成軍の猛攻の前に散々に打ち破られ、まったく反撃できぬまま崩壊。一連の戦闘による連合軍の死者は、一万三〇〇〇から一万六〇〇〇人で、北条軍の総数を上回ったとされる。

河越合戦の戦況図

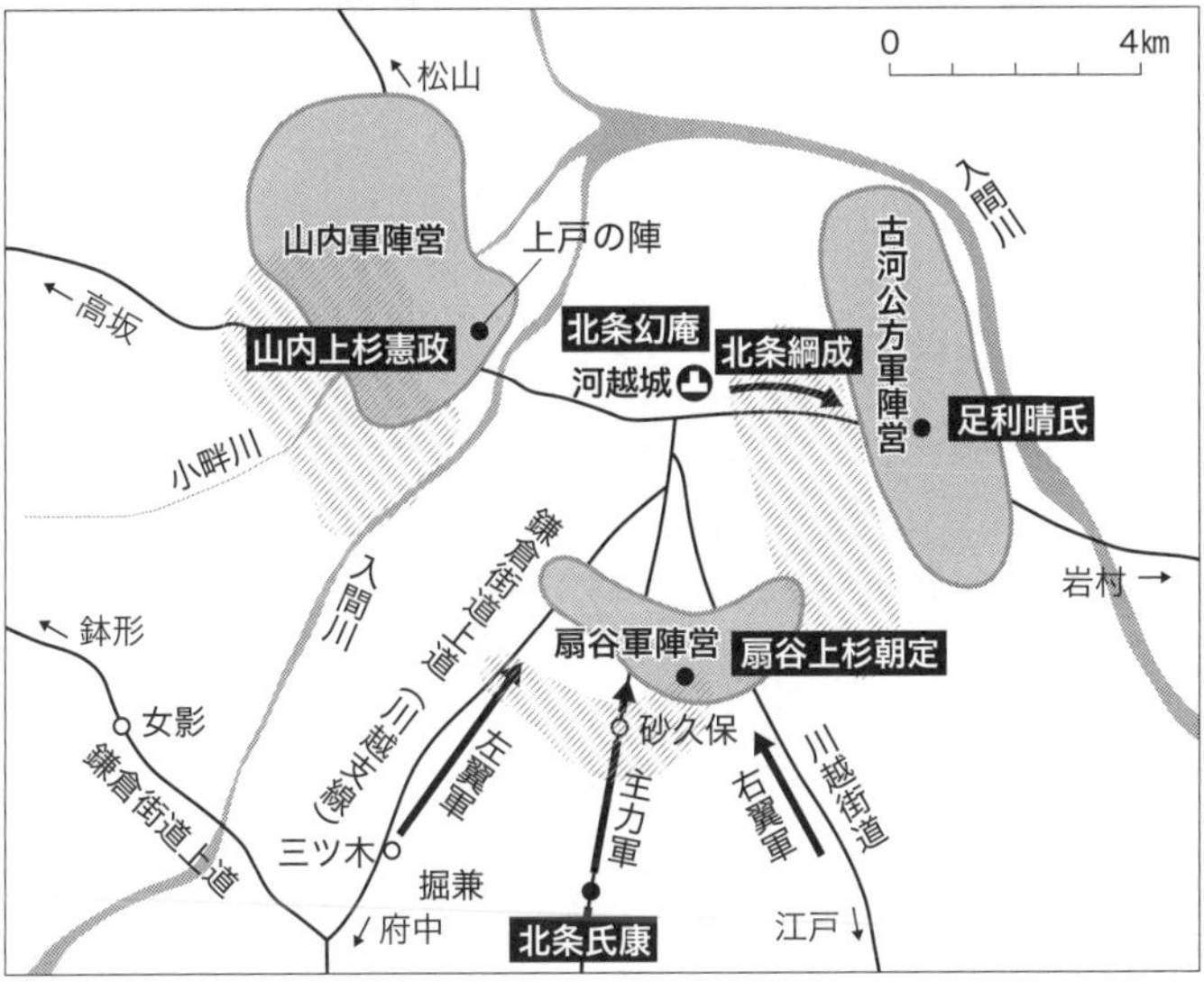

『北条氏康』（伊東潤・板嶋恒明／PHP研究所）

これが世に名高い「河越合戦」あるいは「河越の夜襲（夜戦）」と呼ばれる一戦である。

この戦いでは氏康の知略と戦闘力がいかんなく発揮され、北条方の大勝利に終わった。この奇襲戦は、毛利元就《もとなり》が陶晴賢《すえはるかた》を破った「厳島の戦い」（一五五五）、織田信長が今川義元を破った「桶狭間の戦い」（一五六〇）と並び、戦国の三大奇襲戦の一つに数えられている。

戦いの結果、当主の朝定を失った扇谷上杉家はついに滅亡。関東管領の山内上杉家も、その後急速に勢力を失っていく。からくも生き残った上杉憲政は、なおも劣勢挽回を狙って信濃の村上義清らと「上信同盟」を結び、北条氏の攻勢に対抗しようと目論んだ。だが、逆に信濃侵攻を目指す信玄との対決を余儀なくされ、天文十六年（一五四七）、武田軍との「小田井原《おたいはら》の戦い」において再び多数の将兵を失ってしまう。

このような状況下、関東では上杉家を見限って北条方に鞍替えする国衆が相次ぎ、上杉憲政は居城の平井城（群馬県藤岡市）を追われ、長尾景虎こと上杉謙信を頼って越後へと落ち延びていった。

同じく敗北した古河公方の足利晴氏も、この直後に氏康に御所を攻められ降伏。ほどなく隠居している。後継には長男の藤氏《ふじうじ》ではなく、氏康の妹と晴氏の間に生まれた次男の義氏《よしうじ》が据えられた。氏康は外甥の威光をもって、古河公方の人事も差配したのである。頼るべき親戚である北条家を裏切った代償は大きく、足利晴氏はその後相模の秦野に幽閉された。

一方、河越合戦に勝利した氏康は関東南西部での勢力圏を拡大し、武蔵の支配も固め、戦国大名としての地位をさらに強固なものとしていく。

関東公方たる足利氏と、その執事である関東管領上杉氏の権威と軍事力は決定的に失墜し、それに代わって新興勢力である戦国大名北条氏が大躍進を遂げた。それはまた、関東・東国において室町時代の古い枠組み（アンシャン・レジーム）が消滅したことを意味している。

■信玄、破竹の勢いで信濃に侵攻

父信虎を駿河に追放したとき、信玄は二十一歳であった。それを機に甲斐・信濃の情勢はさらに大きく動き出す。

すでにこの時、武田家のお家騒動に隙を見た信濃の連合軍は、信玄が家督を継いだ五日後に、早くも韮崎にまで侵入。逆襲しなければ信玄の前途は開けない。信玄はまだ不安定な甲斐国内をまとめるためにも、信濃勢に戦いを挑んでいく。

信玄の信濃侵攻には地政学的な理由もある。当時の甲斐は、すでに南の駿河は今川氏、北の越後は上杉氏、東の武蔵・相模は北条氏と、それぞれ有力戦国大名によって支配されていた。だが、西の信濃は小領主が各郡を分割統治しており、有力な戦国大名がいなかった。つまり、侵攻しやすい状況だったのである。

こうして武田信玄による信濃征服戦は、天文十年（一五四一）からスタートする。信州制圧に向けての難敵は、なんといってもこの三人。諏訪神権社会をバックにする諏訪頼重《すわよりしげ》、信濃守護の名家を誇る松本平（松本盆地）の小笠原長時《ながとき》、そして北信濃に強大な権力をふるう村上義清である。

信玄はまず第一の難敵である諏訪頼重の攻略を図る。

天文九年（一五四〇）の政略結婚で、信虎の娘で信玄の異母妹である禰々《ねね》がわずか十三歳で頼重のもとに嫁ぎ、次は頼重の娘が信玄のもとに嫁ぐ約束が交わされていたのだが、その直後に信玄による信虎追放のクーデターが起こる。

天文十一年（一五四二）四月、禰々は嫡男寅王を産む。これに喜んだ頼重は、信玄の招きで府中に出向き、そこで命を落としてしまう。義兄・信玄による、まさかのだまし討ちだった。

「よもや、信玄が…」

この油断が諏訪頼重を滅亡に追いやった。信玄は頼重が甲斐を狙っていることに感づいており、先手を打ったのである。

信玄は諏訪家に対して、こう約束した。

「寅王が成人したら諏訪宗家の総領として取り立てる。と同時に信玄が頼重の娘を娶る」

信玄はこの約束を忠実に守る。天文十一年（一五四二）十二月に、頼重の娘・諏訪御料人が輿入れし、四年後に勝頼を産むことになる。こうして信玄は諏訪氏を戦わずして乗っ取ったのである。

信玄は諏訪・上伊那に続いて南佐久郡も占領。そして天文十六年（一五四七）八月、北佐久の笠原新三郎の志賀城（長野県佐久市）を攻撃。城内に流れ込む水をせき止める「水の手切り」も行って追い詰め包囲戦を展開した。

その時、後詰のために上野の平井城を居城とする関東管領上杉憲政の援軍が出陣してきて、浅間山麓の小田井原に陣取った。武田軍一万に対し、上杉軍三万。信玄は、板垣信方、飯富《おぶ》虎《とら》昌《まさ》のもとに五〇〇〇の精兵を選りすぐって突撃させ、三〇〇〇人を討ち取った。これが「小田井原の戦い」である。信玄は三〇〇〇の生首を志賀城外に並べ架け、籠城している城兵やその家族に見せつけて士気を奪った。この生首作戦によって志賀城は落城。さらに、信玄は捕虜の女子供を府中へ連れ帰って売りとばした。

当時こうした人身売買は信玄に限ったことではなかったが、信玄の残虐な行為は終生悪評を買い、いまでも佐久の人々の恨みとなって残っている。だが、この志賀城落城によって、南北佐久郡はすべて信玄の軍門に下り、この地まで伸びていた上杉憲政の勢力は後退したのである。

さらに、信玄の信濃侵攻の勢いは止まるところを知らない。

諏訪頼重に続いて小笠原長時、村上義清を攻略しなければならない。だが両軍勢が連合すると武田軍よりはるかに強大であったために、信玄の信州制圧の道のりでもっとも苦しい時期となる。

特に天文十七年（一五四八）は胸突き八丁の年となった。この年の二月には、有名な「上田《うえだ》原《はら》の合戦」があった。信州上田市の近郊で、強敵村上義清と激突。村上氏は葛尾《かつらお》城（長野県坂城町）を本拠とし、当時は信濃六郡、越後一郡を領有する有力国衆である。信玄としては、まずこの北信の拠点を陥さなければ北信濃制圧への道は到底開けない。

信玄は上田原に布陣し、千曲川をへだてて村上軍に相対した。両軍は激しい攻防を繰り返し、入り乱れての大混戦となる。しかし、地の利がある村上軍が次第に優勢となり、武田軍は押されて敗走。勇将と謳われた板垣信方、甘利虎泰ら股肱《ここう》の重臣を戦死させてしまう。信玄の母大井夫人は、この無謀な戦いで血気にはやる信玄を諫め、早く兵をまとめて帰国するよう諭した。

「ここで引いては、板垣と甘利が無駄死にになる」

信玄は意固地になり戦地に二十日余り留まった。しかし、戦況は不利になるばかりで、自らも負傷。この合戦は信玄の最初の負け戦となった。

信玄もこの敗戦に懲りて、三月には府中に戻る。だが、この村上軍勝利の報は、たちまち信濃全域に流れ、反武田の国衆が決起。特に勢いを得たのは小笠原長時で、同年七月には、信玄は長時と刃を交えなければならなくなる。

長時は三年前に信玄に敗れて、領国の大半を失っていた。ここぞ復讐の好機到来とばかりに、四月と六月の二度にわたり諏訪下社方面に乱入。この地が大混乱に陥ってしまう。これを迎え討つために、信玄はいまだ敗戦の痛手があるにもかかわらず、七月に諏訪に出馬していく。

このとき長時は、塩尻峠に陣を張り気炎を上げていた。信玄はその油断に乗じて小笠原軍を急襲。長時は不意を打たれて敗走し、千余人が戦死する大敗を喫っしてしまう。これが「塩尻峠の戦い」である。長時は平瀬城（長野県松本市）に入って抵抗を続けたが、信玄はこれを落城させ、小笠原氏の本拠の筑摩・安曇《あずみ》を制圧した。

この信玄の奇襲は、織田信長の「桶狭間の急襲」、北条氏康の「河越の夜襲」に匹敵する見事な戦術であった。長時は、二度と立ち上がれないほどの大打撃を受け、その命運は尽きたのである。

信濃守護である小笠原長時を破ったことにより、信玄は信州制圧の大勢を決めることができた。

■武田の戸石崩れ、二度目の敗戦

だが、まだその前途には、宿敵村上義清が健在である。そこで信玄は天文十九年（一五五〇）九月、義清の属城戸石城《といし》（長野県上田市）を囲んだ。しかしながら、この戦いもまたもや武田軍の敗け戦となってしまう。あまりに見事な総崩れであったので、「武田の戸石崩れ」と呼ばれている。

戸石城は南北に長く続く尾根に構築された山城で包囲しにくく、武田軍は兵を城際に寄せ攻城の態勢を取っていた。

ところが、ここで信玄にとってまったく予想外の展開が待っていた。城内にいるはずの村上義清がいつの間にか城を脱出。こともあろうに武田軍の背後から、突然攻めたててきたのだ。城内と城外の敵兵に挟まれ、文字通り腹背の敵の攻撃を受ける形となり、総崩れとなった。十月に信玄は全軍に撤退を命じる。まさに、武田軍の惨敗である。

この二度の敗北により、信玄の北信濃侵攻は困難を極めた。しかし合戦というのは面白いもので、翌二十年（一五五一）五月に状況が大きく転換する。

信玄の家臣となったばかりの真田幸隆《ゆきたか》が、甲州金（武田領内などで流通していた貨幣）を使って謀略を仕掛け、敵陣を混乱させ、わずか三〇〇の手勢で戸石城を攻め落としてしまったのだ。謀将幸隆による鮮やかな大勝利である。

この戸石城を信玄が獲得したことは大きな意味を持つ。なぜなら、信玄は戸石城を北信濃侵攻のための前衛基地として位置付け、活用できることになったからだ。義清にしてみれば、それだけ追い詰められたことになり、先の「上田原の戦い」と「戸石城の戦い」で家臣にかなりの犠牲者を出していることも手伝って、戸石城を奪還する力は無くなっていた。

その後信玄は、次第に北信濃に勢力を拡げ、ついに天文二十二年（一五五三）四月、村上氏の本拠である葛尾城を攻略。城は戦わずして落ち、義清は小県《ちいさがた》郡にある支城の塩田城（長野県上田市前山）に入って抵抗を試みたが、そこも武田軍に攻撃される。そして八月には信濃を放棄して、越後春日山城の上杉謙信を頼って落ち延びていった。

前年には小笠原長時も信玄に追われて謙信のもとに逃亡している。この二人の武将の国外逃亡によって、その他の北信濃の国衆たち、たとえば、高梨氏・島津氏・須田氏なども大いに動揺して、やはり謙信を頼って越後に落ちていくありさまであった。

このように戦国最強といわれた武田軍団も、信濃侵攻は決して常勝ばかりではなかったのである。しかし、信玄が非凡であったのは、これらの敗戦を一つ一つ教訓として活かし、軍略の駆け引き、軍団の再編成、兵法の研究、軍事施設の整備などに応用していったことだ。しかも、領国統治のための民政への留意も怠らなかったところに、覇道ばかりに生きた武将とは一味違ったものがある。

■風林火山の旗のもとに信濃を制圧

武田信玄といえば「風林火山」の幟旗が有名である。中国の兵法の大家である孫子の軍略書「孫子の兵法」の一説であり、信玄はこの名文句を引用して武田軍団の象徴とした。加えて、「南無諏訪南宮法制上下大明神」と書かれた「諏訪《すわ》法性《ほっしょう》の旗」も掲げた。これには軍神諏訪神社の加護を得たいという願望があったのだろう。

武田軍団は、この二つの軍旗ともいえる幟旗を颯爽《さっそう》となびかせて戦いに臨んだ。これらを使い始めたのは「塩尻峠の戦い」の頃からといわれている。
さて、この「風林火山」の幟旗には、こう書かれている。

其疾如風　その疾《はや》きこと風のごとく
其徐如林　その徐《しず》かなること林のごとく
侵掠如火　侵掠すること火のごとく
不動如山　動かざること山のごとし

孫子の旗は縦三百八十センチ、横八十三センチの織で、濃紺の絹に金泥《こんでい》で文字が書かれている。筆を振るったのは信玄の禅の師でもある快川紹喜《かいせんしょうき》。武田家菩薩寺の臨済宗恵林寺の大僧だ。
この風林火山の意訳からすると、武田軍は変幻自在に、自由自在に、臨機応変に軍を動かし対応すると読める。しかしこれには続きがある。

難知如陰　知りがたきこと陰のごとく
動如雷霆　動くこと雷霆《らいてい》のごとし

これは「味方の戦略は暗闇のなかのように敵に知られないようにしなければならない、情報戦が重要であり、それをもとに果断に動け」といった意味になる。

これぞまさしく、信玄の戦略理念であり、孫子の旗の真意であろう。つまり「風林火山」の旗とは、現実主義者の信玄が「孫子のいうとおり、合戦は情報戦であり騙《だま》し合いだ。その勝利のために武田軍は変幻自在に迅速に動く」ということを示したものなのだ。

武田信玄はこうして「風林火山」の旗のもとに、甲斐のみならず隣国信濃を怒涛の如く制圧していった。

その先には、強力なライバルである相模・武蔵の北条氏康、越後の上杉謙信との東日本の覇権をかけた壮絶な戦いが待っている。

■謙信、悪戦苦闘の末に越後統一

北条氏康が山内・扇谷の両上杉氏を撃破して関東平野を支配下におき、武田信玄が信濃侵攻で奮闘を続けていたその頃、上杉謙信は、越後の統一に向けて悪戦苦闘していた。

天文十四年（一五四五）十月、守護上杉家の老臣で黒瀧城主の黒田秀忠が、長尾家に対し謀反を起こす。秀忠は守護代・上杉晴景の居城である春日山城まで攻め込み、謙信の兄の長尾景康を殺害。謙信は守護・上杉定実から秀忠討伐を命じられ、総大将として指揮を執り、秀忠を降伏させる。

ところが、翌年二月、秀忠が再び兵を挙げ、今度はなんと武勇に優れる謙信を擁立して、晴景に退陣を迫ってきた。すると、晴景と謙信の兄弟関係が険悪化していく。そのなかで領民や国衆の間で、徐々に謙信への期待が高まったのだ。

天文十七年（一五四八）になると、越後国衆のなかで晴景に代わって謙信を守護代に擁立しようという動きが顕在化。その中心的役割を担ったのは、揚北衆《あがきたしゅう》（越後北部の国人衆）の鳥坂城主・中条藤資《なかじょうふじすけ》と、北信濃の豪族で謙信の叔父でもある中野城主・高梨政頼《まさより》であった。

さらに、栃尾城にあって謙信を補佐する本床実乃《ほんじょうさねのり》、謙信の母・虎御前の実家である栖吉《すよし》城主・長尾景信、与坂城主・直江実綱《さねつな》、三条城主・山吉行盛《やまよしゆきもり》らが協調し謙信派を形成。これに対抗し、坂戸城主・長尾政景や黒川城主・黒川清実《きよざね》らは晴景についた。

この対立を収めるため、守護の上杉定実が調停に入り、これを受け、晴景は謙信を養子とした上で家督を譲って隠居。こうして謙信は春日山城に入り、十九歳で家督を相続して守護代となった。

さらに、天文十九年（一五五〇）二月、守護の定実が後継者を遺さず死去してしまう。そこ

1547年～51年の勢力図

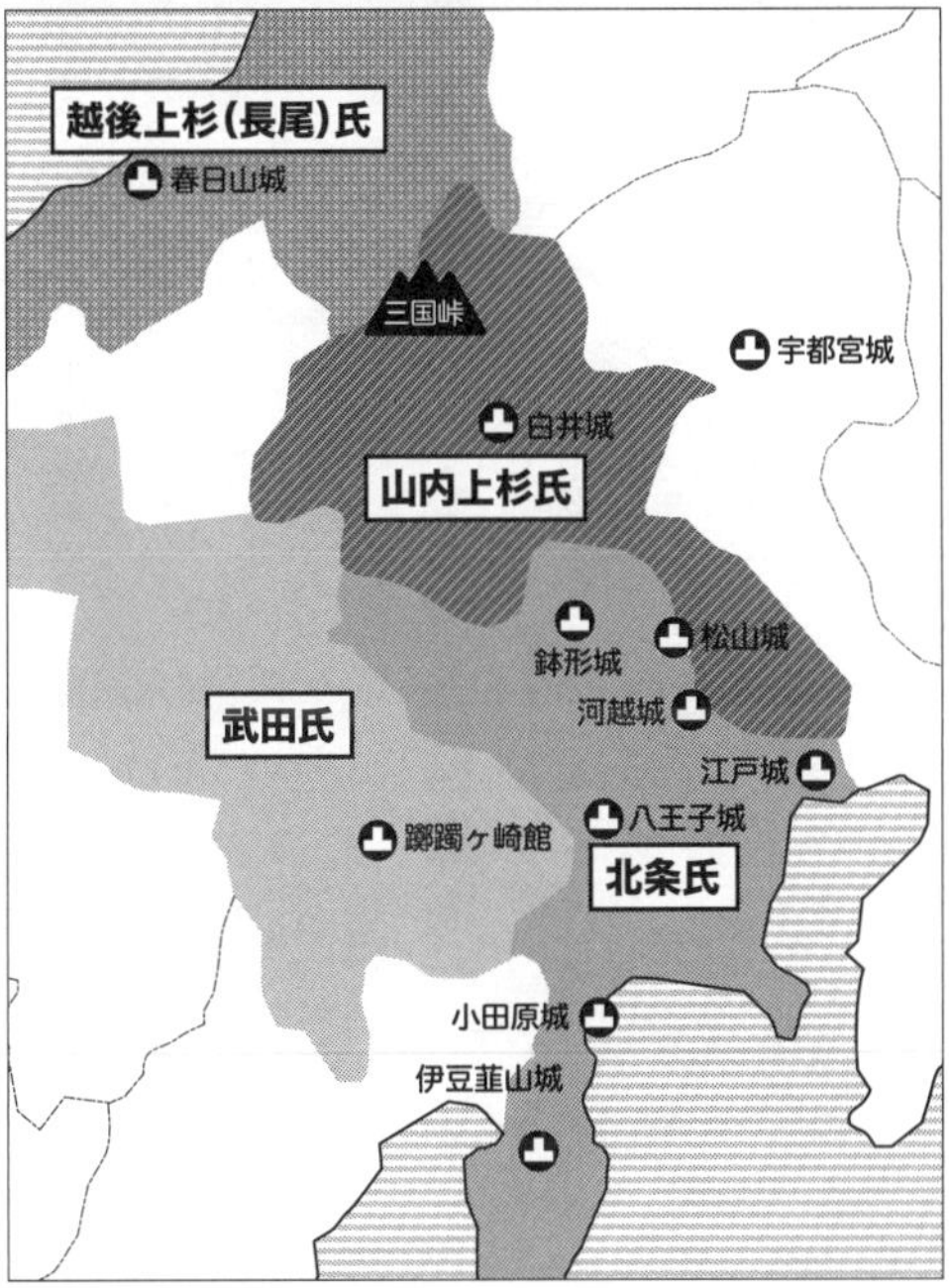

で謙信は将軍・足利義輝《よしてる》から越後守護を代行することを命じられ、ついに越後国主としての地位を獲得できた。

しかしながら、越後の状勢はまだまだ安定しない。

同年十二月、一族の上田長尾家の坂戸城主・長尾政景が、謙信の家督相続に不満をもって反乱を起こす。その原因は長尾一族の派閥争いにあった。謙信が越後国主となったことで、晴景を推していた政景の立場が苦しくなった。そして長年上田長尾家と対立関係にあり、謙信支持派だった古志長尾《こしながお》家が発言力を増してきたことが、政景の反乱のきっかけである。この反乱に対して、謙信は素早く動く。

天文二十年（一五五一）一月、謙信は政景方の発智長芳《ほっちながよし》の板木城（新潟県魚沼市）を攻撃し、これに勝利。さらに八月、坂戸城を包囲することで、政景を制圧した。降伏した政景は謙信の姉・仙桃院《せんとういん》の夫であったことから助命され、以後は一転して謙信の重臣として支えていく。

政景の反乱を鎮圧したことで、越後国の内乱は一応収まり、謙信は二十二歳にしてようやく越後統一を成し遂げたのである。〝越後の龍〟長尾景虎こと上杉謙信は、こうして戦国乱世に登場し、その渦中に飛び込んでいく。

ちなみに、この上田長尾家と古志長尾家の敵対関係は後々まで根深く残る。後述するが、謙信亡き後の「御館《おたて》の乱」において、上田長尾家は政景の実子である上杉景勝に、古志長尾家は上杉景虎に加担した。その結果、敗れた古志長尾家は滅亡することになる。

■毘沙門天の信仰にもとづく強い信念

謙信は十九歳で春日山城主となると、天室光育《てんしつこういく》のあとを継いだ林泉寺の益翁宗謙《えきおうしゅうけん》という禅僧に指導を受けた。道元《どうげん》が開いた曹洞禅《そうとうぜん》によって心を鍛錬したが、それ以外の信仰にも心を寄せる信仰心の強い武将だった。

二十四歳の時に上洛したが、その際、臨済宗大徳寺を参禅して法号を授受。さらに真言宗の高野山にも参詣している。また、越後国内で弾圧していた一向宗《いっこうしゅう》（浄土真宗）の本山となる大阪の石山本願寺にも誼を通じて、後に関係修復を果たす。

謙信が特に信仰したのが「毘沙門天」だ。毘沙門天は北方の守護神であるとともに、病気の平癒、財貨を授ける幸福の神とされる。北国越後を守り、神仏の興隆によって領国の平安と繁栄を願うことを明らかにした。のちに謙信は春日山城に毘沙門堂をつくり、そこに祀られた毘沙門天像の前で坐禅を組み続け、心身の充実と神仏への加護を祈念したのである。

このように信心深い謙信は、厳しく自己を律し、私欲や女色・肉食などの一切の欲望を拒絶。精神潔斎《しょうじんけっさい》の生活を続けた。それによって神仏の霊力を一身に授かり、毘沙門天の化身として世に現れた存在であると信じていたのである。

八本の刀を持つ「刀八毘沙門天《とうはちびしゃもんてん》」が、中国では国を守る守護神であると知った謙信は、「毘」を幟旗に掲げる。そして突撃を表す懸《かか》り龍《りゅう》の「龍」の字も幟旗とし、この二文字を大きく描き、二つの軍旗として戦いに臨んだ。

そこには「欲得を離れた無私の戦いと勝利こそが、毘沙門天に報いる途であり、いま乱世にあって真に平安を求める者は毘沙門天の化身たる自分しかいない」という強い思いが示されていたのである。謙信の強い信仰と信念に基づく「毘」と「龍」の軍旗のもとに精鋭上杉軍は、戦国の世を駆け抜けていく。

そして、いよいよ「風林火山」と「毘」・「龍」の幟旗が、北信濃の川中島で激突する。

第三章

川中島の戦い

■龍虎対決の幕開け

信濃をほぼ制圧した武田信玄。そして、越後国内をようやく統一した上杉謙信。この龍虎両雄が激突するのは、必然であり、宿命でもあった。

信濃国北部、千曲川沿いに長野盆地がある。ここには広く信仰を集める名刹・善光寺《ぜんこうじ》があり、戸隠《とがくし》神社や小菅《こすげ》神社などの修験道の聖地もあって有力な宗教圏・経済圏を形成していた。この長野善光寺を戦乱から守るというのも両将の戦いの大義名分の一つであった。

この長野盆地の南部で、犀《さい》川と千曲《ちくま》川が合流する地点から広がっている地域が「川中島」と呼ばれていた。当時の川中島は、いくつかの小河川が流れる沼沢地と荒野が広がるものの、洪水堆積によって土壌は豊肥であり経済的な価値は高かった。また、古来より交通の要衝でもあり、戦略上重要な土地柄でもあった。

武田氏にとって川中島は、長野盆地以北の北信濃から越後につながる要地であり、上杉氏にとっては千曲川沿いに東に進めば小県《ちいさがた》から佐久を通って上野、甲斐に至り、そのまま南下すれば信濃国府のある松本盆地に至る要地である。

この川中島を舞台に、信玄と謙信はなんと十二年にわたり五回対決することになる。これがいわゆる「川中島の戦い」である。

1553～1554年頃

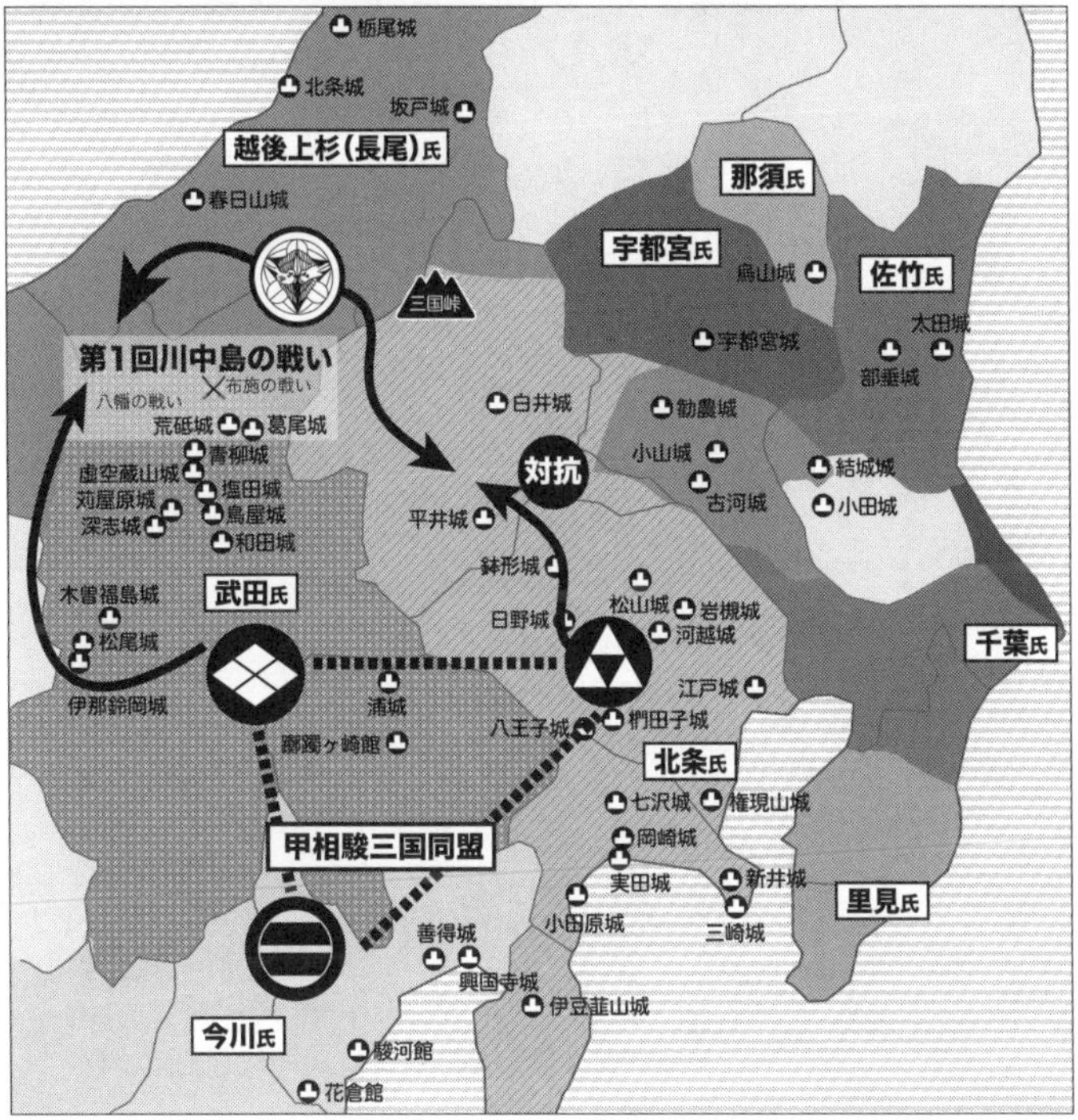

ことの発端は天文二十二年（一五五三）四月、武田軍の攻略により、葛尾城を捨てて越後へ逃げてきた村上義清が、謙信に救援を求めてきたことに始まる。

同年五月、義清をはじめとする北信濃の国衆と謙信配下の五〇〇〇の兵が、武田軍と戦う。この「更科《さらしな》八《はち》幡《まん》の戦い」では義清が勝利し、葛尾城を奪還する。ところが、武田軍は七月に再び北信濃へ侵攻し、塩《しお》田《だ》城（長野県上田市）を攻略。義清は再び越後に逃れて謙信に支援を求める。

これに対して謙信は、九月に自ら北信濃へ出陣。「布施《ふせ》の戦い」で武田軍の先鋒を破り勝ち進むが、塩田城に籠もる信玄を攻めあぐね、陣を引いた。それを見届けた信玄も十月に甲斐へ帰国した。

このように「第一次川中島合戦」(布施の戦い)は、まずはお手並み拝見というところで、激戦とはならなかった。しかし、お互いに強力なライバル、好敵手として認識したに違いない。

その直後に謙信は初めての上洛を果たす。その際、後奈良《ごなら》天皇に拝謁し、「私敵治罰《してきじばつ》の綸旨《りんじ》」を得た。これにより、謙信は「官軍」とされ、敵対する者は「賊軍」となった。こうして武田氏を討つ大義名分を得ることになった。

一方の信玄も動く。翌年の天文二十三年(一五五四)には、駿河の今川義元と相模・武蔵の北条氏康との「甲相駿《こうそうすん》三国軍事同盟」を結び背後の守りを固めたのだ。

謙信にとって、関東で戦う氏康と北信濃で相対する信玄という二人の強敵が同盟を結んだことは、大きな脅威となった。北条氏と武田氏が連携して上杉氏を攻略してくるからだ。こうした広域戦略を整えたうえで、信玄は次の手を仕掛ける。

■信玄の戦略と苦悩する謙信

謙信の家臣である越後の北条高広《きたじょうたかひろ》を謀略し反旗を翻えすよう仕向けてきたのである。謙信はこれを鎮圧したが、背後にいる信玄との対立は決定的となった。

第一次合戦の二年後の天文二十四年（一五五五）、信玄は善光寺（長野県長野市）の別当・栗田永寿《えいじゅ》に接近し、永寿は武田方に寝返る。宗教勢力も生き延びるためには、手段を選ばないということだ。これによって長野盆地の南半分が武田氏の勢力下に置かれ、北部の上杉方への牽制が強まり、北信濃の勢力図が大きく変わった。

三月には武田軍の支援を受けた永寿が旭山城（長野県長野市）に籠城し、四月には善光寺奪還のために謙信はいよいよ出陣。七月には信玄も到着し、犀川を挟んで両軍が対峙する。上杉軍が川を渡って攻撃を仕掛けるが決着はつかず、なんと二〇〇日もの間にらみ合いが続く。この長期の対陣は、まさに我慢比べとなり、双方の軍を消耗させた。特に甲斐から遠征してきている武田軍は兵站《へいたん》線が長く、兵糧《ひょうろう》の調達に苦労することになる。

このような膠着状態のなかで、十月十五日、信玄から謙信に対し、駿河の今川義元の仲介による和睦が提案された。信玄が同盟者の義元を頼ったのである。両軍撤退を提案された謙信は条件を示す。旭山城の破却と北信濃の国衆への領土の返却。これを信玄は承諾し、両軍は引き上げた。

ちなみに、この時信玄は、旭山要害に弓八〇〇張、鉄砲三〇〇挺を配していた。種子島に初めて鉄砲が伝来して十年ほどしかたっていない時点では、かなりの数といわなければならない。この鉄砲導入は、謙信や氏康より早かった。しかし、この鉄砲は使われずに終わる。

「第二次川中島合戦」(犀川の戦い)は、形だけを見れば上杉方の勝利ではある。しかし、信玄は同じ頃に木曽郡まで勢力を広げ、木曽氏を縁組によって御一門とし、南信濃全体が武田の領地と化している。こうして信玄は虎視眈々と信濃全域の領国化を進めていった。

これまでの二度にわたる対戦で、謙信を侮れない強敵とみなした信玄は、上杉方の北信濃の国衆にさまざまな謀略を試みる。しかしながら、謙信への信頼が厚い国衆のガードは固く、なかなかうまく運ばない。

そもそも信玄は無駄な戦いを好まず、勝利を確信できる戦いしかしない武将だった。戦う前に情報を集め、謀略を図り、有利な態勢をつくるという戦術を怠らない。

謙信に確実に勝つ方法はないものか。たとえば謙信が他の合戦に遠征し越後を留守にしている時を狙うのか、越後の雪が多くて動けない冬の時期を狙うのか、あるいは、調略によって内部分裂を起こせるのか。事前にそうした策を練り上げ、必勝態勢をつくる。

一方の謙信は多くの問題を抱えていた。相次ぐ家臣の派閥争い、そして北信濃での調停や合戦で、心身ともに疲れ果てていた。そんななか、弘治二年（一五五六）三月、謙信は突然出家を宣言。六月にはひとり高野山へ向かう。ところが、家臣らの必死の説得で断念して越後に戻った。

この謙信の出家騒動は、期せずして上杉方の結束を強め、謙信の求心力を高める結果となった。家臣たちは、謙信の存在なしでは越後の混乱を招くと恐れ「誓詞」を差し出し、今後の忠誠を約束したのである。

しかしその間も、信玄は謙信との和睦などなかったかのように北信濃の国衆を懐柔し、侵攻の準備を着々と進めていった。

弘治三年（一五五七）二月、豪雪の越後で上杉軍が身動き取れない時機を狙って、突如武田軍は善光寺西北の葛山《かつらやま》城（長野県長野市）を攻撃し落城させる。謙信は、約束に反する信玄のやり方に激怒。雪解けを待って四月に出陣した。

謙信は武田方に奪われていた北信濃の城を次々と攻め落とし、さらに武田領の信濃中部へと深く侵攻していく。これに対し武田軍は決戦を避けるが、その後再び北信濃へ侵攻。両軍の一進一退が続く。この対戦に際して、信玄は同盟者である相模・武蔵の北条氏康に援軍を依頼し、北条綱成勢が六月に上田に到着して加勢している。三国軍事同盟が機能している証となった。

そして、ついに八月下旬に上野原で両軍は対峙し、合戦に及ぶ。これが「第三次川中島合戦」（上野原の戦い）と呼ばれるものだ。

しかしながら、この対戦も小競り合い程度で全面衝突とはならず、またもや決着がつかなかった。両雄ともに勝ち抜ける策が見出せなかったのであろう。謙信は旭山城を再興したのみで大きな成果もなく、九月に越後へ撤退。信玄も十月には甲斐へ帰国した。

■決戦への動き

このころ京では、将軍の足利義輝が三好長慶《ながよし》、松永久秀と対立し、近江に逃亡する事件が起きている。義輝は勢力回復のために謙信の上洛を熱望していた。

「信玄との合戦は避け、上洛して私を助けてほしい」

こう催促してきたのである。

一方の謙信にも上洛したい事情があった。関東で勢力を拡大する北条氏康に敗れ、越後に逃亡してきた関東管領の上杉憲政からの依頼に応えるためだ。

「上杉家の家督と関東管領職を譲渡したい」

北条氏の関東侵攻を反逆行為とみなしていた謙信は、上洛を果たして、関東管領職の譲渡の許可を得たいという思いがあった。

要請を受けて、急きょ謙信は二度目の上洛を果たす。京都では、将軍義輝や正親町《おおぎまち》天皇に拝謁して厚遇され、晴れて関東管領に任命される。こうして大義名分を得た謙信ではあるが、それは同じく関東管領を自任する氏康との対立が激化することを意味する。

ここで氏康の関東侵攻に対抗するため、謙信による関東侵攻が始まる。関東は大混乱に陥るが、それについては後述する。その間にも、信玄は海津城（長野県長野市、のちの松代城）を築き、北信地方の支配を確実なものにしていった。武田氏の勢力が北信地方に根をおろしてしまっては、謙信の春日山城が危くなる。

話を川中島の戦いに戻そう。

永禄四年（一五六一）八月十四日、関東遠征から帰国したばかりの謙信は、いよいよ本格的に信玄討滅を決意して、約一万の兵力をもって川中島に向けて出陣。関東進出を第一の目標とする謙信にとって、それを成就するためにも、北信濃と西上野を脅かす強敵信玄をたたいておかなければならない。一大決戦を覚悟しての出陣である。

その時期における武田側の前線拠点は海津城である。しかし、謙信はこれに目もくれず、通り過ぎる。善光寺付近に三〇〇〇の兵力を残し、自ら主力軍を率いて川中島を越え、海津城の西南約三キロの妻女山《さいじょさん》に陣取った。

一方信玄は、海津城を守る高坂昌信からの狼煙の伝達で、十八日に「謙信動く」の報を受け

1560年頃

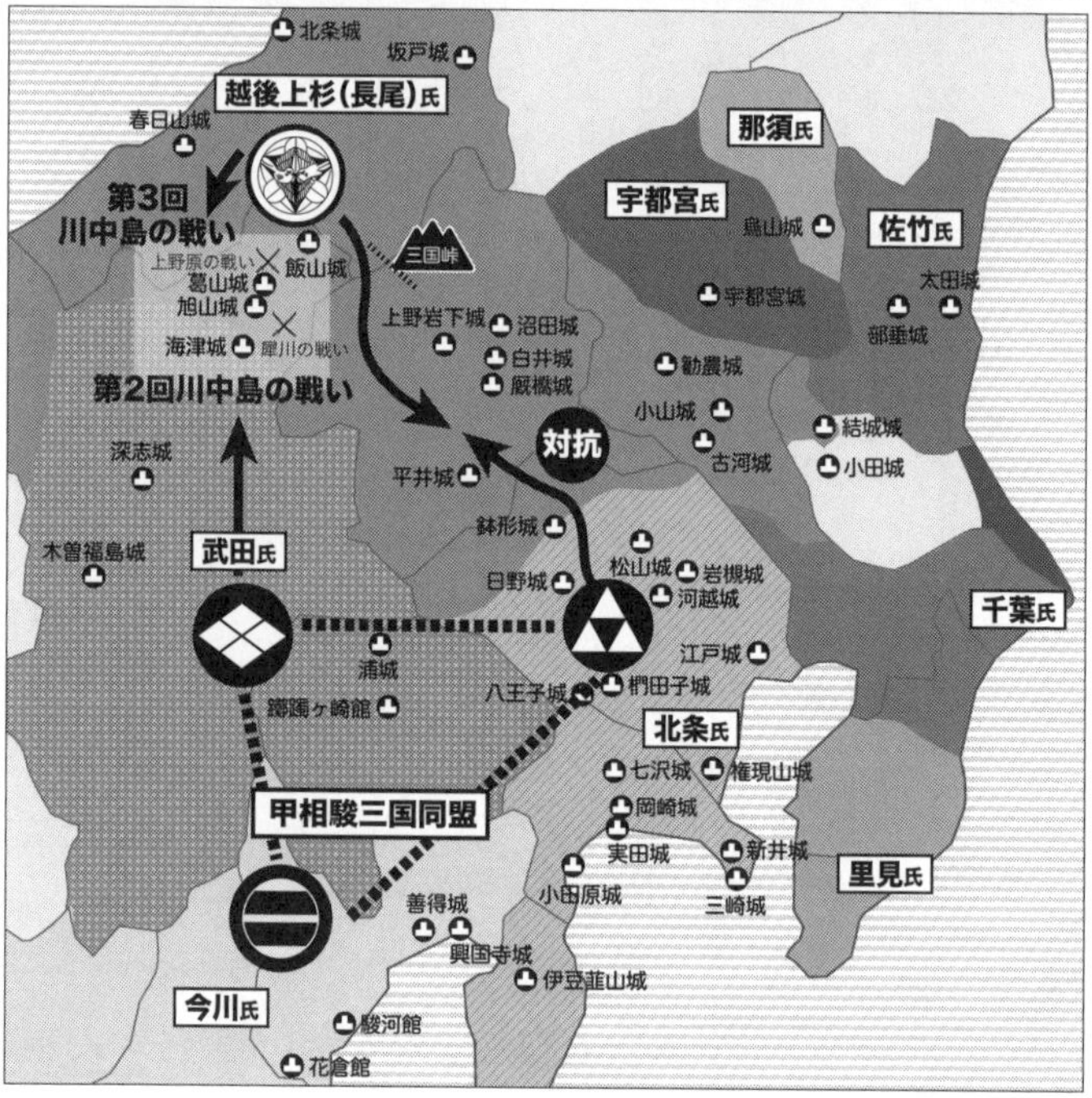

る。直ちに主力二万の兵力をもって川中島へ進軍。二十四日には妻女山の西方約八キロの茶臼山《ちゃうすやま》を占領し、謙信の退路を断つ態勢をとった。

謙信はなぜ直接海津城を攻めずに敵陣深く妻女山に進んだのか。そして信玄もまた、妻女山を攻めることなく、はるか北方の茶臼山に布陣したのか。

おそらく両将とも、今回の合戦はそれまで三回の小競《ぜ》り合い程度のものとは考えておらず、本格的な決戦を覚悟したうえでの戦術であったのだ

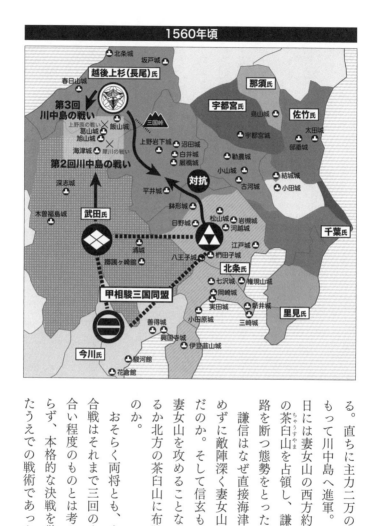

ろう。
退路を断たれた形の謙信は、妻女山から一向に動く気配がない。ところがその五日後の二十九日、信玄はたちまち茶臼山の陣を撤収して川中島を横切り、海津城へその兵力を合体させる。

■軍師・山本勘助の「啄木鳥戦法」

この海津城対妻女山の対陣は約十日間続く。膠着状態のなかで、士気の低下を恐れた武田軍の重臣たちは、上杉軍との早期決戦を主張。それを受けて信玄は、参謀の山本勘助《かんすけ》と馬場信房《のぶふさ》に上杉軍撃滅のための作戦立案を命じた。

そこで発案されたのが「啄木鳥《きつつき》戦法」である。すなわち、有力な一部兵力をもって妻女山を南方から奇襲し、上杉勢を千曲川北側へ追い落とす。これに先立って川中島の八幡原《はちまんばら》に布陣した主力軍をもって、敗走してくる上杉勢を完膚なきまで撃砕するという作戦だ。

つまり、啄木鳥が木の幹をくちばしでコツコツたたき、驚いて反対側から出てくる虫を捕食するという習性になぞらえた作戦である。

信玄はこの策略にのった。この一戦をもって謙信の息の根を止める陣立てを整える。

九月九日夜、いよいよこの作戦が実行される。高坂昌信、馬場信房ら有力武将率いる約一万二〇〇〇の武田勢は海津城から南進し、十日早朝の妻女山の攻撃に向けて静かに進軍。信玄直卒の約八〇〇〇は千曲川を渡って八幡原に進み、陣を布いて上杉勢の退軍を待った。

ところが、ここで謙信は異変に気づく。

九日の夕刻、海津城に炊煙がしきりに上るのを見て、敵は明日に動くという企図を察知。そこで急きょ妻女山を引き払い、夜間を利用して千曲川を渡り、八幡原に向かって攻撃陣形をとって前進。その際、背面を守るために甘粕近江《あまかすおうみ》の一隊一〇〇〇の兵を川畔に残した。さすが、謙信の〝戦場感〟は鋭い。

こうして日が昇り、八幡原の霧が晴れた瞬間、武田軍の面前に突如として大軍勢が出現したのである。

「側面に大軍あり！　上杉軍だ！」

この想定外の事態に武田軍が驚愕した瞬間、上杉軍の奇襲攻撃が始まった。

妻女山での急襲を受けて、疲れ果てて降りてくるはずの上杉勢が想定よりも数時間早く、しかも側面から奇襲攻撃をかけてくるとは誰も予想できなかった。信玄の作戦は、謙信に見破られまったく裏目に出た。

上杉勢一万三〇〇〇のうち、甘粕近江の殿部隊一〇〇〇を除いた一万二〇〇〇が、八〇〇〇の武田本陣に対し側面から奇襲を仕掛けてきたのではたまらない。信玄の本陣もとっさの応戦

車懸の陣

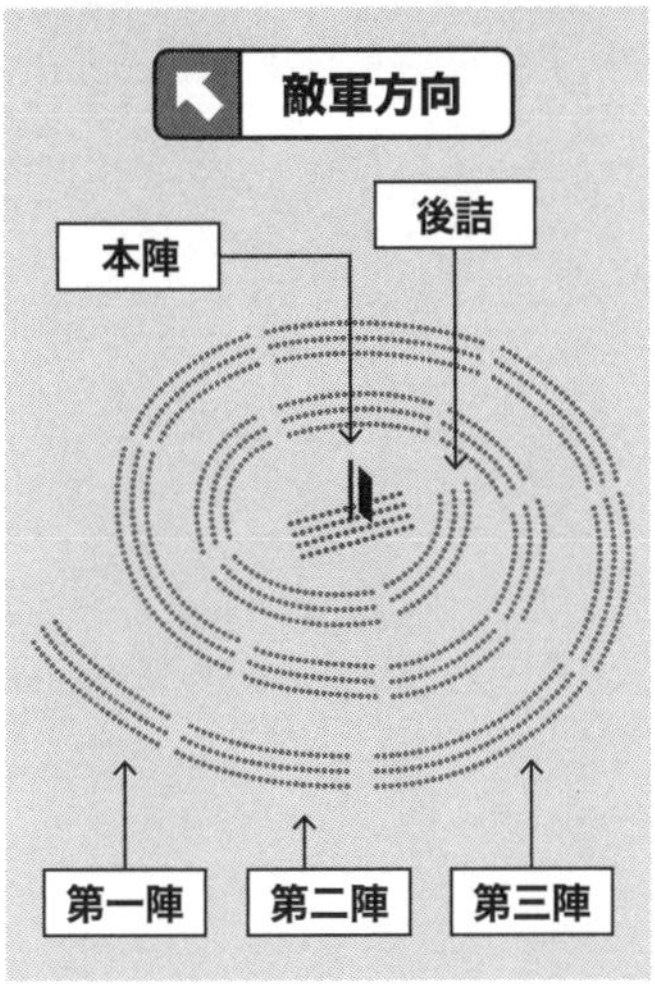

鶴翼の陣

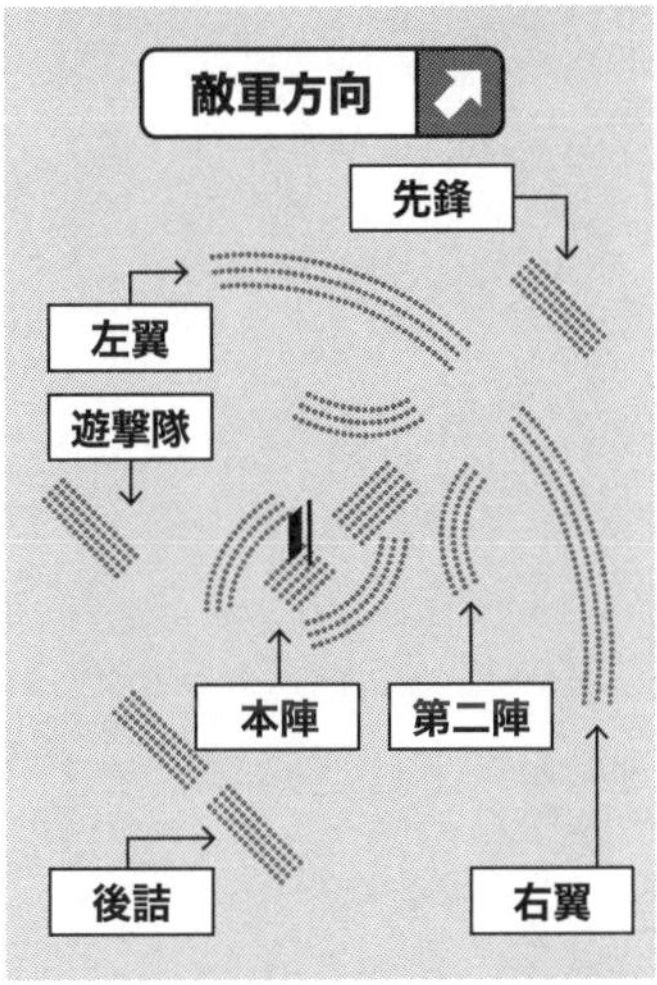

を余儀なくされ、まったく戦の手順を踏む余裕はない。崩れかけた戦線を応急的に支えるしかなかった。

■双方による「勝利宣言」

上杉勢は「車懸《くるまがかり》の陣」を用いて武田の陣へ殺到し、武田軍は「鶴翼《かくよく》の陣」で迎え討つ。

「車懸の陣」とは、本陣を中心に各隊が円型を組み、全体が回転しながら逐次新手をもって敵陣へ突撃を反復する戦術である。一方の「鶴翼の陣」とは鶴が羽を広げたような幅広い陣形で、敵をその真中に取り込んで撃滅する戦術である。

謙信は一刻も早く武田本隊を粉砕せねばならず、信玄はなるべく長く上杉勢を拘束し、迂回軍の来着を待たなければならない。こうして八幡原で両軍によるすさまじい戦闘が始まる。武田勢にとって危急存亡の瀬戸際となった。

一方、夜明前に妻女山を急襲した武田軍の迂回隊は、その場で唖然、呆然。そこには捨て篝《かがり》火《び》や幔幕《まんまく》があるだけで兵はひとりもいない。

「謀られた！　お屋形様が危ない」

そこがもぬけの殻であることを知ると同時に、眼下の八幡原でまさに激戦が始まっていることを察知した。これに遅れをとれば、一万二〇〇〇もの大軍が完全に遊兵となってしまう。高坂、馬場らの迂回隊は血相を変えて八幡原へ急行した。

そうなると兵数からみても甘粕近江の背面援護隊などものの数ではない。時間の経過にともない、この武田の大軍が上杉勢の背後から殺到することになった。

この大乱戦のなかで、信玄の弟信繁、そして軍師山本勘助が討死。そして謙信が本陣を離れて、単騎で敵陣に突入。敵将信玄を見つけるやいなや突進して刀を振りかざし、三太刀、七太刀まで浴びせかける。信玄もまた、とっさに軍配団扇《ぐんばいうちわ》でこれを受けた。この一騎打ちは映画やテレビドラマでも有名だ。

ところがその直後、それまで武田本隊の意表をついて優勢だった上杉勢は、武田迂回隊の到着と進撃によって、たちまち形勢が逆転。前後から挟撃される形に追い込まれていく。あとは、いかにして北方への退却を図るかという努力が残されるだけとなってしまった。

主将謙信以下は、かろうじて逃れて千曲川及び犀川を越え、善光寺の待機軍と合流し越後に敗走した。一方の武田軍も多数の死傷者を出しており、信玄は深追いを戒め、兵力を八幡原に集結して勝鬨《かちどき》を上げた。

両軍の戦死者数は、武田方の四六〇〇余に対し、上杉方は三四〇〇余と伝えられ、ほぼ両軍の総兵力に比例している。四人に一人が戦死するという、戦国史上稀に見る悲惨な激戦であった。こうして「第四次川中島合戦」(八幡原の戦い)は幕を閉じた。

この合戦の勝敗はいずれとも断じ難い。確かに前半は上杉勢が機先を制して有利であった。だが、それは迂回軍の到着によって逆転し、最終的に戦場の主となったのは武田勢である。そう見るなら、武田方の勝利というべきだが、武田方も上杉方を急追して、その息の根を止めるだけの余力を残していない。やはり引き分けというべきだろう。あるいは戦術では謙信が優り、勝敗では信玄が優った、というべきか。

両将はこの戦いのもつ影響を意識して勝利宣言を発している。謙信は参戦した越後北部の豪族である揚北衆《あがきたしゅう》数名に感状を送った。

「信州川中島で武田晴信(信玄)と一戦を遂げたとき、比類のない働きをされました。特に親類・被官など手飼いの者が死傷したにもかかわらず、凶徒(武田軍)数千騎を討ち取り、大勝利を得ました。年来の本望が叶いました。このたびの忠功を政虎（謙信）は一生忘れることはありません。今後も忠節を尽くして下さい」

一方の信玄は、京都の清水寺に戦状報告を行っている。

「このたび越後衆が信州に出張してきたので、一戦を遂げ、勝利を得ました。敵三〇〇〇余りを討ち捕らえ、敵はことごとく退散いたしました」

両将にとって雌雄を決する覚悟で臨んだ「第四次川中島合戦」は、双方ともに勝利を宣言する形で終わった。

しかしながら、その後も、謙信は関東に進出するたびに信玄に北信濃を侵攻され、背後を脅かされ続ける。

■決戦主義者・謙信と、不敗主義者・信玄

永禄七年（一五六四）六月、信玄への怒りに燃える謙信は彌彦《やひこ》神社（新潟県弥彦村）に願文「武田晴信悪行之事」を奉納し、必ず退治すると祈願。ところが最後となる「第五次川中島合戦」は「塩崎の対陣」といわれるように合戦ではなく、対陣で終わっている。

永禄七年（一五六四）、飛騨の国衆同士の争いに武田・上杉両氏が双方それぞれに支援して

介入。川中島に出陣した謙信に対して、信玄は近くの塩崎城（長野県長野市）まで進出する。しかし、またもや二ヶ月にわたり対陣するが、決戦を避けにらみ合いに終わる。秋も深まり両軍は撤退した。この「塩崎の対陣」が両雄にとって川中島での最後の対決となった。

その後、信玄は東海道や美濃、そして上野方面に向かって勢力を拡大し、謙信は関東出兵に力を注ぎ、信濃で大きな戦が行われることはなかった。しかしながら、信玄と謙信の対立は、北条氏康も巻き込んで、さらに広範囲で複雑な戦いに発展していく。

五回にわたる川中島合戦。この戦国史上稀に見る長期戦から、謙信と信玄という二人の名将の戦略指向の違いが見えてくる。

謙信は徹底した決戦主義者であり、敵軍に対してどれだけ打撃を与えるかにこだわっているが、相対する信玄は不敗主義者であり、勝つことよりも負けないことを目指した。言い換えれば、謙信は軍事的優位を得ようとし、信玄は政治的優位を得ようとしていたのではないか。

信玄は、「六分七分の勝ちがよい」という考え方をもっていた。合戦で相手に圧勝してしまうことは、かえって味方が油断することになるので、七分ぐらいの勝利が一番よいという教えである。北条氏綱の「勝って甲の緒をしめよ」と同じ事をいっているのだろう。信玄にとっても謙信にとっても「川中島の戦い」は軍事的には引き分けであったにせよ、政治的にはどのような意味をもったのであろうか。

川中島の十二年間に及ぶ戦いは、両軍にとって大変な消耗戦であり、戦果も乏しかった。しかし強力な軍事的ライバルであった謙信と信玄にとっては、いつかどこかで戦わなければならない宿命であった。そして、東国の覇権戦いが激化していくなかでの必然でもあったのだ。

龍虎の激突は勝敗がつかぬまま、周囲にさまざまな影響を与え終局したのである。

第四章　戦国最強の甲相駿三国同盟

■甲斐・相模・駿河それぞれの利害関係

「川中島合戦」は天文二十二年（一五五三）から永禄七年（一五六四）まで続いたが、その少し前に時間を戻そう。

この戦い以前から、多くの東国の戦国大名は領国内への支配を確立し、さらなる領土拡大に向けて積極的に他国への侵出を始める。こうして大名領国の拡大が進むと、そこには当然のように領国同士の境界紛争や侵略が生じ、戦争や和睦や同盟といった多様な外交政策が模索されるようになっていく。

そのなかでも、最も大きな成果をあげた同盟といえば、天文二十三年（一五五四）に甲斐の武田氏と相模・武蔵の北条氏、そして駿河の今川氏の間で成立した「甲相駿《こうそうすん》三国同盟」であろう。隣国のライバル同士である信玄、氏康、義元は外交政策をより実用的な軍事同盟に進める決断をする。

戦国大名同士の同盟では、攻守軍事協定、相互不可侵など領土協定、そして姻戚関係が重要な条件となる。甲相駿三国においても戦争と和睦を繰り返しながらも、それぞれの条件を満たして同盟関係が成立。戦国の一時期、東国情勢に大きな影響を及ぼしていった。

それでは、三国のおかれた状況を見てみよう。

武田信玄　謙信との対決を視野に今川・北条と接近

まず甲斐国である。天文十年（一五四一）、武田家では、当主信虎が嫡男である信玄によって、駿河今川家へ追放される。信虎の娘・定恵院《じょうけいいん》は義元の正室で、義元は婿にあたる関係から、この追放には事前に義元と信玄の密約があったとの説もある。翌年、信玄は信濃の諏訪氏との同盟を破棄して侵攻。さらに天文十三年（一五四四）に相模の北条氏との和睦を進め、翌年には前述のように北条・今川間の「河東一乱」を調停した。

今川氏との同盟関係は信玄への当主交代後も継続され、天文二十一年（一五五二）には、今度は義元の娘が信玄の嫡男義信に嫁いだことで同盟はいっそう強化。天文二十二年（一五五三）には、信玄の娘の黄梅院《おうばいいん》が北条家に嫁ぐなど、和睦と婚姻により三国同盟の下準備が整う一方、背後の憂いがなくなった武田氏は信濃を着々と領国化していく。

このように、武田氏が今川氏・北条氏との同盟関係に転じた背景には、信濃侵攻の本格化があった。この信濃侵攻においては、守護の小笠原氏や北信国衆の村上氏との抗争が激化し、天文十七年（一五四八）の「上田原の戦い」において武田氏は大敗している。

こうした経緯もあって、信玄は今川・北条との同盟関係強化により、信濃侵攻を安定的に進めたいと考えたのだ。その先には、越後の上杉謙信との対決も視野に入れていたのであろう。

北条氏康　謙信侵攻からの防衛上、武田・今川との関係を保持

次に相模国である。相模の北条氏は、初代の伊勢盛時（北条早雲）が今川氏の親戚であり、もともと近い関係にあった。早雲の姉・北川殿は今川義忠の正室で、その嫡男氏親に早雲が仕えていたため、早雲が自立した後も同盟は続いていた。

しかし、天文六年（一五三七）に今川家の後継者争い「花倉《はなくら》の乱」に乗じて、今川氏は武田氏と結ぶことになる。この離反に対し、二代目の北条氏綱は挙兵して駿河東部に侵攻。両氏と衝突する「河東一乱」が起こる。のちに和睦の道を選んだが、以後も緊迫した情勢が続いた。

天文十五年（一五四六）、北条氏は今川氏の東駿河侵攻に対抗するが、先述の通り両上杉氏による河越城包囲が同時に起こり、武田氏の仲介で今川氏と北条氏は停戦。そのお陰で、北条氏は「河越城の戦い」において両上杉氏に大勝して、関東の覇権を握ることができた。関東制覇を目指す北条氏にとってはまた、北から関東を虎視《こし》眈々《たんたん》と狙う上杉謙信から防衛するためにも、西の武田氏や今川氏との関係悪化は避けたいという事情があった。

今川義元　尾張織田との対立を背景に武田・北条との関係修復へ

最後に駿河国はどうか。駿河の今川氏は、今川氏親の代には北条氏との同盟関係を重視し、武田氏とは敵対していた。しかし、天文五年（一五三六）、氏親の死去によって後を継いだ義

甲相駿三国同盟

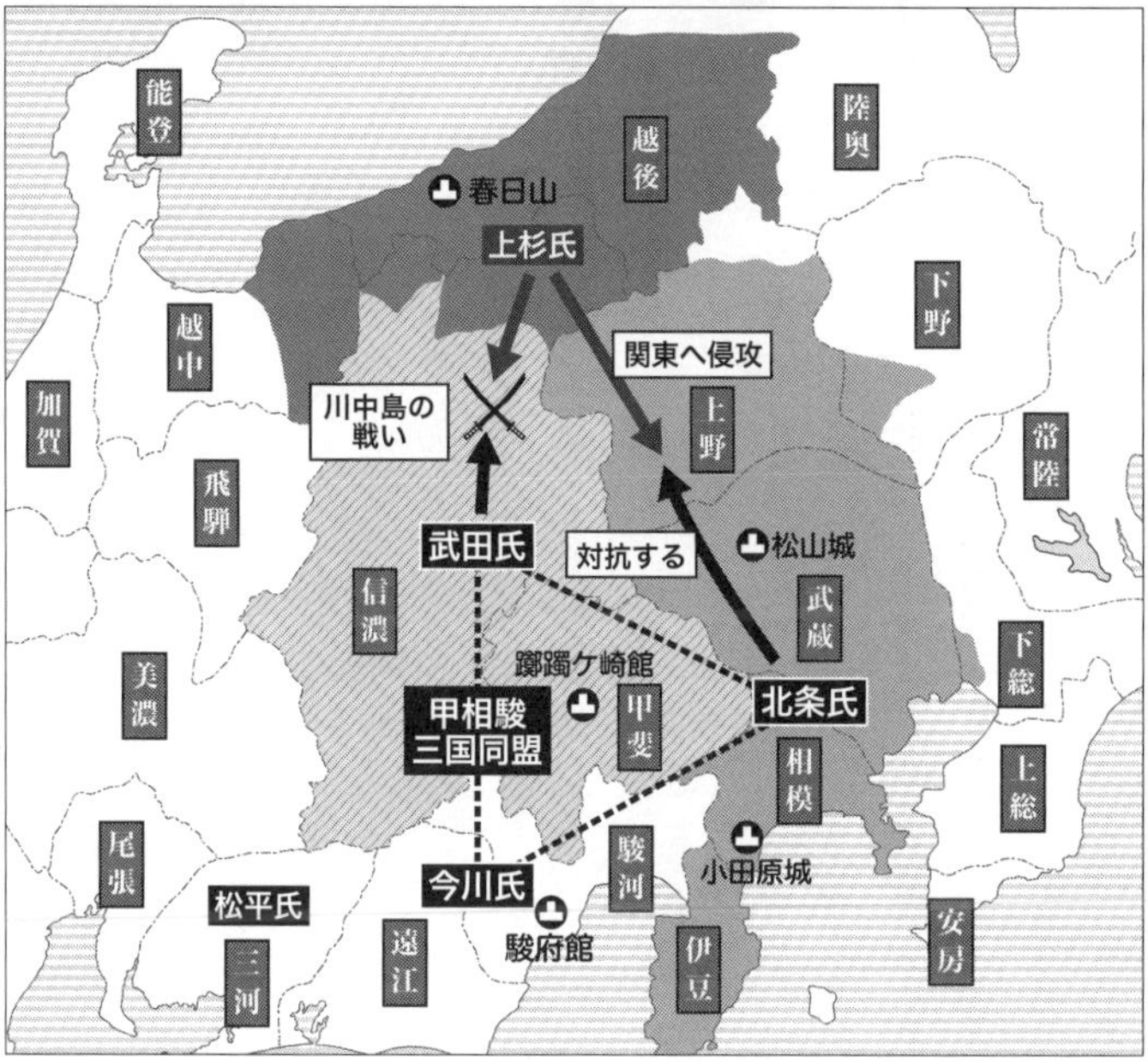

『図説 戦国北条氏と合戦』（黒田基樹／戎光祥出版）の図版を参考に作成

元は、武田氏と婚姻することで外交方針を転換。このため北条氏との対立を招き、東駿河の領土紛争に発展した「河東一乱」は、武田氏の調停によりひとまず沈静化した。

その一方で今川氏は、遠江《とおとうみ》（静岡県西部）、三河（愛知県東部）へ進出し、尾張（愛知県西部）の織田氏とも対立。東と西に敵を持つことは戦略上好ましくないと考えた義元は、武田・北条両氏との関係修復を求めていたのである。

このように、三者三様の戦略的な利害関係のなかから、三者の強固な同盟を求める戦略が一致して、同盟は合意に至った。さらにこの三国同盟は、当主である信玄、氏康、義元の息女がお互いの嫡子に嫁ぐという婚姻同盟としても成立したのである。天文二十一年（一五五二）、義元の娘である嶺松院《れいしょういん》が信玄の嫡子義信に、そして氏康の娘の早川殿が義元の嫡子氏真に輿入れした。続いて信玄の娘黄梅院が氏康の嫡子氏政に嫁いだ。三氏ともに、結婚適齢期の子がいたことが幸いした。当時はこうした政略結婚を前提として、当主は側室を置いてまでも多くの子供をつくっていたのである。

■三国同盟によるメリットとデメリット

この同盟締結により、結果として三者はともに大きな利益を得ることになった。

武田氏は、信濃における覇権を確固たるものにするため、天文二十二年（一五五三）から始まる「川中島の戦い」で越後の上杉氏との数次にわたる争いに専念することができた。この合戦では、やはり北武蔵（埼玉県）や上野《こうづけ》（群馬県）において上杉氏と対決していた北条氏と相互に兵を出し合い、今川氏からも援軍が派遣されている。

もちろん、同盟による不利な点がなかったわけではない。今川氏と北条氏が太平洋側の三河から下総《しもうさ》（千葉県北部）までを支配しているため、武田氏としては日本海側に領地を獲得しない限り、直接海に進出できない。すなわち交易できないということだ。

北条氏にとっての利益は、まず駿河東部の領有権争いを収拾できたという点。それによって北関東や東関東をはじめ関東全域で平定作戦を進めることが可能になった。また、今川氏との間では北条氏の領国が飢饉に陥ったときに救援米が届いたこともあった。

一方、不利な点としては、上洛する道を今川氏と武田氏に塞がれてしまったことだ。だが、もともと北条氏は上洛を強く志向しておらず、もっぱら関東平定を目指していたため、あまり大きなデメリットではなかったようだ。

今川氏は、新たに進出を始めた三河の領国支配を確立しつつあり、東側の北条氏と北側の武田氏と同盟を組むことで、当面の敵を尾張の織田氏のみに絞ることができた。将来の上洛を狙っていた今川氏にとって、戦略上極めて有利となったのである。

このように、武田氏にとって太平洋沿岸への進出が事実上不可能になること、そして北条氏が将来上洛を企てたとしても陸路では難しいことを考えると、この三国同盟で最も有利になるのは今川氏だったのではないだろうか。事実、同盟締結に向けての交渉は、今川義元側近の太《たい》原雪斎《げんせっさい》というフィクサーによって、積極的に進められていった側面が強い。

一説によると、雪斎を中心に三者の使臣の往復によって、婚姻による同盟交渉が成就したといわれる。そして氏康・信玄・義元の三者が駿河の善得寺（静岡県富士市）に会して同盟を締結したとされ「善得寺《ぜんとくじ》の会盟」ともいわれる。しかし、その会談の証拠はない。

戦国期の同盟関係は、当然ながら外交上のテクニックという点が大きく、仮に締結されてもあっさり反故《ほご》にされたり、名前だけであまり機能しない例も少なくない。ところが、この三国同盟は約十五年もうまく続き、軍事面での相互支援も各所で見られたのが大きな特徴だ。

北条氏も、実質的な軍事支援を得ている。たとえば永禄六年（一五六三）、越後上杉氏に味方した武蔵の松山城（埼玉県吉見町）と上野の厩橋城《まやばしじょう》（群馬県前橋市）を攻撃する際には、武田勢の援軍と連合軍を組織して陥落させている。また逆に、その二年前に武田氏と上杉氏の激突した「第四次川中島の戦い」の際には、北条・今川両氏が武田氏に援軍を出している。

この甲相駿三国同盟は、永禄十一年（一五六八）に武田信玄が今川領に侵攻することで崩壊することになるが、締結から約十五年の長きにわたって機能したのは事実である。

■危うい均衡を十五年維持した三国の外交力

では、この三国同盟はなぜうまく機能したのだろうか。

第一の要因は、三国の国力がほぼ対等で、当主同士が互いの力量を認めあっていた点だ。三国内で国力の差が大きく違えば、当然ながらトライアングルの均衡が成り立たず、バランスが崩れ、同盟は長続きしない。

第二の要因としては、互いの利害と戦略方針が一致していることがあげられるだろう。この三国は、それぞれが背後に越後の上杉氏、尾張の織田氏といった油断のならない大敵を抱えており、その対抗上、隣接する勢力とは良好な関係を維持し相互に支援することが極めて重要であるという点で、戦略的利害が一致していた。

そして第三に、ここが意外に重要な点だが、三国同盟の場合は一国が離脱した段階で自動的に他の二国と敵対することになるため、一種の〝恐怖の均衡〟から同盟が維持されやすいという利点もあった。すなわち、ひとたび同盟を結べば、いわゆる三すくみの状態になるため、おいそれとはこれを崩すわけにはいかなくなる。逆にいえば、甲相駿が一つの運命共同体になるというのが、この同盟の大きな特徴でもあったのだ。

加えて最後に、三国の当主がほぼ同年代で、それぞれに結婚適齢期の男子・女子がいたことも幸いだった。つまり、政略結婚が有効に機能したわけで、実際、当初は今川氏との同盟に懐疑的だった北条氏が同盟に踏み切ったのは、武田方の熱心な斡旋による早川殿の今川家輿入れが強い後押しとなったからだ。

こうした好条件が重なって結ばれた同盟だったからこそ、長きにわたり機能したのであろう。信玄・氏康・義元の外交力のピークというべき白眉の大戦略であった。

第五章　謙信の小田原攻め、氏康の籠城戦

■隠居後も「御本城様」として実権を持った氏康

さて、北条氏の視点から三国同盟を評価してみると、武田氏・今川氏に対する憂いをなくし、関東攻略に専心できるという利点に加え、上杉憲政をかくまった上杉謙信との全面対決に備えた対応策という面があったことは間違いない。実際、同盟締結と前後する天文二十一年（一五五二）には、謙信によって北条領内が攻撃されており、彼らとの抗争が眼前に迫っているという状況下にあった。

ところが、三国同盟を締結して、いよいよ上杉氏との対決を控えた永禄二年（一五五九）、氏康は突如として家督を嫡男の北条氏政へ譲り、自身の隠居を表明。もっとも、この隠居は非常に不思議なものであった。なぜなら当時の氏康は体調を崩していたわけでも、領国支配の気力を失っていたわけでもなかったからだ。

ならば、なぜ氏康は形式的な隠居を余儀なくされたのか。一つの要因としては、この時期に北条領内を襲っていた飢饉と疫病の流行という大きな危機があげられる。

氏康はこの危機対応に十分な対処ができず、形式上だけでも代替わりを行うことで責任をとったのであろう。そのうえで、新当主となった息子の氏政に「徳政令」（債権者に債権放棄を命じる法令）を出させることで、領民に対する救済を実行したのではないか。事実、この翌年には氏政の名において「領域に対する徳政令」が出され、領民の債務の免除や人質として入っていた妻子や下人の取り戻しなどの緊急措置が実施された。

いずれにしても、北条氏の家督相続は、代々嫡男にバトンをつなぐという面ではスムーズであり秩序がある。上杉氏や武田氏が、国主と嫡男が血みどろの戦いを展開するのとは対照的だ。この北条氏の堅実性は評価に値するが、他方で大胆さに欠ける面は否めない。

このように、氏康としては形式的な代替わりを演出したに過ぎず、彼はこの後も「御本城様」として実質的な北条氏の当主であり続けた。事実、永禄三年（一五六〇）から北条氏を悩ませる謙信の関東侵攻は、基本的に氏康が中心となって対処している。

そもそも、謙信と氏康が争う直接のきっかけは、前述のように関東管領である山内上杉氏にあった。上野の平井城主であった上杉憲政は「河越城の戦い」で氏康に大敗して以来、もう一方の関東管領である氏康から圧力を受け続けていた。武蔵から北関東に攻め込まれた憲政は、信濃の村上義清らと「上信同盟」を結び対抗したが、これが信濃侵攻を目指す武田氏との対決を招いてしまう。その結果「小田井原の戦い」に敗れ、本拠の平井城も危うくなった。

追い詰められた憲政は、越後の上杉謙信（当時は長尾景虎）に支援を求める。もともと長尾家は、山内上杉氏と同族の越後守護・上杉氏の下の守護代だったのが、謙信の父為景の代に下剋上を果たして、事実上、越後の支配権を確立していた。憲政としては旧主の縁続きということで、謙信を頼ったのだろう。

実際、憲政の謙信に賭ける期待は相当に大きかったようで、のちには自らの養子として上杉の家督と関東管領の職を継がせている。これには、謙信に打倒北条の大義を与えるという意味が大きく、それだけ北条憎しの想いが強かったということかもしれない。この時に上杉家を継いだ長尾景虎は、上杉姓と憲政の一字を与えられて「上杉政虎」と改名。のちに十三代将軍足利義輝から「輝」の一文字を賜り「輝虎」と名乗り、さらに出家後は法名の「謙信」を名乗ることとなるが、本書では話をわかりやすくするため「謙信」で統一する。

■上杉憲政の要請で謙信は関東侵攻へ

さて、憲政の依頼を受けた謙信は、永禄二年（一五五九）に上洛し、関白近衛前久《さきひさ》を奉じて関東管領の憲政を補佐すべく、北条氏討伐に動き出す。

翌永禄三年（一五六〇）八月には、氏康と交戦中の安房《あわ》（千葉県南部）の里見義堯《よしたか》から救援要請を受け、越後勢八〇〇〇余りを率いて出陣。三国峠（越後と上野の境の峠）を越えて十月初旬に上野に侵攻すると沼田城（群馬県沼田市）を攻略し、城主北条氏秀（前出の綱成の子、沼田家に入り康元を名乗る）を追放する。続いて岩下城（群馬県吾妻郡）、厩橋城を落とす。

厩橋城を接収し関東攻めの拠点とすると、那波《なわ》城（群馬県伊勢崎市）を攻略、武蔵に南下して羽生《はにゅう》城（埼玉県羽生市）も陥落させた。

一方の氏康はというと、その頃、里見義堯の久留里《くるり》城（千葉県君津市）を包囲していた。そこに「上杉謙信が上野に侵攻！」の一報が入る。突然の上杉軍襲来を知り、氏康は包囲軍を一転させ、河越城を経由して九月下旬頃に松山城に入った。この対立のなかで、上野と武蔵の国衆は、旧主である憲政及び圧倒的な軍事力を見せる謙信のもとへなびいていく。

これに対して、常陸と下野の諸将の反応は鈍く、上杉勢のために動こうとしない。また、親北条氏の家老である原胤貞《たねさだ》、下総の守護である千葉氏の嫡男・千葉胤富《たねとみ》も、北条氏に援軍を送り、上杉軍に加わることはなかった。

しかし、その後も関東各地の国衆の離反が相次ぎ、北条氏が奉じる古河公方の足利義氏《よしうじ》からの諸将への要請も奏功せず、北条方は謙信の進撃の前に劣勢に立たされる。

そこで氏康は、同盟する武田信玄に援軍と背後からの牽制を要請。さらには今川氏真《うじざね》にも救援を求める。すると有難いことに、この年の五月に「桶狭間の戦い」で父義元を織田信長に討ち取られた混乱のさなかにもかかわらず、今川氏真は河越城に援軍を派兵してきた。

■越後の龍・謙信と相模の獅子・氏康の初対決

こうして三国同盟が動き出したものの、謙信率いる遠征連合軍の勢いは止まらない。大ピンチを迎えた氏康は、松山城から本拠小田原城へと退き、籠城策を選ぶこととなった。この選択には、そうせざるを得なかった面はあるだろうが、それ以上に氏康らしい綿密な計算が働いていたのではないか。その証拠に、小田原勢が寄せ来る越後勢をどう迎え撃つか、城内での評定の際、氏康は次のように言ったという。

「輝虎（謙信）は、生まれつきまっすぐな気性で、血気盛ん、怒りやすい。いざとなれば火中にも飛び込み、鬼でさえ押しつぶそうという短気な勇者である。が、少し時をおくと、その熱気も冷めて何ごとによらず思案するようになるらしい」

要は謙信のことを「好漢だが、熱しやすく冷めやすい坊や」と読んでいたわけだ。一般に「義に篤い」とされる謙信の評価も、こうなると狡猾な憲政の誘いにうまく乗せられたようにも見えてきて、戦の駆け引きを知っていた点では氏康のほうが一枚上手だったようだ。

そのうえで、氏康はこう命じている。

「今のあいつは特に、憲政から管領を譲られ、軍勢を従えたので、周囲の目を気にしていっそう強気に出るに違いない。ひとまず軍勢を出さず籠城して、敵の気力を削ぐことだ」

いきなり鋭い切っ先を向けることは避け、敵が気の抜けた時に討つという老獪な策とはいえるだろう。事実、この作戦は当たって、謙信はのちに自分がいかにしたたかな敵を相手にしていたかを思い知ることとなる。

氏康によるこの籠城作戦は各拠点でも徹底される。十二月に入ると上杉軍に包囲された河越城、古河御所《こがごしょ》（茨城県古河市）といった重要拠点、そして北条方の支城の玉縄城（神奈川県鎌倉市）の北条氏繁、滝山城（東京都八王子市）の北条氏照《うじてる》や河越城の北条氏尭《うじたか》も徹底した籠城作戦をとった。

こうして永禄四年（一五六一）、厩橋城で年を越した謙信は、二月になるといよいよ上野から侵攻を開始する。まず、古河公方の在所である足利義氏の本拠地古河御所を制圧。二月下旬に松山城攻略を経て、鎌倉の鶴岡八幡宮で勝利を祈願する。その後、湘南海岸沿いを進撃。とうとう藤沢、平塚を経由し小田原へと攻め込んできた。

この頃になると、北関東の諸将も結集。謙信は、旧上杉家家臣団も含め十万人を超える大軍となった遠征軍を率い、小田原城及び近隣諸城を包囲する。三月三日頃に当麻《たいま》（神奈川県相模原市）、同八日には中筋（神奈川県中郡）に達し、十四日には大槻（神奈川県秦野市）で、北条方の大藤秀信《だいとうひでのぶ》隊と激突。上杉軍はさらに南下し、二十二日に曽我山（神奈川県小田原市）、二十四日に怒田山《ぬた》（神奈川県南足柄市）でも戦闘が続いた。謙信はとうとう三月下旬小田原近辺にまで迫り、酒匂《さかわ》川沿いに陣を張る。

■氏康、小田原籠城戦で謙信を撃退

いよいよ北条氏の本拠である小田原城での攻防が始まった。

先陣は上杉方の太田資正《すけまさ》部隊が小田原城の蓮池門へ突入。迎える北条軍も主軸の松田憲秀《のりひで》隊と大道寺政繁《だいどうじまさしげ》隊が粘り強い抵抗を見せ、たやすく侵入することはできない。結局、その後は両軍の対峙が続いたものの小田原城下での衝突は起こらない。上杉軍が挑発のため城下に放火をしても、北条方は城から討って出ることはなかった。

にらみ合いが続くなか、三月下旬には北条氏と同盟を結ぶ武田氏の援軍が、小田原とは目と鼻の先の甲斐吉田（山梨県富士吉田市）に到着。さらに、今川氏の援軍も近日出陣のための準備ができたと情報が入る。ここでも鉄壁の三国同盟が動き出していた。

一方の上杉軍はといえば、この頃にはすでに長期布陣に対する不満が遠征軍諸将から出始めていた。越後勢本隊に加え、関東各地の武将配下の部隊が集まる混成軍であるが故に、統率力が弱い。そのうえ、大軍勢に供給する食糧不足、兵站不足で兵士たちのフラストレーションは日に日に溜まっていく。

当時関東では前述のように飢饉が続発し、ただでさえ兵糧に窮していた。そのうえ小田原方は、機を見ては敵の背後へ回って補給路に打撃を与え、運ばれてきた小荷駄《こにだ》（兵糧や陣地設営道具などを運ぶための人夫・駄馬）を奪ったりする。

こうしたことが続き、上杉軍内部では長期にわたる出兵を維持できないとして、北関東の佐竹氏・小田氏・宇都宮氏が撤兵を要求。一部の諸将は無断で陣を引き払ってしまう。さらに松山城では上田朝直《ともなお》が反旗を翻すなど、参陣諸将の足並みが目立って乱れ始めた。

そうなると若大将である謙信としては、当然のように苛立ちが高じてくる。自ら馬を走らせて懸命に士気を鼓舞しようと焦るが、もともと独立独歩の気風の強い関東の国衆たちにとって、そんな荒大将の過酷な指揮もまた嫌気のさす原因となっていった。

陣営内の統率の乱れもあり、謙信は小田原城を落城させるには至らなかった。玉縄城、滝山城、河越城、江戸城などの各支城も落ちることなく持ちこたえた。ますます城攻めが困難になっていく状況のなか、謙信は撤退を決断する。

こうして北条軍は氏康の指揮のもと、本城と支城が連携して徹底した籠城戦を戦い抜き、上杉連合軍十万の大軍を退けたのである。これは実に「勝利」といってもいい結果であった。敵の内実を正しく分析判断し、見事に危機を脱した氏康の軍事上のリーダーシップがさらに高まったのはいうまでもない。

四月初め、謙信は鎌倉に移り、関東管領就任式を執り行う。その際、関東管領として戴く古河公方に、自身が信頼する近衛前久を迎え入れたかった。だが、京下りの関白に関東の諸将からの賛同が得られず、足利藤氏が擁立される。ここでも連合軍が一枚岩ではないことが露呈するが、謙信はそのまま鎌倉に数日間滞在し、諸将の参陣をねぎらった。

謙信はその後、越後へ帰還途上に、北条方へ寝返った上田朝直の松山城を再び攻略し、上杉憲勝《のりかつ》を城将とする。古河御所には足利藤氏とともに近衛前久がおかれた。こうして、六月下旬には厩橋城をたち、十ヶ月に及ぶ関東遠征を終えた。

一方、この頃信玄は北条氏支援のため北信濃に出兵し、5月に謙信の属城である割ヶ嶽《わりがたけ》城（長野県上水内郡）を落とすと、信濃の川中島に海津城（長野県長野市）を構築。この城は川中島で信玄方とにらみ合いを続ける謙信方にとって脅威であり、謙信もまた、川中島で対抗策を講じる必要に迫られる。さらに信玄の扇動による一向一揆が越中で蜂起したため、以後の謙信は関東への動きをおおいに牽制されることとなった。

第六章　関東覇権をめぐる戦い

■十三回に及んだ謙信の関東遠征

関東管領の権威にこだわる上杉謙信の関東遠征は、第一回目の小田原城侵攻を含めて、なんと十三回に及ぶ。三十一歳から四十五歳までの壮年期に、毎年のように凄まじい意欲をもって関東に進出している。

なぜ、謙信は、ここまで執拗に関東にこだわり続けたのであろうか。

まず、元関東管領の上杉憲政から管領職を譲られ、そして上京して室町幕府のお墨付きをいただいたことによる関東救済の強い使命感があった。同時に、北条氏康の侵攻を受けた関東国人衆からの支援要請が相次いだことが、大義となったのであろう。

加えて戦略的な目的としては、関東の重要拠点の確保だ。当時、謙信が領国化しようとしていた上野に侵入を図ろうとする氏康や信玄を牽制しなければならない。

このころ北条氏の領国は、伊豆、相模、武蔵で、周辺の上野《こうづけ》、下野《しもつけ》、下総《しもうさ》の一部も支配下においており、広大なものとなっていた。謙信が小田原城を包囲したのは、最初の遠征の時だけで、それ以後は、関東平野での合戦が大半を占める。

したがって、謙信が出動した軍事目的は、関東平野における紛争地への介入と、軍事拠点の確保と防衛なのである。謙信は越後の有力国衆を軍事拠点の武将として配置。沼田城の松本景《かげ》繁《しげ》と、厩橋城の北条《きたじょう》高広である。

以下、主要な謙信の関東遠征を紹介しよう。

小田原遠征に続く二回目は、永禄四年（一五六一）。なんと第四次川中島の戦いの二ヶ月後に、関白・近衛前久の要請があり武蔵で北条氏と戦っている。

三回目は永禄五年（一五六二）から翌年六月にかけて前回と同様に武蔵に進出。謙信に味方する有力国衆・太田資正から救援要請が届く。岩槻《いわつき》城（埼玉県さいたま市）にいた資正は謙信の到着を待つが、近くの松山城が氏康と信玄の連合軍の攻撃で降伏開城。「松山城の戦い」は、後に詳しく述べる。

やむなく謙信は唐沢山城（栃木県佐野市）の北条方の佐野昌綱《まさつな》を攻めて降伏させる。その後、謙信が帰国すると昌綱は再び北条方に転身。その繰り返しが続いたので謙信はその後何度も佐野城を攻めた。佐野昌綱は典型的な「海道被官《かいどうひかん》」である。その時々で強い者に従い生き抜く術をもった国衆である。こうした関東の国衆には、謙信も、そして氏康も大いに悩ませられることになる。

四回目の遠征は永禄六年（一五六三）十月から、翌年三月。この時は関東国衆同志の争いに巻き込まれての参戦。現在のつくば市付近の国衆の小田氏が、近隣の常陸《ひたち》（茨城県）の佐竹氏や下野（栃木県）の宇都宮氏連合軍に攻撃され氏康に支援を求めた。これに対し、佐竹・宇都宮連合軍は謙信に出馬を要請。二大勢力をバックに代理戦争となった。

一方、武蔵の岩槻城では太田氏内部で上杉派と北条派に分裂。上杉派の資正は岩槻城を追放され、佐竹氏を頼る。この結果、謙信は武蔵での重要拠点を失うことになった。

永禄八年（一五六五）から九年にかけては、六回目の遠征があった。この時は謙信は安房の里見義弘《よしひろ》らの要請を受けて、遠く下総の臼井城（千葉県佐倉市）まで攻め入るが、北条方の千葉胤富らの健闘に加え氏康の援軍によって敗北を喫した。この合戦が潮目を変えて、多くの関東国人衆が北条方になびくことになる。

■三国同盟の崩壊から越相同盟へ

そのなかで、この年の暮れに謙信に衝撃が走った。なんと今や最前線となった厩橋城の北条《きたじょう》高広が、氏康に寝返ってしまう。最重要拠点を託されたキーマンが氏康のみならず信玄とも通じていたのだ。

「天魔の所行！」と謙信は激怒した。というのも高広の叛逆は越後国内に次いで二度目だったのだ。

しかし、高広にも言い分があった。厩橋城への援兵などのバックアップ態勢がなく、ミッションばかりが重く恩賞の手当てもなかった。下総での敗戦のショックも加わり、高広も海道被官化して謙信を見限ったのであろう。

いずれにしても、高広が離反した影響は大きく、その後北条方に転じる上野国人衆が続出し、謙信は西上野を維持するのも難しい局面に追い込まれていく。

第七回目の関東への越山は、永禄九年（一五六六）から翌十年にかけて。厩橋城が北条方に落ちてしまったので、謙信は新ルートを辿って、やはり北条方に属していた唐沢山城を攻撃し、再び前線基地を確保。こうして、北関東をめぐって謙信と氏康のせめぎ合いが繰り返された。

ところが、謙信から唐沢山城を託された越後の国衆も、合戦に嫌気がさして城を放棄して逃走。驚いた謙信はすぐに有力揚北衆の色部勝長《いろべかつなが》を派遣したものの、謙信の拠点経営の失敗であり、求心力は大きく低下してしまう。

さらに事態は目まぐるしく動く。今度は北条氏の加勢を得た佐野昌綱が、再び唐沢山城奪還に成功。こうして謙信に残された軍事拠点は、越後に程近い沼田城を残すだけとなった。

そうしたなかで、永禄十一年（一五六八）三月、関東戦線での敗色が濃くなった謙信を新たな衝撃が襲う。

今度は揚北衆の本庄繁長《しげなが》が、本拠地の村上で謀反を起こしたのだ。この叛乱も信玄が背後で糸を引いていた。本庄氏は越後国人衆の序列第二位の有力者であり、謙信のショックは計り知れない。

こうした相次ぐ越後国人衆の叛乱・謀反の背景には、毎年の度重なる関東出陣に対する大きな不満があったのは間違いない。敗戦の失意、従軍者の疲労、恩賞の不足、厭戦感、そして領国の荒廃、さらには関東国人衆の日和見……。

本庄氏の反乱に呼応して、信玄は北信地方から越後を窺い、氏康は沼田まで進撃してくる。まさに謙信にとって、関東領国の危機が迫っていた。

ところが、年の暮れになって謙信に神風が吹く。突如、信越国境の脅威が消え失せた。信玄が反転して南下作戦を採り、三国同盟を無視して駿河へと侵攻を開始したのだ。

駿河はいうまでもなく今川氏の領国。今川義元が「桶狭間の戦い」で敗死した後、家督は嫡男の氏真が継いで、かろうじて駿河と遠江の領国を保持していた。氏真の代になっても、今川・北条・武田の三国同盟は維持されていたが、弱体化した氏真を狙って、信玄が同盟を踏みにじったのである。

同盟の破棄とは、武田・北条間の国交断絶を意味する。氏真は氏康の娘婿で、今川氏と北条氏は代々肉親同様の間柄。氏康は氏真支援に動き、信玄と氏康は一瞬にして対立関係になってしまう。

しかし事態はさらに思いがけない方向に進展する。永禄十二年（一五六九）、信玄に対して強い危機感をもった氏康らが、なんと、これまで関東で熾烈な戦闘を続けてきた謙信に講和を求めたのだ（越相同盟）。この同盟を斡旋・仲介したのが、あの北条《きたじょう》高広と同じく上野国衆の由良《ゆら》成繁《なりしげ》だった。

宿敵・信玄と仇敵・氏康に苦しめられてきた謙信の危機を、ある意味で宿敵が救い、仇敵のほうからは和睦を申し込んできた。まさに、急転直下の大政変である。

この思いがけないビッグチャンスを謙信は見事なまでに活かしきる。結論からいえば、謙信は関東遠征では氏康に勝てなかったものの、外交折衝では勝利を収めていく。

■氏康が「一国にも等しい」とこだわった関宿城

ここで、北条氏と上杉氏の関東での壮絶バトルの一例を紹介しよう。

上杉謙信は、関東における古河公方＝足利義氏と関東管領＝北条氏という体制を壊し、新たな公方と関東管領＝上杉氏という体制に戻そうと画策していた。そのために古河公方の血を引き、簗田《やなだ》氏を母に持つ足利藤氏《ふじうじ》を公方として擁立しようと動く。

永禄四年（一五六一）、謙信の支援を受けた藤氏は古河城に入るとともに、古河城の簗田《やなだ》晴《はる》助《すけ》は関宿《せきやど》城（千葉県野田市）に入城し藤氏を補佐することになる。

ところが、謙信が越後に引き上げると、翌年には氏康が古河城を包囲。藤氏は捕らえられ小田原城に送られて幽閉されてしまう。一方の晴助は、ここで反北条という旗色を鮮明にして、この関宿城を拠点に対北条戦に挑むことになる。

関宿城は、戦国期は利根川水系の要衝であり、関東平野の中央地点にあることで、関東制覇を目論むうえでは、最重要拠点。氏康自らも、こう訴えている。

「関宿城を手に入れることは、一国を手に入れることにも等しい」

北条氏と上杉氏はこの関宿城の支配をめぐって、十年間にわたり、三度も争奪戦をくり返すことになる。

永禄七年（一五六四）、氏康は武蔵国内で唯一上杉方であった岩槻城を落とすため、前述したように岩槻城主の太田資正の嫡子・氏資《うじすけ》を調略して資正を追放。こうして攻略拠点を確保した。翌年には氏政とともに岩槻城と江戸城から関宿城に向けて攻撃を仕掛ける。「第一次関宿合戦」の始まりだ。

合戦は、新たに岩槻城主になった氏資が先陣となり攻撃するが、敗退。さらに氏康・氏政本隊も加勢するが、簗田氏の堅固な守りに、北条方は城を落とすことができない。攻めあぐねているなかで、「謙信が越山し、後詰に来る」という報が入り、北条方は部隊を撤収。「第一次関宿合戦」は簗田氏の守り勝ちに終わる。

関東に進出してきた謙信は、さらに兵を進め、下総の臼井城の原胤貞《たねさだ》を攻める。だが、攻撃に失敗して、越後に帰還。後ろ盾を失った晴助は、氏政と和睦交渉を行い、とりあえず対立を収めた。

しかし、この和睦は永禄九年(一五六六)にもろくも崩れる。古河公方の家臣である栗橋城主の野田景範《かげのり》が上杉方に寝返ったことで城を追放され、その後に、氏政の弟である氏照が入城。関宿城の目と鼻の先にある栗橋城(茨城県五霞町)が、新たに北条方の拠点になったことで晴助は再び危機に陥った。永禄十一年(一五六八)、氏照は栗橋城と関宿城の間に二つの砦を築き、ここを拠点として、関宿城を攻撃。これが「第二次関宿合戦」である。

ところが、ここで北条氏にも危機が訪れる。

北条・武田・今川の「甲相駿三国同盟」が、信玄の駿河侵攻で崩壊し、北条氏は突然、上杉氏のみならず武田氏というもう一方の強敵を抱える形になってしまう。この時信玄は、北条氏の背後を混乱させるため、晴助に武蔵に軍勢を進めて、北条氏を攻撃するよう要請。事態は急変する。

氏康と氏政はこの危機を脱するため、協議を重ね対抗策を練る。なんと、これまで戦っていた謙信と和平を結び、信玄を牽制するという奇策に出た。先に少し触れたこの「越相同盟」については後に詳述するが、交渉は難航を極めながら、どうにか和議が整った。その結果、関宿城で戦闘中だった氏照と晴助も、謙信を通じて休戦となった。

こうした混乱のなかにあっても、関東平野に着々と支城ネットワークを広げていく北条氏。その強力な軍事力に対抗できなくなっている簗田氏は、新たな後ろ盾に頼るしかない。氏康・氏政と組んだ謙信と手切れをして、氏康・氏政と謙信の敵となった信玄に乗り換えることを決断。晴助からの要請もあり、信玄が上野に侵攻して、その勢いで武蔵の羽生まで進出してきた。謙信、氏康に加えて信玄も混じえた一進一退が続く。それに振り回される簗田氏は、たまったものではない。

しかしながら、ここでまた政治は風雲急を告げる。

元亀二年（一五七一）、「越相同盟」を主導してきた氏康が死去。すると氏政は「謙信との同盟は協力が得られず」という不信感から同盟を解消。その返す刀で再び信玄との同盟を結ぶ。「甲相同盟」の再締結である。この事態に及んで、晴助は再び謙信と結ばざるを得なくなる。またもや北条との対決である。まさに関東三国志の激闘だ。

こうして天正元年（一五七三）、氏照は三度目となる関宿城の攻撃を開始する。翌年には氏政も参陣して戦闘は激化。一方の晴助は謙信や佐竹義重《よししげ》に救援を求める。謙信はこれに応じて関宿城に向かうが、由良氏の離反や越中の平定、さらには将軍・足利義昭からの上洛要請など、いくつもの問題を抱えていて、関東に大規模な軍勢を送ることができない。代わりに佐竹氏や宇都宮氏に出陣を求めるが、北条氏を撃退させるほどの後詰にはなりえない。

その一方で、関宿城を包囲している北条方は、傘下の諸将も加わり三万の大軍勢に膨らんだ。圧倒的な戦力で大包囲網を敷いた北条勢の猛攻に加えて、弾薬・食料の窮乏、城内の内通者、統率の乱れ。城内は混乱し、ついに晴助は佐竹氏に仲介を頼み関宿城を明け渡す決断をした。ここに簗田氏の関宿支配は終わりをつげた。

長年にわたり晴助を支援して関東支配を目指した謙信は、この合戦の後、再び三国峠を越えることはなかった。

氏政は、関宿合戦に勝利し関宿城を確保したことで、北関東への版図拡大に向けて大きな一歩となった。公方義氏は依然として古河にいたが、公方の権威や地位は事実上失われ、公方家も北条氏の支配下に組み込まれることになった。

関東の覇権をめぐる北条氏と上杉氏の血みどろの戦いは、こうして果てしなく続いたのである。

■上野戦線、信玄も関東に乱入

北信濃侵攻と「川中島合戦」は、武田信玄にとって信濃の統一と領国化を果たすために不可欠な軍事行動であった。だが、謙信との戦いに精力を費やし、見るべき成果をなかなかあげることができない。

「何らかの策を講じなければならない。南の駿河か、東の西上野か……」

信玄は焦り始めていた。そこで打開策として考え出されたのが関東侵攻である。具体的には、それまでの信濃一辺倒であった軍事路線を転換し、西上野に駒を進めることである。

この決断の要因はいくつか考えられる。一つは天文二十三年（一五五四）十二月に、信玄の愛娘・黄梅院が北条氏康の嫡子である氏政に嫁ぎ、北条氏との間に同盟を結んでいたこと。上杉謙信の関東進出を、北条・武田の連合軍で阻止しようという思惑だ。

もう一つは、謙信が正式に関東管領を継ぎ、関東侵攻の拠点として上野を重視し始めたことだ。上野は信濃と境を接し、信玄としてはできるだけ牽制しておく必要があった。

北条氏康からの援軍要請を受けて、信玄は動く。

「第四次川中島合戦」から六ヶ月後の永禄五年（一五六二）二月。上杉方の拠点である西上野を攻めるべく、信玄は碓井峠（信濃と上野の堺の峠）を越えて出兵した。九月には上野の箕《み》輪《わ》城（群馬県高崎市）、総《そう》社《じゃ》城（群馬県前橋市）、倉《くら》賀《が》野《の》城（群馬県高崎市）を攻撃。十一月には、北条軍との連合で武蔵の松山城攻略に乗り出す。

松山城は関東平野の中央部に位置し、上杉憲勝《のりかつ》（定正の子）が守る兵陵にある堅城である。

関東各地に出兵しやすいため、上杉方にとっては重要な前線基地だ。

永禄五年（一五六二）、北条・武田連合軍は、なんと五万という大軍をもって松山城を包囲。この松山城危機の急報を受け、謙信も救援のため越山の準備に取りかかった。憲勝は上杉方の岩槻城主・太田資正と連携を図り、謙信の来援を待った。

この岩槻城との連絡には「軍用犬」が使われた。秘密文書を竹筒に収めて犬の首に付け、深夜に送り情報伝達を図った。これが日本で軍用犬が使われた最初とされる。

険阻な要害に立つ松山城の守りは堅く、場内から弓や鉄砲での激しい応戦に連合軍は攻めあぐねる。火矢や松明《たいまつ》を使って火攻めを試みたが、城兵はよく持ちこたえ、簡単には落ちない。結局、信玄と氏康は、城を包囲したまま越年する。

ここで信玄はある作戦を思いつく。氏康と協議のうえ、甲斐から採金を業《なりわい》とする「金山衆《かなやましゅう》」を呼び出して申しつけた。

「よいか、城の掘り崩しを図るのだ！」

信玄は、金山衆を使って城内に向けたトンネルの削掘を始めた。穴掘り職人である金山衆の腕を買い、膠着した戦線を打開すべくこの奇策に打って出たのだ。トンネルはじりじりと城に迫り、上杉勢は見えざる地下の敵に狼狽する。

一方の連合軍にも脅威が近づいていた。謙信が後詰のために援軍を率いて松山城に迫ってきたのだ。そこで連合軍側は、松山城に降伏を促す使者を送る。

「降伏しなければ総攻撃を決行する。大雪のため上杉勢の救援は来ない！」

籠城側は激しい合戦で疲れ果てて戦意を失っていた。危機が迫るなかで連合軍は総攻撃を開始。その際には、矢玉を避ける竹束をつくって、身を守りながら松山城に突入したという。

こうした奇想天外の作戦が功を奏し、たまらず上杉勢は降伏し二月に開城した。

その頃謙信は、北武蔵の石戸《いしと》にまで兵を進めていた。松山城が開城したことを知ると「憲勝の臆病者めが！」と怒鳴り、太田資正に八つ当たりしたという。

この年の十月に信玄は再び西上野に侵攻。吾妻川の断崖を利用した堅城である岩櫃《いわびつ》城（群馬県東吾妻町）に奇襲をかけて落とす。この時に活躍したのが、あの真田幸隆《ゆきたか》だ。城内の家臣を謀略して混乱させ、激しい攻城戦もなく開城させた。

西上野の諸城をこうして次々と攻略した信玄だが、最大のターゲットは箕輪城（群馬県高崎市）である。それまで何度か攻城したが落とせなかった堅城である。

ところが、城主の長野業政《なりまさ》が突然死して、それまでの恨みを晴らす好機到来。永禄九年（一五六六）九月、信玄はなんと二万の大軍を率いて躑躅ヶ崎館を出陣し、途中に松井田城（群馬県安中市）、安中城（群馬県安中市）を落として箕輪城に迫る。

長野業政の死後、城を守っていたのは嫡子の業盛《なりもり》。長野勢ははじめ城外に兵を出し、攻撃を仕掛けたが、二万の大軍が相手では歯が立たず、すぐ兵を引いて籠城戦に切り替える。

箕輪城は西上野随一の堅城といわれるだけあって、自然の地形をうまく利用した天嶮《てんけん》の要害で、容易に落ちる城ではない。しかも、長野氏の家臣団の結束は固く、「長野十六槍」と謳われた勇将が城を固めており、信玄の二万の大軍をもってしても、なかなか攻めきれない。

しかし、信玄は一歩も引かない。不退転の決意をもって総攻撃を決行。城主・業盛は父・業政の遺命を守り、最後まで降伏することを拒み、切腹して果て、城は落城した。

信玄は西上野の最大の攻撃目標としていた箕輪城を攻略したことによって、群馬郡を手中に収めることができた。つまり、西上野の掌握に成功したのである。

こうして、上野の岩櫃、箕輪などの要城が武田の手に帰したことは、越後の謙信に不安感を与えなかったはずはない。謙信がしばしば関東出兵を行なったのは、勢力を北上させる北条氏への威圧とともに、西から関東にせり出してくる武田氏への牽制のためでもあった。直接戦闘は交えなくとも、北条、武田、上杉の三軍は、上野の地を舞台に、なおしばらくしのぎを削っていく。まさに関東の激闘三国志である。

しかし、いつまでも同じ状況が続くことはない。三軍による交戦もいつとなくその優劣の差が明らかになっていく。関東管領という名目だけで睨みを利かそうとする謙信が不利な立場であることはいうまでもなく、関東を地盤とする氏康の有利さとは比べものにならない。信玄が上野に手をつけたのは、背後を固めて信濃と駿河を領国化し、あわよくば中央へ進出するためであり、上野への計略には限度があった。

したがって、関東の覇権争いは、謙信対氏康、つまり上杉氏対北条氏に絞られ、謙信が出兵すれば氏康が退き、謙信が引き上げると氏康が出ていくという、まさにシーソーゲームが繰り返される。その挙げ句、くたびれてきたのは謙信のほうだった。

永禄十二年（一五六九）、謙信は労のみ多く実りのない関東出兵を諦める。その後、「甲相駿三国同盟」を破棄して駿河侵攻を図る武田氏に対抗する北条氏は、上杉氏との和議に進んでいく。「甲相同盟」から「越相同盟」への大転換で、関東の混迷はますます深まっていく。

■北条氏の宿敵、里見一族

北条氏の関東制覇の前に立ちはだかったのは、上杉氏だけではない。江戸時代の読本作家・曲亭馬琴《きょくていばきん》の「南総里見八犬伝《なんそうさとみはっけんでん》」でも有名な安房の里見氏がいた。

永禄三年（一五六〇）に上杉謙信率いる越後軍が、三国峠を越えて関東に侵入した頃、北条氏康は大軍をもって里見義堯《よしたか》の本拠地である久留里《くるり》城（千葉県君津市）を包囲していた。

北条氏と里見氏の確執は古く、北条氏綱の代から続いていた。一時連合したこともあったが、やがて実力を養った義堯は安房一国では満足できず、上総《かずさ》（千葉県中部）に進出し、北条勢と一進一退をくり返していた。弘治元年（一五五五）には、里見勢が水軍を率いて三浦三崎に上陸。城ヶ島で梶原景宗《かげむね》率いる北条水軍を破るなど、北条氏にとっては、不倶戴天《ふぐたいてん》の敵であった。

里見氏は、その後、いったんは滅亡の危機にさらされたこともあったが復活。永禄七年（一五六四）一月、里見義堯の嫡子・義弘は岩槻城主・太田資正と連合し、氏康・氏政父子と国府《こう》台《だい》で決戦を挑む。これが「第二次国府台《こうのだい》合戦」である。

緒戦では北条方の先鋒遠山直景《とおやまなおかげ》を討ち取って勝利したが、その後「地黄八幡」の北条綱成の奇襲を受けて惨敗。義弘は命からがら安房に逃げ帰った。

しかしながら、息の根を止めるまでには至らない。安房という房総半島の先端を本拠地として、強力な水軍を持つ里見氏を攻め滅ぼすのは容易ではない。戦に敗れても、また勢力を盛り返し反攻してくる。北条氏が最も手を焼かされる難敵であった。

氏康と氏政が、「甲相同盟」から「越相同盟」への大転換を図ろうとしていた頃、里見義弘は態勢を立て直し、またもや上総に進出。氏康はそれに多くの兵を割《さ》けず、義弘は上総のみならず下総まで侵攻する。これに対して、氏康は何度も講和話の申し入れを行うが、義弘は拒否。応じなくても滅ぼされることはないという自信と、宿敵に対する怨念によるものであろう。

この里見氏の依怙地《いこじ》な気質は、義戦のための義戦を続ける謙信の行動とどこか似ている。何のために戦うのか。里見氏には「北条氏に替わって関東覇権を握る」という野心が、まったくないわけではないにしても、その軍事行動を見ていると「北条と戦って一泡ふかせる」ことだけが目的という印象を受ける。

永禄十二年(一五六九)、「越相同盟」が成立すると、義弘は武田氏と結んで北条氏との敵対関係を強化。もっとも、これには武田氏が北条氏と対抗するために、里見氏へ働きかけたということでもあった。いずれにせよ、「どこと結ぼうと北条氏とは対決していく」という里見氏の執念なのであろう。

謙信との「越相同盟」がうまく機能しないと判断した北条氏は、氏康の遺言に従い、氏政が信玄と「第二次甲相同盟」を締結。武田氏は北条氏の関東支配を認めるかわりに、北条氏は上杉氏と手を切るという条件であった。

すると、武田氏と結んで北条氏と対抗していた里見義弘は、ただちに信玄と離別し謙信と結んでいる。この徹底した北条氏との対決姿勢はしたたかというほかない。

それにしても、里見氏の北条氏に対する抵抗の情熱はどこから生まれてくるのであろうか。列島のはずれの半島の豪族には、独特の反骨気質が生まれるように思えてならない。かつて、北条早雲に反攻した三浦半島の三浦一族と同様に、房総半島の里見一族は北条氏の関東制覇にとって、まさしく意趣遺恨《いしゅいこん》の怨敵なのであった。

第七章　信玄の駿河侵攻と小田原攻め

■三国同盟の決裂と義信の自害

そもそも武田氏と今川氏は長年同盟関係にあった。信玄の姉が今川義元に嫁いでおり、「甲相駿三国軍事同盟」の締結の際には、義元の娘が信玄の嫡男義信に嫁いでいる。こうして両者の関係はゆるぎないものとなっていた。この同盟があったからこそ、信玄は背後を心配することなく、北信濃や西上野に駒を進めることができた。また、氏康や義元からの援軍を得て、戦いを有利に展開し得たのである。

その状況を大きく変えたのが、永禄三年（一五六〇）五月十九日、今川義元が織田信長に討ち取られた「桶狭間の戦い」だった。これによって、武田氏と今川氏の「甲駿同盟」は微妙になっていく。というのは、義元の後を継いだ氏真《うじざね》が、広大な今川領を統治する能力に欠けていたからだ。加えて、三河の松平元康《もとやす》（徳川家康）が信長から自立し、遠江を狙っていたのである。

信玄は、駿河の今川氏を侵攻するために、ついに「甲相駿三国同盟」の破棄を決断する。

今川氏との断絶については、武田氏内部でも紆余曲折があった。嫡男の義信は信玄の駿河攻め南進論に絶対反対を唱えた。義信にしてみれば、妻の実家を攻めることになり、承服できない。

その時、「重臣の飯富虎昌が義信と図って謀反を起こす」という情報が信玄のもとに届けられる。これを受けて信玄は、この事態を放置しておけば武田家は二分され、甲斐は最大の危機を迎えてしまうと判断。「義信の逆心に同意した」として虎昌はじめ義信側近を処刑、あるいは国外追放とした。一大粛正である。信玄はその直後、にわかに二三七名の配下の家臣に「どんなことが起こっても信玄公に従う」という起請文を提出させている。

しかし、信玄には焦りがあった

「このまま手をこまねいていれば、早晩、今川領国は家康に奪い去られてしまう」

ここに嫡男義信を自刃に追い込んでも駿河に進出したいという信玄の決意が生まれる。信玄は義信を蟄居《ちっきょ》させて同調を促した。

しかしながら、義信は同調よりも死を選んだ。

永禄十年（一五六七）十月十九日、義信は幽閉先の東光寺で自刃。享年三十。甲斐の新星は悲劇にも墜ちていった。その直前には義信の妻、すなわち義元の娘・嶺松院は駿河に送り返されている。信玄は父を追放し、子を殺害した男となった。

信玄は基本的には家臣に優しい武将であった。「人は石垣、人は城」が彼の統治理念である。しかしながら、一族の統制を図るためには、手段を選ばない現実主義者だ。

この東光寺は信玄が二十年前に諏訪頼重をだまし討ちにした場所だ。この寺は武田信玄という人物の心の深淵を具現化した処刑場なのである。

■氏真の「塩止め」と謙信の「敵に塩を送る」の逸話

ちょうどこの義信事件の直後に、駿河側から駿河湾産の塩を甲斐に送るのを禁止する措置がとられている。つまり信玄からの一方的な同盟破棄に怒った氏真が、「塩止め」（塩留め）を断行したのだ。

海のない甲斐と信濃で塩は取れない。氏真は商人に駿河産の塩を甲斐に運ぶことを禁止。北条氏康にも頼んで相模経路の塩輸出も止めた。まだ「駿相同盟」は生きていた。

塩は人々の生活に必要不可欠の産物だが、この作戦は有効打にはならなかった。甲斐方面の塩道は遮断されたが、信濃には糸魚川《いといがわ》沿いに入ってくる越後産の塩道があったためだ。謙信はこの塩道を止めず、越後の商人の利益を侵さなかったのである。そもそも、甲斐と信濃という大国の糧道を断ち切る作戦など到底不可能な技だったのだ。謙信から信玄への書状にはこう記されていた。

「塩止めは卑怯千万な手口。私は貴方との勝負は正々堂々と戦で決しようと思っています。今川も北条も弓矢を取って争うことができないのでしょうか。塩はいくらでもお送りしますので、手形で必要なぶん、いくらでもお取り寄せ下さい」

信玄はじめ武田の家臣たちは、謙信の正義に感動したという。

しかし、謙信のこの行為の裏には「越後の商人を儲けさせるチャンス」という下心があったのは確実だろう。これが有名な格言「敵に塩を送る」のエピソードといわれており、正義の味方を演じる謙信の伝説となっている。

■信玄の織田シフトと駿府急襲

信玄の南進論には、徳川家康による駿河侵攻の先手を打つこと、海のない甲斐の信玄が駿河の海を欲していたこと、に加えてもう一つ目的があった。

信玄の路線がこの時期、それまでの親今川・北条路線から親織田路線に転換しつつあったのである。

具体的な動きとしては、南進論に強く反対する義信が東光寺に幽閉された永禄八年(一五六五)、その同年に、弟の勝頼が美濃の苗木城主遠山友勝《ともかつ》の娘を娶《めと》っている。

遠山友勝の妻は織田信長の妹であり、信長はその娘をいったん養女にしたうえで、つまり信長の娘という形にして勝頼に嫁がせている。ここで甲斐と尾張との「甲尾同盟」ともいうべき

駿河侵攻前の関係

関係が成立している。

さらに、この関係を通じて信長は信玄に駿河攻めを勧めている。この時期信長は、美濃から足利義昭を擁して上洛を果たそうとしていた。「できることなら信玄に邪魔されたくない」という思いがあったのだろう。信長は駿河攻めを勧め、関心をそらしておいたうえで、上洛のための軍事行動を起こそうという腹だったのではないか。

永禄十一年（一五六八）二月、信玄がついに動き出す。家臣の穴山信君《のぶただ》や山県昌景《やまがたまさかげ》を

家康のもとに派遣し、今川領を東西から攻め取ることを提案。大井川を境として駿河国を武田が、遠江国を徳川が切り取るという約束である。これを取り持ったのは信長であろう。

さらに信玄はもう一手打つ。駿河侵攻の際に、北方から謙信が攻め込むことの抑止策だ。謙信の家臣・本庄繁長の謀反を促し、協力を約束。越後の攪乱も図っている。

ともあれ、信玄による「駿河攻め」と「甲相駿三国軍事同盟」の破棄は、北条氏と徳川氏という強力なライバルとの展望のない戦いに足をつっこむ大きな要因となってしまう。

永禄十一年（一五六八）十二月、信玄は大軍を率いて躑躅ヶ崎館を出陣する。

「武田軍来る」の報を受けた今川氏真は、同盟者である北条氏康・氏政親子に急を告げる一方、一万五〇〇〇の兵を動員して薩埵山《さったやま》に布陣。そこで武田軍を迎え撃つ。

ところが信玄は、出陣の前に謀略によって今川氏の重臣たちから内応をとりつけていた。その結果、主だった武将が武田軍と一戦も交えることなく後退してしまう。薩埵山で迎撃するという氏真の作戦はものの見事に失敗し、敗走する今川軍を武田軍が迎撃する形となった。翌日には武田軍は陣を進め、駿府への乱入を開始している。

武田軍は駿府の街に火を放って今川館を目指して進撃。これによって浅間神社や臨済寺など古くからの神社仏閣が焼かれている。氏真は遠江の掛川城（静岡県掛川市）へ落ち延びた。

「氏真あやうし」の急報が小田原に届く。すると、氏真と同盟関係を保ち続けている北条氏康・氏政父子は、武田軍討伐のために出撃を決断。信玄はそれを迎え撃とうと全軍を薩埵峠に戻した。ここに「甲相駿三国同盟」は完全に破綻した。

■今川氏滅亡と北条氏との対決

年が改まり、永禄十二年（一五六九）一月に薩埵峠を挟み両軍は対陣したが、この攻防戦は四月まで続き、容易に決着はつかない。

実はちょうどこの頃、北条氏康と上杉謙信の「越相同盟」の交渉が始まっていた。謙信は、駿河侵攻戦で全軍が出払って手薄になっている甲斐と信濃を狙う動きを見せた。そのため信玄は慌てて兵を撤収せざるを得ないはめに陥る。いうまでもなく、これは氏康の策略であった。

結局、信玄は、氏真を駿河から追放したという成果をあげただけで、逃げ帰るように甲斐に引き上げるしかなかったのである。この時点では、駿河侵攻は失敗に終わっている。

信玄は駿河侵攻に踏み切ったことを氏康と氏政にこう弁明した。

「氏真が謙信と通じて武田を滅ぼそうとしているから、信越国境が深雪で閉ざされていた時期を狙って駿河を攻めた」

しかし、こんな身勝手な同盟破棄の弁明は北条氏に通じるはずがない。

一度、甲斐へ戻った信玄は、「今川亡き後、当面の敵は北条である」と戦略を再構築する。確かに、ここで北条氏を叩いておかないと、駿河を円滑に支配するのは難しい状況だ。戦いが長期戦の様相を呈してきたので、信玄はこの局面を打開するために外交戦に打って出る。信長に使者を送り、謙信との和睦斡旋を将軍足利義昭に依頼するよう懇願。これを受けて信長と義昭は、信玄との和睦（甲越和与）を命じる御内書を謙信に対して送り、謙信を牽制した。

一方で、家康はいまだ掛川城を陥落させられずにいた。そこで家康は氏真に使者を送り、講和を命じる。

「駿府から武田軍を追い払った暁には、氏真殿に駿府をお返しする」

この動きを察知した信玄は家康に書状を送る。

「関東の諸将を味方に付け、小田原（北条）攻めの準備を進めている。甲越和与（武田と上杉の同盟）も進めている。よって、今川と和睦などせずに掛川城を攻め落としてほしい」

しかし、この説得はうまくいかなかった。同年五月には、氏真が籠もる掛川城がついに開城。家康と氏政は今川領を分割領有する恩恵を受けることになる。これで家康は掛川城を手に入れ、遠江をほぼ制圧。氏康・氏政も氏真を庇護下において、氏政の子・国王丸（のちの北条氏直）を氏真の養子とすることで、今川領を事実上受け継ぐことになる。ここに戦国大名としての今川氏は滅亡した。その後氏真が駿府に戻ることはなかった。

こうした状況のなかで、信玄は捲土重来を期して再び動く。

永禄十二年（一五六九）六月、御坂《みさか》峠・籠坂《かごさか》峠を越えて伊豆の三島に侵攻。北条氏を牽制した。そのうえで駿河に再び乱入する。七月には、富士郡の要衝である大宮城（静岡県富士宮市）を攻め、富士郡を支配下に収めた。

ここで特筆すべきは謙信の動きだ。謙信はこの短期間のうちに北条と武田の両方との同盟関係を結んでいる。信玄の力を恐れていたとはいえ、外交巧者ぶりを発揮。そしてこの年の一〇月、信玄は休む間もなく、いよいよ北条氏の本拠地小田原城を攻めるために、西上野から関東平野に入った。関東三国志は風雲急を告げる。

■小田原城に籠もる氏康、攻める信玄

永禄十二年（一五六九）九月、武田信玄は二万の軍勢を率いて甲府を出立する。

この出陣に先立ち、信玄はまず駿河方面に進出する動きを見せて北条氏の一部を引きつけ、そのうえで本隊を小田原攻めに向けており、そのあたりの軍略はやはり一筋縄ではいかない。

こうして本隊は、武蔵国の北条方の支城を落とそうと北条氏邦が守る鉢形《はちがた》城（埼玉県寄居町）へ迫るが、氏邦が籠城に徹したため深追いせずに南下。次は北条氏照が守る滝山城だ。

ここでは激戦が展開されたが、守城側の氏照の巧みな防御戦術により、信玄の猛攻を凌《しの》いだ。そこには、戦力のいたずらな消耗を避けようという信玄の深謀もあったに違いなく、十月一日に至って武田勢は最終目的地である氏康と氏政が籠もる小田原城を取り囲んだ。

当時の小田原城は後述する名高い「惣構《そうがまえ》」の着工前であったが、そこは上杉謙信が十万以上の兵力でも落とせなかった堅城である。武田軍はすぐには城攻めをせず城を包囲し挑発を続ける。だが、一方の北条軍はほとんど城から出てこようとしない。それもそのはずで、城内の評定では、こんな声が多かった。

「籠城に徹し、ときどき軍勢を出して相手の疲労を待てば、必ず兵糧が尽きて退却するに違いない」

「もっともである、先年も輝虎入道（謙信）が命からがら退散しており、今度もあのようになるだろう」

自城に対する信頼はすでに圧倒的なものがあったようだ。

そんな状況のなか、しびれを切らした武田勢はついに攻撃を仕掛ける。蓮池門を突破した先手部隊は城内に殺到したが、それこそが北条方の罠だった。武田部隊の侵入した曲輪《くるわ》は行き止まりとなっており、そこに北条勢から雨のように矢が降り注ぐ。多くの死傷者が出たのを見て、信玄はやむなく退却を命じざるを得なかった。

その後も睨《にら》み合いは続いたが、信玄はとうとう撤退を決断。武田軍は包囲を開始して四日後の十月五日に城下に火を放ち軍勢を引き上げた。このまま長期戦となれば兵站が困難になるばかりか、背後に残してきた氏照や氏邦の軍勢はじめ北条方の支城から後詰が来襲する恐れがある。信玄はそう考えて判断したのであろう。

しかしながら、そこで戦いは終わらなかった。信玄の案じた通り、北条勢は引き上げる武田勢の追撃を図ったのである。有名な織田信長の「金ヶ崎《かねがさき》の戦い」を引くまでもなく、いわゆる「退き口《の》」すなわち撤退戦というのは、引き上げる側には不利、追撃する側には有利な戦いであり、北条側としてもこの機会を逃すはずがない。

後詰であった甲州街道守備軍の北条氏照、秩父方面守備軍の北条氏邦の軍勢二万が要所である三増峠《みませ》（相模原市緑区・愛甲郡愛川町）に着陣し、甲斐に帰国しようとする武田勢を迎撃。さらに小田原城からは北条氏政が二万余りの軍勢を率いて出陣。氏照・氏邦の部隊と氏政の本隊が武田軍を挟撃し、殲滅《せんめつ》する作戦である。こうして、十月六日には武田軍と北条軍が山岳野戦で激突する。名高い「三増峠の戦い」が始まった。

■武田軍、三増《みませ》峠の激闘を制す

戦いに先立ち、三増峠一帯では氏照・氏邦の部隊は先手を打って奇襲攻撃を仕掛けようと待ち構えていた。これを察知した信玄は自軍を三隊に分ける。襲い掛かる北条軍の攻撃を正面に受けつつ、一隊は北条方の出城である北の津久井城（神奈川県相模原市）の抑えに、一隊は山中に隠れて北条軍を横から急襲する作戦をとった。

十月八日、ついに両軍は交戦の火蓋を切る。緒戦は待ち構えた北条軍が優勢で経過する。山岳戦ではより高所にあるほうが断然有利であり、そこから撃ちかける矢玉は面白いように武田勢に命中した。

この間に、北条綱成が指揮する鉄砲隊の銃撃によって、武田軍では重臣の浅利信種《のぶたね》や浦野重《しげ》秀《ひで》が討死。勝利を確信した北条側は、氏政本陣に一気に後方を突くよう催促するため早馬を走らせるが、本隊の動きはなぜか遅く、絶好の勝機を活かせぬままだった。

やがて、ようやく志田峠（三増峠の南西約一キロ）に機動した山県昌景率いる武田の別働隊が、より高所から奇襲に出ると戦況は一気に武田側に傾く。浅利信種が戦死した左翼でも、軍監（大将に次いで軍の監督をする役目）であった曽根昌世《まさただ》が代わりに指揮をとって綱成隊を押し戻すことに成功。一方の北条軍はといえば、頼みとする津久井城守備の内藤綱秀《つなひで》の部隊が、もう一つの武田軍別働隊におさえられて救援に出られない。ここへきて、百戦錬磨の信玄の作戦が大きくものをいってきた。

三方から攻めたてられて総崩れとなった北条軍は、南の半原山へ逃げ登るところを背後からの攻撃で多数の死者が出るありさま。こうして緒戦では苦戦したものの、この合戦は最終的に武田軍の勝利に終わった。

小田原から追撃してきた氏政の本隊二万が、峠から六キロ余りの荻野（神奈川県厚木市）まで迫って来たのはようやく合戦も終わろうとする頃であり、自軍の敗戦を聞きつけた氏政はここで進軍を停止。挟撃作戦はついに実現しなかった。氏政の部隊があと半日でも早く到着していたら、武田軍は挟み撃ちにされて逆に大敗していた可能性もある。

この折の氏政本隊の到着の遅れには異説もあり、一つはそもそも挟撃の作戦は考慮されておらず、緒戦の勝利にはやった三増峠の北条勢が急遽、氏政へ出馬を求めたためというもの。もう一つは、信玄が撤退に際し「武田勢は鎌倉の鶴岡八幡宮に参詣するそうだ」とのうわさをばらまいたため、追撃する氏政の本隊に油断があったとするもの。だが、撤退する相手への追撃は戦の定法であり、挟み撃ちの作戦が即席だったとは考えにくい。ここは、情報戦にも長けた信玄の謀略が図に当たったと見るのが妥当であろう。

ともあれ、自軍の勝利を見た信玄は軍勢を反畑《そりはた》（神奈川県相模原市緑区）まで移動させ、勝《かち》鬨《どき》を上げると甲斐に引き揚げた。この「三増峠の戦い」は、戦場の高低差が勝敗に大きく影響した戦国時代最大規模の山岳戦として知られている。

武田軍は追撃する北条軍を撃退したものの、重臣の浅利信種が戦死するなど失ったものも少なくない。事実、武田氏重臣の高坂昌信は、この合戦のことを「御かちなされて御けがなり（勝利はしたものの、損害もこうむった）」と悔しがり、遠征自体の必要性に疑問を呈している。

戦略的に見た場合、信玄の北条領侵攻の本来の目的は、これに先立つ駿河侵攻での優位性を確保するための陽動作戦であった可能性が強い。と同時に、「越相同盟」への揺さぶりとともに、関東の反北条勢力への示威行動でもあった。そのプレッシャーもあって、謙信は氏政に対し、武田軍牽制のために信濃への出兵を誓詞血判で約束しながら、現実にはこれを果たしていない。

そこには、謙信の日本海側での越中出陣という事情があり、さらに将軍足利義昭から武田氏との和睦を命じられ、同年七月に成立していた「甲越和与《こうえつわよ》」の影響もあったはずだ。信玄としてはこうした情勢を見て、謙信による北条氏救援の出兵がないことを踏まえたうえでの北条領侵攻だったのではないだろうか。

結果として、武田軍による小田原城攻撃から三増峠の合戦に至る成り行きは、この二年後に北条氏が上杉氏と手を切り、武田氏と再同盟する遠因になったとも考えられる。

さらに、信玄の小田原攻めにはもう一つの戦略的な思惑もあった。先にも触れた、上洛の野望実現のために背後の北条氏を叩き、牽制しておくという目的である。その点を考えると、信玄としては狙い通りの結果を得られたのだろう。一方、氏政にとっても強敵信玄から小田原城はじめ関東領国を守り抜いたことは、関東の支配者としての権威確立を内外に示す結果となったに違いない。両者それぞれに、少なからぬ重みをもった戦いだった。

謙信から期待した支援を引き出せず、信玄には戦で劣勢を強いられた氏政。そんな状況のなか、元亀二年（一五七一）、絶大な存在感をもっていた父氏康がこの世を去った。

■第二次甲相同盟と幻の甲相越三国同盟

偉大なる父の死を転機とし、ここで再び氏政は外交の大転換を決断する。同盟関係にあった二年余の間に有効な支援のなかった上杉氏を見限り、代わりに抗争中である武田氏との間に「甲相同盟」を再び締結。謙信の不義理については、かねてから北条家中でも問題視されており、この大転換は氏康から氏政への遺言だったという説もある。

ただ、そこには複雑な状況判断があった。実は、氏政としては「越相同盟」はそのままに、新たに武田氏を加えての三国同盟を考えていたらしい。つまり、「甲相駿三国同盟」から新たな「甲相越三国同盟」への移行である。かつての甲相駿の同盟が約十五年の長きにわたって安定していたのを見ていた氏政としては、三国同盟こそ堅固であると考えたのだ。

実際、この時点で駿河を領有した信玄は西に目が向いており、三河の徳川氏、尾張の織田氏を抑えて上洛の野望を遂げたいと考えていた。そのためには背後の安全を確保することが必要であり、北条・上杉両氏との同盟は歓迎であった。また、信玄からすれば、離縁されたとはいえ自らの娘である黄梅院が生んだ氏直が氏政の跡継ぎである点も無視できなかったに違いない。事実、この頃の信玄は次のように内意を示している。

「氏政殿は信玄の婿でもあり、他人とは思えない。駿河のことで思いがけず戦ったのは遺憾であるが、いまもなおざりには思っておらず、できることなら元のように和睦して、以後は互いに加勢をし、親密にするのが当然だ」

一方の氏政にしても、上洛志向はないものの、急激に勢力を拡大する織田信長への警戒感は大きかったはずだ。これまでは東国での外交軍事政策のみを考えていればよかったが、信長が強大化したことにより全国規模での戦略が必要となってきたのである。

ここに北条・武田両氏の思惑は一致して、元亀二年（一五七一）十二月、氏政と信玄は「甲相同盟」を再締結。そのうえで、信玄から謙信へ甲越間の同盟が打診され、これが成れば「越相同盟」も復活し、「甲相越三国同盟」が成立するという筋書であった。

ところが、事前に甲相同盟締結の連絡を受けていなかった謙信は難色を示した。北条・武田両氏への不信感が積もったこともあり、同盟を拒否したのである。謙信は事前の了承もなく武田氏との同盟に走った北条氏に対して、断交を通知。これが世にいう「手切之一札《てぎれのいっさつ》」である。

北条氏にしてみれば、同盟関係にありながら武田氏との戦いに何の支援もせず、約束を果たさなかった上杉氏に対する不信があったのはいうまでもない。それを乗り越えての要請であるにもかかわらず、情勢を観る目をもたない上杉氏がさぞ腹立たしかったはずだ。

幻となったこの三国同盟がもし実現していたら、その後の戦国時代は大きく変わっていたことだろう。

こうして、「越相同盟」は有効に機能することなく二年余りで幕を閉じ、北条氏と武田氏との間で国境の策定及び両国の相互不可侵を約束する「甲相同盟」が、あらためて締結された。

この「甲相同盟」の復活は関東全域の勢力図に大きな変化をもたらし、北条氏は関東で再び上杉氏に味方する勢力と対決。武蔵北部の木戸氏・深谷上杉氏・簗田《やなだ》氏らに対する攻略を進め、並行して佐竹氏・結城《ゆうき》氏・小山《おやま》氏・宇都宮氏といった北関東の反北条勢力にも圧力を加えたことで、多くの敵を相手に戦いを強いられることとなる。

こうした反北条勢力の救援要請に応じた謙信は、元亀三年（一五七二）以降、再び関東へと侵攻を開始した。しかし、以後数年にわたりたびたび行われた謙信の南進に対しては、「甲相同盟」による武田氏の支援もあって首尾よくこれをしのぎ切り、氏政はその都度これを何とか追い返すことに成功。

その後も、謙信の後ろ盾を得た里見氏・佐竹氏といった関東諸勢力との抗争は継続するが、天正三年（一五七五）頃にはそれまで猛威を振るっていた謙信の関東進出がほぼ収まり、この年を最後に謙信は関東の攻略を諦めることとなった。氏政はついに、謙信という強力なライバルの猛攻を乗り切ったのである。

ところが、強敵謙信の脅威を退けたのもつかの間、北条氏という強大な勢力に各個で立ち向かうことの困難さを痛感した北関東の諸勢力は、今度は常陸《ひたち》の佐竹氏を中心に「反北条」を合言葉に相互の姻戚関係を構築してしぶとく抵抗してくる。

氏政の側も天正六年（一五七八）に、東北の伊達《だて》氏や蘆名《あしな》氏と連携する「遠交近攻策」をとって佐竹氏攻略を本格化させるが、反北条勢力の粘り強い抵抗に決定的な攻勢を仕掛けられないまま、にらみ合いの末に停戦しての退却を余儀なくされたのだった。

■信玄死去によって変化したパワーバランス

一方、この間には衝撃的な事件があった。元亀四年（一五七三）四月、上洛の途上にあった武田信玄が病没したのである。

この一件は、信玄自身の遺言により三年秘匿することが命じられたとされる。事実、変事を察知して氏政が送った見舞いの使者に対しては、信玄の弟の逍遥軒信綱《しょうようけんしんこう》（武田信廉《のぶかど》）が影武者となって応対したとの説も残るが、さすがに長く隠しおおせるわけもない。信玄としては、自らの死によって「甲相同盟」が壊れることを恐れたのかも知れない。その後、後継者の勝頼は父の遺志に反して迷走を始めることになる。

思えば、織田信長が足利義昭を追放して室町幕府が滅亡したのを機に、元亀から天正へと改元がなされた一五七三年前後は、長かった戦国の世が終息に向かい大きく変わり始めた時期であり、信玄の死はそれを象徴する出来事だったといえるだろう。

とりわけ大きかったのはパワーバランスの激変で、かつては畿内、北陸、東海、関東、さらに中国、四国、九州と地域ブロックごとに力がある程度均衡していた勢力図が、織田信長という強力な新勢力の台頭により、その均衡が崩壊。各地の戦国大名は、それまでのように自分たちのブロックのことだけを考えていればいいというわけにいかなくなった。

いわば、日本国内において急激な〝グローバリゼーション〟が起こったとでもいえばいいだろうか。そこではもはや二国間、三国間での地域安全保障的な同盟関係だけでは平和は維持できない。中央の織田信長の動きにどう対応するかが、大きなテーマとなってきたのである。

時代は戦国大名たちに、地域外交から全国規模の外交への変化とそれへの対応という新たな生存条件を突きつけており、氏政も勝頼もそのなかで父たちとは違う苦闘を続けなければならなくなる。

■第三次駿河侵攻、北条氏との激闘

「小田原城攻城戦」から「三増峠の戦い」という遠征から帰還した信玄は、満を持して永禄十二年（一五六九）十一月に大軍をもって駿河になだれ込む。「第三次駿河侵攻」である。この度重なる駿河侵攻を考えると、九月から十月の関東出陣は、あくまで北条氏を牽制するのが目的で、信玄の真の狙いは、駿河の確保と領国化である。

この時、薩埵峠には、北条方が砦を築いていた。駿河に乱入した武田軍は、まず、この薩埵峠を簡単に奪う。その勢いをかって蒲原城《かんばら》（静岡県静岡市）を襲撃。この城には北条一族の北条綱重《つなしげ》が約一〇〇〇の手勢で守っていた。武田軍の総大将は武田勝頼。綱重は善戦したが、十二月の総攻撃でついに支えきれず討死し落城してしまう。

信玄の次の目標は駿府である。

前述のように今川氏真は、前年の武田氏の攻撃で掛川城に逃れた後、今度は掛川城を家康に攻められて、この年の五月に降伏開城。妻の実家である北条氏を頼って伊豆に落ち延びていた。

今川館は、信玄が甲斐に戻っていたために今川方の岡部正綱《まさつな》が占拠していた。信玄は再び今川館を奪取しようと駿府に乱入。しかし、今川館を直接攻撃せず、正綱を懐柔して、無血開城に成功している。

年が改まって元亀元年（一五七〇）正月、信玄は初めて駿府から西に駒を進める。武田勝頼を大将として花沢城（静岡県焼津市）を攻め落とし、清水袋城《しみずふくろ》（静岡県静岡市）を築城。さらに駿河湾から太平洋岸の制海権を考え、北条水軍と対抗するために武田水軍も編成している。

このあと、いったん兵を甲斐に戻した信玄は、四月にまたもや駿河に侵攻。このときは五月に吉原及び沼津で北条軍との間で戦いとなっているが、両軍とも本格的な合戦には至らなかった。沼津の千本松原が戦場になったのはこの時である。

■信玄の強引な駿河攻め

同年八月、信玄は黄瀬川《きせがわ》に本陣を置き、軍勢を二手に分ける。

一手は北条方の有力な支城である伊豆韮山城《にらやま》（静岡県伊豆の国市）を攻撃。武田軍の武田勝頼、山県昌景、小山田信茂らが、韮山城外の町庭口《まちにわくち》で城主の北条氏規の軍と交戦。しかし、北条軍の守りは固く、それを突破できず武田軍は城攻めを諦めて撤退した。

もう一手は、興国寺城《こうこくじ》（静岡県沼津市）を攻撃。この城は北条氏の初代早雲が居城した「早雲旗上げの城」として知られ、この時は、重臣の垪和氏続《はがうじつぐ》が守っていた。信玄は馬場信房、高坂昌信らに城攻を命じるが、三日間猛攻を加えても落城しない。この時の出陣は韮山城にしても興国寺城にしても、北条勢が得意とする籠城戦に歯が立たず失敗に終わっている。

氏康と氏政は武田軍との戦いで謙信に援軍を要請していたが、「越相同盟」は条件がかみ合わず、謙信が出兵することはなかった。

また、もう一方の「甲越和与」は破棄となり、謙信と信玄の同盟は手切れとなってしまう。その裏には家康の外交が功を奏したようだ。家康は信玄との戦いを想定し、かねてから謙信との同盟交渉を水面下で進めていた。徳川氏と武田氏の絶縁は、信長と謙信を結ばせ、信長と信玄の縁談を破棄させることを約束した「上杉・徳川同盟」が成立した。つまり、織田・徳川連合は武田氏と断交し、新たに上杉氏と組むということになった。すさまじい外交の駆け引きが招いた一大転換である。

さらに、武田軍は御殿場の深沢城《ふかさわ》（静岡県御殿場市）を攻める。

この城は、甲斐、駿府、相模の接点に位置する戦略上重要な城だ。元亀元年（一五七〇）四月、武田方の駒井昌直《まさなお》が守る深沢城を北条軍は三万八〇〇〇の大軍をもって攻め取り、六月には猛将・北条綱成を入れて守りを固めていた。その年の暮れ、今度は武田軍が深沢城を攻撃することになり、年をまたいで戦闘が続いた。

この合戦で信玄は中山金山の「金堀り衆」を呼び寄せ、またもや城に向けて穴を掘って攻めたてる。そして籠城している綱成に対し、「深沢矢文」として知られる開城勧告の矢文を放つ。

綱成はこうした奇策をまじえた信玄の猛攻に耐えかねて、一月十六日、ついに開城に追い込まれる。氏政は城の後詰のため、小田原を出発していたが間に合わなかった。またしても三増峠での失敗をくり返してしまう。北条氏にとっては痛恨の極みとしかいいようがない。

こうして信玄は、永禄十一年（一五六七）から元亀二年（一五七一）まで何度も駿河を侵攻しているが、完全に領国化することはできなかったのである。

信玄の強引な駿河侵攻は、三国同盟破綻の契機となり、東国の情勢を大きく変貌させることになる。今川氏は滅亡し、北条氏との同盟も破綻させ、抗争は上野・武蔵・相模・伊豆方面にまで及んだ。

さらに、家康との密約である大井川の国境に関しても、信玄は重臣の秋山虎繁《とらしげ》を徳川領に侵攻させたことで反故《ほご》にしてしまい、家康と同盟関係にある信長をも敵に回すことになった。信玄の強引な戦略は、氏康・氏政の反抗によって戦果を上げることができなかった。

武田氏は、東に北条氏康・氏政、北に上杉謙信、南に徳川家康、西に織田信長という強力なライバルに包囲されることになってしまう。武田信玄は難しい状況に追い込まれていった。

第八章　三者三様の領国経営

氏康の領国経営

画期的な基本台帳の考案と官僚機構の整備

ここで三英傑それぞれの領国経営について見ていこう。

機を見るに敏であり、勇猛果敢に武功をあげてきた北条氏康だが、領国支配を確立し、領民の暮らしを改善するため民政・内政改革にも取り組んで大きな成果をあげていく。

まずは「検地」である。戦国大名にとって領民の農地の面積と収穫量を把握し、徴税の基礎資料とするための検知は、非常に重要な施策である。検地といえば豊臣秀吉による「太閤検地」が有名だが、実は戦国大名として初めて検地を行ったのは北条早雲であり、二代氏綱も伊豆国、相模国の検地を実施している。

三代氏康もまた天文十一年（一五四二）から二年をかけて、新たに領国化した武蔵国も含め大規模な一斉検地を実施し、年貢徴収の基盤を構築している。

他の戦国大名は、同じように自領の検地をしたくても、なかなか実行できずにいた。領地内に在地の自立領主である国衆が多く、検地によって既得権益である徴税権を侵されることをいやがったからだ。だが北条氏は初代早雲はもともと「他国から来た新参者」だったからこそ、地縁や血縁に縛られず検地を実行できたのだ。

そして、長年にわたるこの検地の結果をもとに、氏康は画期的な基本台帳を考案する。

永禄二年（一五五九）に各家臣衆の知行高《ちぎょうだか》と所領役を取りまとめて作成した「小田原衆所領役帳《おだわらしゅうしょりょうやくちょう》」「北条家分限帳《ほうじょうけぶげんちょう》」などと呼ばれるものだ。

北条家の家臣は、所領役として「軍役」（兵を出すこと）、「普請役《ふしん》」（築城などの公共事業に人夫を出すこと）、「出銭」（供出金を出すこと）が課されていた。所領役帳とは、家臣にこの三つの「務め」を課すための基本台帳である。北条氏の家臣団は次のように組織された。

役帳の構成は、十二の「衆」別に整理されている。すなわち、本拠地小田原の側近たちで固められた小田原衆、御馬廻《おうままわり》衆、評定《ひょうじょう》衆。そして、各支城を管理する玉縄衆、江戸衆、松山衆、伊豆衆、津久井衆、足軽衆などで、総勢五六〇名の家臣団が組織されていた。

所領役帳には、家臣それぞれの所領の場所（領地）とその貫高（所領高）を明記。そして、それらに比例して負担すべき馬、鉄砲、槍、弓、旗の数、加えて軍役として動員すべき人数も詳細に記載されている。この役帳によって家臣たちの貫高を基準にした平等な負担が明確になり、家臣団や領民の統制が円滑に行われるようになっていた。

北条氏にとっては動員できる役力や労働力が事前に予測できるようになり、家臣の側も透明性や平等性が確保され、不満や疑心を招くことが少なかったということだ。集団を効率的かつ確実に動かすには、構成員の役割と相互の関係を明確にし、系統だった組織にまとめることが条件であり、その典型がいわゆる官僚組織である。

氏康が考案した役帳とは、まさにこの官僚組織を構築するための基本となる数値データをまとめたもの。当時の戦国大名で、ここまでシステマチックな官僚統制組織を構想・実現したのは、ひとり北条氏のみである。このように機能的・機動的な官僚組織をつくり上げた氏康の先進的な発想力・企画力には脱帽するしかない。

■国と民を守る平等な税制と撫民政治

氏康が次に取り組んだのは、「税制改革」だ。関東全域に戦線が広がり、戦費が急増していくにつれて、当然それに対応する財源を探さなければならなくなる。しかし、やみくもに増税を行えば、耐えかねた農民の欠落《かけおち》・逃散《ちょうさん》（離散逃亡）を招く。そんな状態が続けば国の屋台骨を揺るがす結果にもなりかねない。

そこで氏康が実行したのは、天文十九年（一五五〇）、抜本的な税制改革だった。それ以前の税制は、「四公六民」という他国に比べて領民に有利な年貢制度だったが、そのほかに「諸点役《しょてんやく》」という雑多な税が代官によって勝手に徴収されており、これが領民に大きな負担であった。

氏康はこの「諸点役」を廃止し、田地にかかる貫高六パーセントの「段銭《たんせん》」と、畑地にかかる貫高四パーセントの「懸銭《かけせん》」という銭納の税（のちに物税）に統一する。ちなみに貫高とは、のちの石高にあたるもので、土地の収穫高を通貨単位である貫を用いて表した税の算出基準になるものである。さらに、氏康は家屋にかかる税である「棟別銭《むねべつせん》」も定め、あるいは減額している。

氏康は税金を「段銭」「懸銭」「棟別銭」に統合し、簡素で公平・公正な税制を整えたのだ。領国内一律に税を賦課することは非常に画期的なことだった。代官が好き勝手に領民から雑税を取り立てて、自らの懐に入れていたのとは大きな違いである。税務行政というのは優秀なスタッフがあってこそだが、それを担ったのは、前出の家臣衆という官僚機構であった。

ほかにも氏康の時代には凶作や飢饉の折の減税や年貢の免除が行われた記録もあり、一部には「段銭」や「棟別銭」のみならず国役（大名から領民に課せられる軍役や普請役）まで免除されたケースもある。自らが決めた制度を柔軟に運用できるのも、土台となる徴税システムが確立していたからにほかならない。この税制改革は領民への不当な中間搾取の排除が大きな目的であった。当時は郡代や代官が勝手に諸役や年貢の賦課を行い、領民は過重な負担を強いられていたが、それが大きく改善されたのである。

実に撫民的な政策であり、そんな氏康の領民に対する姿勢を物語るのが、「万民哀憐、百姓不尽礼」（万民を愛し、農民に礼を尽くすべし）という言葉であろう。

■目安箱と評定制度の確立

さらに氏康は、新たな「司法制度改革」にも取り組む。それが「評定衆」の創設とその制度の整備だ。領国内での代官と領民の諍《いさか》い、領民同士のトラブル、行政に対する不満や陳情などを、法にのっとり公平・公正に対処する必要性を感じていた。その背景には中世における訴訟の頻発、とりわけ徴税や土地の所有に関する訴えの増加という面があったことは間違いない。

氏康は天文二十三年（一五五四）、領内の訴訟を処理する機関として「評定衆」を組織する。評定衆は氏康の身辺を固める小田原衆と御馬廻衆を主体に構成されており、月に二回、重要案件を持ち寄って開催。しかもこの評定衆に直訴できるのは、家臣、国衆、代官などの支配階層に限らなかった。一般の領民、つまり農民、商人、職人、社寺などすべての領民に訴訟の機会が開かれていたのだ。

まず、その手段としたのが「目安箱」である。目安箱というと、これより二〇〇年も後の「享保の改革」で徳川吉宗が設置したことで知られるが、そのルーツは氏康の評定制度にある。具体的には、小田原城や支城の城門などに設置された目安箱に投じられた案件を、「原告と被告による争いごと」として評定衆が審議することになる。審議結果は裁許《さいきょ》状という文書で勝訴者に伝えられる。裁許の根拠としては案件に関わる証文が重視され、過去の判例や鎌倉幕府以来の武家の法典である「御成敗式目《ごせいばいしきもく》」などが参照された。

北条氏の評定制度はすべての領民に開かれた極めて民主的な制度であった。戦国時代という封建社会にあって、領民の末端の声まで汲み取ろうとする司法制度が整備されていたことは驚きであり、ここまでの民主的な仕組みをつくり上げた戦国大名は他に見当たらない。これも北条氏の撫民政治の面目躍如であろう。

■伝馬制度による領国内ネットワーク

領国が拡大すると行政情報や物資を迅速・的確に伝達するシステムも必要になった。伊豆・相模・武蔵・上野の四ヶ国を領有する戦国大名に成長した北条氏にとって、小田原城を中心として各支城と領内を支配するためのネットワークの構築が必要となってきたのだ。

そこで北条氏が行ったのが「伝馬制度の確立」だった。伝馬とは、宿場から宿場に荷物を馬に運ばせる交通網のこと。宿場には常時、馬と口取り人足（馬子）を用意させた。原則的には人は乗せない。諸国の戦国大名のなかでも、前述のように北条氏の伝馬制度は最も早く、二代氏綱の時代の大永四年（一五二四）に開始。これをさらに充実させたのが氏康であった。

伝馬制度を利用するには、まず「伝馬手形」が発給される。伝馬手形とは、伝馬を使用する者に与えた使役許可書で、一種の交通手形である。この伝馬手形に専用の印判の押された例が初めて見られるのが、氏康治世の永禄元年（一五五八）であり、伝馬制度の本格的な確立もその頃と考えられている。

これによって、文書や荷物が宿場間のリレーで迅速に輸送されるようになった。現代の郵便、宅配便システムのの原型が開発されたのだ。これが陸上競技「駅伝」の起源ともいわれる。

■楽市による規制緩和と市場の振興

北条氏は氏康や氏政の時代、地域経済の発展のために商工業や流通業の振興にも積極的に取り組んだ。具体的には通貨対策や市場開設だった。通貨の流通を活発化することは、迅速な兵器の調達や慢性的に不足しがちな兵糧米を買い付けるうえで、戦国大名にとって極めて重要な戦略でもある。

銭を使用するとき、まず考えなければならないのが税収への影響だ。前述の「段銭」や「懸銭」、さらには年貢についても現物ではなく銭による納税が定められていたので、質の劣る悪貨が含まれていては実質的減収につながる。当時の流通銭には質的に大きなばらつきがあり、摩滅や破損などの度合いが少ないものを「精銭《せいせん》」、そうでないものを「悪銭《あくせん》」「地悪銭《じあくせん》」と呼んでいた。そこで求められたのが「撰銭《えりぜに》」といって悪銭などを捨てて精銭を選び取る仕組みだった。天文十九年（一五五〇）、氏康は「銭にはいろいろあるが、永楽銭にまさるものはないから、今後は永楽銭のみを使うように」と命ずる。

「永楽銭」は明《みん》で鋳造され日明貿易などで輸入、流通した貨幣であり、一般の精銭より価値が高かった。この氏康による指令によって「関八州（関東八ヶ国）の市町では永楽銭を用いた」と記録にはあり、実際にどの程度の量が流通したのかはわからないものの、少なくとも氏康が改善を図ったことは間違いない。

とはいえ貨幣交換の機会の少ない農民にとっては、悪銭も多く含まれる手元資産の価値を目減りさせる結果を招く可能性もある。「永楽銭を使うように」との高札が立てられたのは、氏康が銭納の税制を創設した年であり、すべての領民が納税のための「良貨」を得る環境を整えるためにも、商品を売り良貨に換金する場としての市場を早期に整備する必要があった。

実際、この年の九月に、武蔵世田谷城（東京都世田谷区）の城主吉良頼康《よりやす》が領内の上小田中《かみこだなか》市場（川崎市中原区）に接する泉沢寺《せんたくじ》門前の諸税を免除しており、これは北条領国において開かれた最初の「楽市」だ。これはいわば「規制緩和による特区制度」である。「楽市」は織田信長が開設したものとして知られるが、北条氏も早くから振興していた。

また、毎月六回の定例日に開かれるようになった「六斎市《ろくさいいち》」には人々が集まりやすいよう、重複開催を避けるための調整も行われている。

なお、東京都世田谷区で年末年始に開催される有名な「ボロ市」も、天正六年（一五七八）に北条氏政の「楽市掟書《おきてがき》」により世田谷城下で始まった楽市が起源である。小田原と江戸の間にある世田谷宿において、伝馬の確保のため宿場を繁栄させる目的があったといわれるが、北条氏が豊臣秀吉の小田原征伐で滅亡し、配下であった吉良氏の世田谷城も廃止されたことから急速に衰えてしまう。ところが、その後も近郊農村の需要を満たすため、農具市として「歳の市」に形を変えて存続。現在では多種多様な品物が売買さる「ボロ市」として名を馳せており、北条氏の楽市による市場の振興は、いまなお地域経済活性化に一役買っている。

■小田原城大改修と小田原の街づくり

北条五代がつくり上げた小田原の城と街は、実に独創性に富んだものであった。

小田原城のもともとの城主は扇谷《おうぎがやつ》上杉家重臣の大森氏であり、初代の北条早雲がこれを奪取したものである。だが、早雲は小田原城を居城とはせず、ここに本拠を移したのは二代氏綱である。氏綱は小田原城を本城と位置づけ、城と城下町の整備に着手する。氏綱と氏康は箱根権《はこねごん》現《げん》神社や鶴岡八幡宮などの有力社寺の造営も進めており、京都や奈良から多くの職人を招聘し技術人材の確保を図っていたことも好都合であった。ちなみに当時の本丸は、現在の天守閣がある場所ではなく、上方の八幡山にあったことが、発掘調査でわかっている。

城下町の整備は、京に倣《なら》い、吉方位に基づいた地割りを築いた。それに沿って道や堀、水路をつくり、整然と区画した町並みをつくるというものだった。東西に東海道、南北に甲州道という幹線道路が走り、周囲に碁盤のようにな道路、水路を交差させる。これが戦国期に小田原が東国随一の都市へと発展する基盤となった。

特筆すべきは「小田原用水」の導入である。これは「小田原早川上水」とも呼ばれ、我が国最古の上水道とされる。水源は箱根の芦ノ湖から相模湾に流れる早川である。早川は小田原近くで分水し、用水路に流して城内や城下町に給水していた。この上水のおかげで小田原は水の豊かな街として発展していく。これは、氏綱による小田原城下の都市基盤整備の根幹事業として行われ、その先進的な街づくりには驚かされる。

当時の小田原がいかに優れた城下町であったか、氏康の時代の天文二十年（一五五一）に訪れた南禅寺の僧である東嶺智旺《とうれいちおう》が次のような実見録を書き残している。

「小田原の町は整然として塵一つない小路が整い、東南には町の麓まで海が広がっている。また、当主の館は壮麗にして三方を大池に囲まれており、池は水をたたえ、浅深は測れないほどである。その水は芦ノ湖の水が引かれていると聞いて驚いた」

小田原城城郭総構全体図

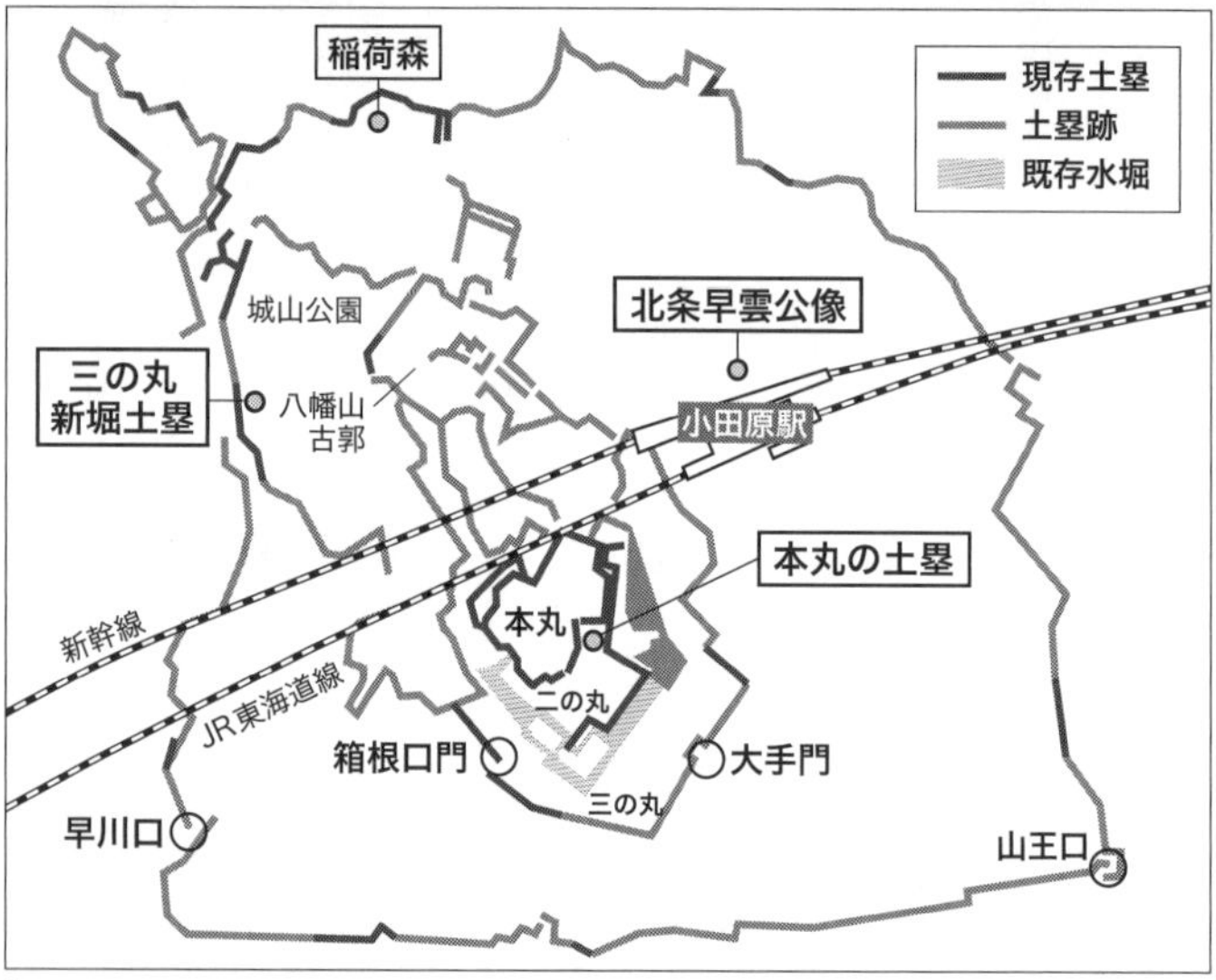

「小田原城総構を歩こう」（小田原城）を参考に作成

難攻不落の堅城として知られる小田原城であるが、三代氏康、四代氏政の時代には上杉謙信と武田信玄に攻め込まれ、城を包囲される。

この経験から、織田信長亡き後、天下人となった豊臣秀吉との対決姿勢を強めていた氏政・氏直父子は、小田原城の防衛体制を強化するための大普請を行う。

城下町を丸ごと取り込んだ堀と土塁からなる、周囲約九キロにも及ぶ防衛ライン「総構《そうがまえ》」をつくり、小田原城と城下町全体の要塞化を図ったのだ。天正十五年（一五八七）三月付の文書に「相府大普請《そうふだいふしん》」と記されたこの大規模な工事には、領内各地から人夫が総動員された。

全長九キロに及ぶ総構は、箱根外輪山から延びる三本の尾根に沿って横堀と土塁を築き、海岸部には土塁のみを築く。丘陵部の堀切は、硬い粘土質の関東ローム層を六十度前後の勾配で掘削し、その土により土塁を築くもので、深さは十メートルを超え、空堀としては空前絶後の規模になる。

さらに極め付けは、「障子掘《しょうじぼり》」と呼ばれる堀底に高さ一・五〜二メートルの障壁を掘り残した空堀を築いたことだ。この障子堀によって堀に落ちた敵の横の移動を封じ、上から鉄砲や弓矢で攻撃することが可能になる。籠城戦に長じた北条氏ならではの発想であり、同じ構造は各支城築城の際にも導入された。そもそも、小田原城は防御面で極めて有利な場所にある。西には箱根山と早川があり、東には酒匂《さかわ》川、山王《さんのう》川、渋取《しぶとり》川が流れ、南は海に面している。防御が必要なのは北側だけだが、そちらもまた丘陵地帯で攻め手は兵力を集中しにくい。

さらに三本の尾根を横断する形で空堀を築き、障子堀とすることで敵の勢いを止めて防御する。これこそ北条氏が生み出した築城術なのである。しかし、のちの秀吉との「小田原合戦」では、北条氏が降伏開城することとなり、築城技術の有効性を実証することはできなかった。

小田原合戦の時点で、惣構を含む小田原城の総面積は全国最大であり、攻守に優れた設計は画期的なものだった。北条氏の城郭の特質は類まれなもので、小田原合戦に参戦した豊臣方の武将ものちに国元の城で採用するなど、日本城郭史上に大きな影響を残している。

■風魔一党を用いた情報戦

北条氏が「風魔《ふうま》一党」と呼ばれる忍者集団を抱えていたことは有名だ。風魔一党は、初代北条早雲によって、その秀でた騎馬技術が評価されて、北条の軍団に組み込まれていた。

頭領は風魔小太郎。伊賀の服部半蔵と同じく代々その名が受け継がれていたが、最も華々しい戦闘をくり広げたのが五代目の風魔小太郎で、二メートル超の巨漢と異様な風貌で恐れられていたと伝えられている。

天文十四年（一五四五）の「河越夜戦」では、風魔が山内・扇谷の両上杉軍と古河公方の八万の大軍のなかに紛れ込み、戦いを有利に運ぶ。氏康は扇谷上杉の来襲に対して、風魔の暗躍を活かして、これを突破した。敵陣営攪乱と籠城する味方陣営との通信などの情報戦における風魔の活躍があってこその勝利といわれ、のちの「小田原合戦」でも豊臣方は風魔党の攪乱作戦にてこずったという記録がある。さらに、「黄瀬川《きせがわ》の戦い」でも武勇伝が残る。

天成七年（一五七九）八月、武田勝頼は駿河に出陣し、伊豆国境に沼津城（静岡県沼津市）を築城。さらに一万六〇〇〇の兵を三島へ派兵して北条氏に対抗する。一方の氏政は徳川家康と謀って武田勢を挟撃すべく伊豆へ出陣。北条・武田両軍は伊豆・駿河国境の黄瀬川を挟んで対陣する。このにらみ合いはそれから三年近くも続いたが、この対戦の折、北条軍の一派として武田軍を大いに苦しめたとされるのが、風魔小太郎（記録には風間出羽守《かざまでわのかみ》の名が残る）率いる風魔一党である。黄瀬川の陣で小太郎は二〇〇人の手下を四手に分け、夜間に川を渡り、武田軍の陣内に潜入。敵兵を生け捕りにし、繋いである馬の綱を切り放ち、敵陣に紛れて嵐のごとく鬨《とき》の声をあげるなどして撹乱。武田軍は大混乱に陥り、一夜明ければ味方同士が斬り合った果ての死体が累々と積み重なっていたという。

武田勢十人ほどの残党が風魔に紛れ込んだものの、すぐに敵であることが見破られ、ひとり残らず討ち取られた。風魔党には総勢が集合した時、合言葉と同時に一斉に立ち、また坐る「立ちすぐり居すぐり」という味方確認方法があり、すぐに敵味方が判明できたという。

忍者といえば、大名や領主に仕え、諜報活動、破壊活動、奇襲戦術、暗殺などを行う専門職で、甲賀忍者、伊賀忍者などが知られるが、風魔もこうした忍者の一党であり、首領小太郎の名のもとに北条氏に従い、合戦時の情報収集や敵陣攪乱に活躍していたのだ。

戦国時代の外交戦・軍事戦における諜報活動や攪乱戦術は、兵馬を駆使した戦闘と同等、あるいはそれ以上の価値と効果を持つものであった。忍者といえば黒装束、手裏剣、忍術ばかりを思い浮かべがちだが、実際には今日のスパイと同様、怪しまれにくい平民の装束で敵地を自在に往来し、戦国大名たちは彼らの情報を重く用いて勝利を目指していた。

信玄の領国経営

治水事業の象徴「信玄堤」

武田信玄も北条氏康に負けず劣らず領国支配の独自性と特色を持っていた。信玄といえば誰しも「信玄堤」と「甲州法度」の名を思い浮かべるだろう。

「甲斐は貧しい山国だ。だからこそ国を富ませるための工夫が必要なのだ」

信濃侵攻と並行して、信玄は内政にも積極的に取り組んだ。いかに災害を防ぐか。いかに生産性を高めるか。いかに軍事力を高めるか。いかに年貢収入を増やすか。

そこでまず信玄は、治水事業に着手。「信玄堤」の構築である。甲府盆地北東部で水害の頻発地帯となっていた釜無《かまなし》川・御勅使《みだい》川の合流付近に長期にわたる大規模土木治水事業計画を立てる。御勅使川の流れの向きを変え、釜無川に築堤をして、盆地に水が氾濫するのを防いだ一大プロジェクトだ。

「水を治めずして、国を治められぬ」という大号令のもとに総延長五〇キロの治水事業がスタートしたのは、信玄が父信虎を追放し政権を奪取した翌年の天文十一年（一五四二）。

この普請事業は、家臣や国衆の石高に応じた分担制を採用し、米一〇貫当たり三間五尺（約六メートル）を基準とした堤の竣工は永禄三年（一五六〇）頃とされている。実に約二十年がかりの大工事だったことになる。

自然の力を逆利用した築堤の工法は、当時としては画期的なもので、以後、この技術が「甲州流川除《かわよけ》」として治水術の一つの権威となって確立していく。信玄はこうして水害に苦しむ地域に対して、知恵と工夫によって防災対策を実現していった。

堤防の完成後、信玄はこの地域に新たな集落をつくるため「棟別役」（家屋にかかる税）を免除するという思い切った特別減税措置をとり、入植を促している。国づくり、地域づくりに対する信玄の先進的な施策と実行力には驚くべきものがある。二十年近くに及ぶ大工事を信濃の軍事侵攻と並行して実行したという点は注目に値するところだ。

加えて、信玄は治山にも力を入れていた。地すべりなど土砂災害を防ぐために、谷や沢などに堰堤《えんてい》を設け、樹木の間伐や造林を促進。また、ミツマタ、コウゾ、ハゼ、ウルシなどを植林し、これらの樹木から和紙を製造し、蠟《ろう》や漆《うるし》をとり、これらを他国にも輸出した。

信玄は甲斐の山河の治山治水を行うと同時に、その恵みを六次産業化していたのである。その行政手腕には驚くほかない。

■法治主義を明文化した「甲州法度之次第」

信玄の領国経営面における実績の最たるものは、分国法として定められた「甲州法度之次第《こうしゅうはっとのしだい》」であろう。分国法とは守護大名が領国に独自に定める法律のこと。朝廷や幕府にかかわりなく、大名自身が立法の中心になっていることが特徴である。その先鞭をつけたのは、北条早雲がつくった「早雲殿二十一箇条」であるといわれている。

武田氏のほかにも、この時代には越前朝倉氏の「朝倉敏景《としかげ》十七箇条」、駿河今川氏の「今川仮名目録」といった分国法が相次いで発令されている。分国法の基本は寄親・寄子制（在郷武将との主従関係による軍勢を編成する制度）などの家臣組織の規定、所領・年貢に関する規定などで、甲州法度もおおむねこの内容だ。

「甲州法度之次第」は天文十六年（一五四七）六月に基本の五十五ヶ条が公布され、法制定を主導したのは信玄と腹心の駒井高白斎《こまいこうはくさい》。これも信濃攻略の真只中のことである。内容は鎌倉時代の「御成敗式目《ごせいばいしきもく》」（貞永式目《じょうえいしきもく》）と「今川仮名目録《かなもくろく》」の影響が強いものだが、領国秩序形成に向けた意志を具体的に明文化している点は注目に値する。

まず国衆や地頭に対しての土地所有や年貢収取を制限し、家臣としての臣従の強制をしている。次に農民には郷村の逃亡や年貢の未納を禁止し、他国の人間との結婚禁止や喧嘩両成敗の徹底など事細かく定めている。武家の慣習法を受け継いだ喧嘩両成敗は、「甲州法度」に定められてから普及したといわれている。

条文の末尾には、当主である信玄自身も法度に拘束されると記され、法度の主旨に反する言動に対しては、身分の別を問わずに訴訟を申し出ることが容認されている。この条文がどこまで守られていたかは定かではないが、武田氏の法治主義による秩序維持の理念が現れている。

この甲州法度制定の背景には、当時信玄が直面していた難しい状況がある。法度の制定された天文十六年（一五四七）頃は、信濃侵攻を行っている時期で地頭や百姓層への負担が増大し、地頭の借財や百姓との衝突を防がなければならなかった。そして、信濃攻略が進むにつれて領土が拡大すると、信濃に住む領民や新たに武田氏に加わった国衆と武田家の家臣団との間で軋轢が生まれる可能性があったのである。

これらを予防するためにも新たな法秩序を構築する必要があったのだろう。いずれにしろ、この甲州法度の制定は守護大名から戦国大名に成り上がった武田信玄という武将の指導力の賜物であったことは間違いない。

■軍事的ロジスティクスの構築

信玄の知恵と工夫は当然、軍事技術にも活かされている。まずは「棒道《ぼうみち》」の普請だ。本国の甲斐と侵略地域の信濃の道路整備において、信玄は棒道と呼ばれる軍用道路を造成。棒道とはいうまでもなく棒のように一直線につくられた道のことだ。信玄が信濃への経略にあたり、従来の曲がりくねった道ではなく、目的地へ最短距離と短時間で行けるように計画された軍用道路が求められていた。

古府中《こふちゅう》から信濃の要所である川中島までは直線距離で一一〇キロだが、その道のりは幾重にも山と谷によって阻まれている。武田軍にとっては、甲斐と信濃を少しでも早く自在に往来するための道路が、どうしても必要だった。

信玄は古府中の躑躅ヶ崎館を本拠として、周辺諸国との合戦に明け暮れた武将である。いわば棒道は躑躅ヶ崎という中心点から広がる戦略・補給ルート。信濃の場合は諏訪口、佐久口という二つの入口に向けて、効率的に軍兵と兵糧を移動しなければならない。この棒道の工事は領民に「普請役」という夫役が課せられて強制的に行われたという。

甲斐から信濃への棒道は、上・中・下の三ルートに分かれているが、道の周辺には砦や行軍時の馬の交換を目的とした「隠し牧」などがつくられており、兵站戦略を整備している。こうした交通や通信という面では、甲斐と信濃は山深き不便な国であり、信玄は他の戦国大名以上に創意工夫を凝らさなければならなかったのであろう。

次に通信手段として開発されたのが「狼煙《のろし》台」である。これは煙を上げて危急を知らせる通信設備。多くの戦国大名も活用した施設だが、信玄は山間や谷間を縫ってネットワークを張りめぐらせた。戦国時代でも最も狼煙台の整備に力を入れ、有効に使ったのが信玄である。

甲斐の軍法では「飛脚篝火《かがりび》」と呼ばれ、軍事行動の情報伝達をはじめ、領内の異変がただちに躑躅ヶ崎に伝えられるシステムをつくり上げていた。

「川中島の戦い」の際には、海津城から躑躅ヶ崎まで約二時間半で危急が伝えられた。八ヶ所の狼煙台を経ての狼煙と、早馬飛脚による詳細な注進状が信玄のもとに届けられた。「第四次川中島合戦」の時、信玄は謙信が妻女山に本陣を構えてから二日後には川中島に到達することができた。これも狼煙台による迅速な情報伝達の賜物である。

軍事行動の要諦は情報力と迅速な対応といっても過言ではない。信玄は棒道や狼煙台という軍事技術を駆使して戦いに挑んだ。戦国最強といわれた武田軍団の秘訣はこのロジスティクスの整備にもあったといえるだろう。

■日本初の貨幣制度整備と黒川金山

甲斐の国と武田氏の財政を支えたのは「金山」である。信玄は積極的に金山を開発した。この時代にいち早く金山に目をつけ、他に先んじて採掘。信玄は採掘と精錬に新技術を用いて、金貨、碁石金、板金などを製造した。これらははじめは主に戦の褒章用や調略用に使われたが、そのうち金貨以外のものもすべて金貨としての価値を持つようになった。このころから後の日本は世界一金貨や金を持った国といわれていたが、その端緒を開いたのが信玄である。

また、甲州軍団の経済をまかなったのも、主としてこの金だった。もし金山の開発がなかったら、甲州軍は弱体だったであろうともいわれている。

信玄の掘った金山はいくつもある。黒川山金山・黄金沢《こがねざわ》金山（山梨県塩山市）、御座石《ございし》金山・金沢金山（同韮崎市）・黒桂山《つづらやま》金山・保金山・両畑金山（同早川町）、湯之奥金山・川尻金山（同下部町）、川端下《かわはけ》金山・梓山《あずさやま》金山（長野県川北村）、富士金山（静岡県富士宮市）などである。

これら甲斐の金山には「金山衆」と呼ばれる採掘職人が大勢おり、戦の際には武田氏の軍勢として参加していた。彼らの採掘技術は城攻めに役立ち、トンネルを掘って敵を威圧。武蔵の松山城や駿河の深沢城などを攻めた時にも大活躍した。また、戦場だけでなく、道路や堤防の整備にも金山衆の技術が活かされた。最盛期の黒川金山には千人ほどの住民がいたといわれ、通行税免除などの特権を与え、保護されていた。

さらに信玄は日本で初めて「貨幣制度」を整えた人物でもある。これに用いられたのが「甲州金」という金貨で、江戸時代後期までこの地で利用された。この甲州金の製造に使われたのが黒川金山の金である。戦国時代は全国共通の貨幣ではなく、各地でさまざまな貨幣が使われていたが、それは使われる金の量がそのまま貨幣の価値になるものだった。一方甲州金は、金貨に価値が刻印され、金の量に関係なく、刻印で価値が決まる今のお金に近い仕組がとられた。時代劇でよくお金を数える単位に「両」が使われるが、これは甲州金に由来している。

■「人は石垣、人は城」の真意

「人は城、人は石垣、人は堀、情けは味方、仇は敵なり」とは、武田信玄の名言である。その言わんとするところは、「立派な城があっても、人の力がないと役に立たない。信頼ができる人の集まりは強固な城に匹敵する。情けは人の心をつなぐことできる。しかし仇が多ければ結局は国を滅ぼすことになってしまう」ということだ。

これは、まさしく信玄の領国経営の基本ポリシーであろう。信玄にとって古府中の町、そして甲斐一国がまさしく城であった。その中心となる政庁としておかれたのが、躑躅ヶ崎館である。この館は、父信虎が石和《いさわ》（山梨県笛吹市）から本拠を移して築いたのが始まりで、後継者勝頼が新府韮崎城を築くまで使われた。戦国最強の武将の館としては簡素だが、甲斐源氏以来の格式と守護の伝統を備えた優雅な雰囲気を漂わせていた。

信玄が政務を執る主殿を中心に諸施設が配置された構造で、北東の一角に立つ毘沙門堂、南面には回遊式庭園や移動式能舞台もあった。背後には要害城があり、有事の備えも整えていた。

「甲府」は文字通り甲斐国の府中である。ところが、戦国時代の城下町とは趣を異にする。むしろ中世守護の館とそれを中心とした町割りの形と機能を継承してつくられていた。躑躅ヶ崎館を中心とする町には縦に走る四条の道路が敷設された条坊制（碁盤目状の都市区画）が整備されていた。小京都ともいえる町割りになっている。

とはいえ、あくまで信玄は戦国の武将である。厳重に防御の構えをとる。もちろん館の周囲は堀に囲まれている。西からの攻撃は相川で阻み、東には土塁を築いて防ぎ、背後の要害山に後詰の城として要害山城を構築した。信玄の母・大井夫人は今川氏が攻め込んできたため、要害山麓の積翠寺《せきすいじ》で信玄を出産している。

散在する寺や遊興施設もいざとなれば戦闘施設に早変わり。周辺の山々に張りめぐらされた狼煙台ネットワークも、この府中に集中する仕組みになっている。さらに館周辺の要所には、有力な家臣の屋敷を配して防備を固めている。

　府中の町を鳥瞰すると、躑躅ヶ崎館を最北に置き、町の北側に武家屋敷が連なる。それは防衛的観点からの配置というだけでなく、国家経営の中枢をなす首都でもあったからだ。そして南半分には職人町や三日市、八日市などの市場町が広がっていた。あえていえば城下町のような形になっており、「いざ鎌倉」という時には、兵器工場にも変身するのである。

　このように町割りは、極めて合理的に設計され、運営される仕組みになっていた。つまり、町全体が城であった。府中は「人は石垣、人は城」という信玄の領国経営理念を具現化した町だったのである。

■情報戦略を支えた忍者ネットワーク

　戦国大名のなかで、最も情報戦に長けていた武将といえば武田信玄といっても過言ではないだろう。

　北条氏は「風魔一党」を抱えたが、信玄は「三ツ者衆」というおよそ二〇〇名の忍者集団を召し抱えていた。配下随一の忍者名人といわれた高田郷左衛門《ごうさえもん》の統率のもとに強大なネットワークを構築。それは資料にも残っている。

たとえば、信玄の元家臣たちによる『曲淵宗立斎等言上書《まがりぶちそうりゅうさいとうごんじょうがき》』にはこう記されている。

「信玄は商人や医者、馬喰《ばくろう》（牛馬の見分けや売買をする人）などに変装させた忍《しのび》を諸国に潜入させたほか、一国に少なくとも一人を常駐させて諜報活動に当たらせていた」

「信濃から召しかかえた〝すっぱ〟七〇人の中から、特に優れた者を三〇人選出。甘利、飯富、板垣にそれぞれ一〇人ずつ預けた。そして当時敵対していた信濃の大名たちの領内へ潜入させ、諜報活動をさせた。その情報を早馬で府中に届けさせた（要約）」

右の文中にある〝すっぱ〟とは、いうまでもなくいわゆる忍者のことで〝乱〟とも呼ばれた。いずれにせよ、彼らはスパイ行為、謀略行為、あるいは宣伝戦、後方攪乱戦の重要な担い手だ。その行動は当然隠密を要する。他国へ潜入する場合は、さまざまな職種のものに変装。特に多かったのは、比較的自由に出入国できた僧侶、神官、山伏などの宗教人、そして行商人、遊芸人などである。

さらに、そうした職業を生業《なりわい》とする者をスパイに仕立てることもあった。特に神職集団は、甲斐のスパイとして重要な役割を担当していた。

たとえば、富士山麓の吉田には、浅間神社に仕える神職集団が存在したが、そのうち二〇人が「すっぱ侍」であったと古文書に記されている。彼らは有名な富士講の中枢をなし、浅間信仰で結ばれた講中の宿泊や富士登拝の一切を取り仕切っていた。そして、登山期以外は、講中の家々を巡回訪問するのが通例だった。

その講中は実に膨大なもので、関東、中部、東北を中心に全国に分布。しかも、富士講師は諸国を自由に巡回できた。敵国であっても例外ではない。全国どこでも堂々と出入国できるのであれば、スパイとしてこれほど最適なものはない。彼らが諸国の情報収集に努め、宣伝戦や後方攪乱戦を行ったことは間違いない。

信玄の情報網が東国全体に張りめぐらされていた、というのも決して誇張ではない。富士講師のほかにも、信玄は山伏たちをスパイとして重視。甲斐には修験道の練行場として有名な富士山、金峰山《きんぷざん》、地蔵ケ岳、鳳凰山《ほうおうざん》、駒ケ岳があり、信濃にも同様に戸隠山《とがくしやま》、飯縄山《いいづな》、黒姫山、御岳山などがあり、山伏が雲集していた。諸国を放浪する彼らが全国的なネットワークを形成し、知謀に長けた信玄はこれを利用して情報網を拡大。戦国乱世を生き抜くために情報戦を有利に進めたのである。

他方で信玄は、自らが情報・謀略戦に優れていただけに防謀にも細心の注意を払う。他国からの情報収集を最大限に行う一方、自国情報は徹底的に秘守した。そのため他国からのスパイ潜入には厳戒態勢を敷いた。その任務にあたったのが、九一色衆《くいっしきしゅう》、津金衆、武川衆、御岳衆など国境近くに土着していた武士団である。

だが、こうした情報・謀略戦が歴史の表舞台に登場することはほとんどない。それに携わるスパイも一部の例外を除いて評価されることも少ないが、信玄は、その価値を熟知していたからこそ、ここまでの情報のネットワークを築いたのである。戦国最強という武田軍の名声は、ある意味で歴史の闇に消えていった多数の忍者やスパイに支えられたものだったといえよう。

謙信の領国経営

日本海を活用した謙信の強み

上杉謙信の領国経営は、北条氏康や武田信玄に比べるとどうしても見劣りする。とはいえ、謙信が数多くの戦いに対応することができたのは、領国経営上の優位性をもっていたからである。

特に注目されるのは、「越後上布《えちごじょうふ》」の移出管理と、「日本海海運」の掌握であろう。

越後上布とは「青苧《あおそ》」と呼ばれる丈夫な繊維で織った布で、不綿布《ふめんふ》がまだ全国的に流通していなかった当時、越後上布の需要は高かった。特に公家や武家の公式礼装に用いられていたため、質の良い越後上布は贈答品としても珍重されていた。謙信は青苧の栽培を奨励し、越後を青苧と越後上布の特産地に押し上げた。

青苧は越後の山間部で採取され、魚野川《うおのがわ》や信濃川の舟運で小千谷《おじや》に集荷され、さらに馬の背で柏崎や直江津に運ばれた。そこからは海路が利用され、越前の敦賀や若狭の小浜で陸揚げされ、さらに、琵琶湖を通って京都、そして淀川を下って摂津にもたらされた。こうして遠路輸送された越後上布の大部分は、天王寺の青芋商人に売り渡されたのである。

この青苧の買付けと販売を独占したのが「青苧座」という組織で、越後や京都、そして天王寺に座がおかれていた。

そして謙信は、商人の蔵田五郎左衛門《ごろうざえもん》に命じて春日山の城下の商人たちの統制にあたらせた。各地から青苧購入のために越後の湊に来航する諸国の船に対して課税するなど、越後―幾内間の青苧流通の支配権を確立。この際にも活躍したのが蔵田であり、上杉氏の御用商人として謙信の軍事活動を経済面から支えた。

この越後上布の移出管理をロジスティクスとして支えたのが日本海海運である。当時、春日山城の外港ともいう直江津湊《みなと》と柏崎湊は、越前の敦賀湊、若狭の小浜湊などを結んで京都へ直結する港であった。この越後の二つの港に入港する船に課される通行税は「船道前《ふなどうまえ》」と呼ばれ、それだけでもかなり膨大な財政収入となっていた。

戦国最強と謳われた上杉謙信の強さは陸だけでなく、海を活用していたところにある。それが内陸で海がない甲斐の武田信玄との違いである。

実際、三方を山に囲まれた越後にとって海は重要な交通路であり、かつ収入源でもあった。交易による税の収入は内政を潤し、軍事作戦を実行するための欠かせない糧であったのだ。

謙信以前に越後国府（上越市）を訪れた、京の文化人であり禅僧の万里集九《ばんりしゅうく》は、「越後には堂塔伽藍《どうとうがらん》（仏教建築群）が建ち並んでいる」と驚嘆を顕わにしており、いかに越後が潤っていたかを知ることができる。

また、謙信は信玄が果たせなかった上洛を二度も果たしたが、それを可能にしたのも、陸路のみではなく海上からの「京への道」を確保していたからに他ならない。天文二年（一五三三）最初の上洛に際しては、海路を二〇〇〇もの兵を率いて上京。後奈良《ごなら》天皇に拝謁し、前年に「従五位下《じゅうごいげ》、弾正少弼《だんじょうしょうひつ》」に叙任された御礼を言上し、将軍・義輝に拝謁している。

その頃の日本海海運の花形は、謙信も利用した「北国船」である。最小で五〇〇石積で乗員十一～十三人、最大のものは一六〇〇石積みで、乗員は二十五～二十九人という当時としてはかなりの大型船舶。推進力は櫓《ろ》ではなく、櫂《かい》によってなされ、さらには船首側に筵《むしろ》の帆を張り、風を受けた。上杉軍が乗船した船団は、さぞかしダイナミックなものだったのだろう。

北国船は北陸・奥羽地方さらには山陰地方との商品流通には欠かせない存在で、越後にとっては、小浜・敦賀を中継地とする京への水運に大きく貢献してきた。謙信にとって北国船は、越後上布の移出と流通のみならず、全国各地との、人、モノ、カネ、情報によるロジスティックスを充実させる強力かつ重要なツールだったのである。氏康も信玄もさぞかし羨ましかったことであろう。

■金山による莫大な財政力

さて、金山の経営で富を築いたのは、信玄だけではなく、謙信も負けていない。謙信の金山として最も有名なのは、鳴見《なるみ》金山（新潟県朝日村）で、これは「越後黄金山《こがねやま》」という異名をもつほど、産金量は莫大であった。

もう一つ有名なのが、佐渡金山である。もっとも佐渡金山というと、江戸時代に幕府の手によって掘り出された相川金山の名が知られているが、謙信の時代には開掘されていない。西三川《にしみかわ》金山が謙信時代の佐渡金山を代表していた。そのほか、佐渡には天文十一年（一五四二）に発見されたという鶴子《つるし》銀山もあり、量的に見れば、信玄の領国から得られた金山収入よりも、謙信の得た金山・銀山収入のほうが多かったかも知れない。

謙信の鉱山収入がどれだけあったかは不明だが、謙信没後の「御館の乱」の時に景勝に遺した、というより景勝が奪った遺産が記録に残っており、いかに金を蓄えていたかがわかる。

それによると、貸付金と買入金、所持金の合計が一一二六枚一両三分余と記され、土蔵在金が一五八八枚四両三分余で、合計二七一四枚となる。この一枚は一〇両なので二万七一四〇両（時価約九億円）という莫大な数字になる。慶長三年（一五九八）のデータだが、当時の越後と佐渡の金山からの産金は、その頃の全国の総産金量の六割を占めていたという。

謙信は、これら金山から得た金をもとにして「天正越座《てんしょうえつざ》」と刻んだ金貨を鋳造しており、前述の船道前、さらに青苧座商人からの冥加金に加えた大きな財政収入となっていた。

この金貨が、上杉軍の軍備増強と謀略資金の原資となったことはいうまでもない。「御館の乱」の際には、武田勝頼が上杉景勝から積み上げられた金貨に目がくらみ「甲越同盟」に走ったともいわれる。

こうして謙信は、地域の特産物の生産奨励と日本海海運という流通支配、そして、越後・佐渡の金山経営によって、越後の経済と財政の充実に成功したのである。上杉軍が頻繁に軍事行動を起こすことができたのも、青苧交易と金山で稼いだ資金があったからと言っても過言ではない。

謙信も信玄も、領国で産出される大量の金が生み出す財力によって、領国統治や軍事行動を有利に進めることができた。氏康にとっては、羨ましかったことに違いないが、氏康の領国は金山による財力に恵まれなかったからこそ、税制、行財制の改革によって財政資金を生み出す、という先進的な領国経営を実現できたのではないか。

氏康の「検地」や「税制改革」、信玄の「甲州法度」や「信玄堤」のようなものは謙信には見られない。それでも謙信が、氏康や信玄と軍事力の面ではほぼ対等だったのは、こうした越後という領国の優位性が大きかったのである。

■関東侵攻のために造成された上杉軍道

海を制した謙信だが、東国の覇権を握るには山と雪にも打ち勝たなければならない。信玄の軍事道路である棒道に対して、謙信も過酷な自然と戦って軍用道路を築いた。

謙信は生涯で十三回も大軍を率いて越山し、関東に侵攻している。その軍略の陰には、計画的に建設・整備された「軍道」の存在があった。春日山城と三国峠を結ぶこの軍道は要所に中継の城を備え、冬の行軍をも可能にしたのである。武田信玄の棒道とは、また違った目的を持つ軍略道路であった。

関東への遠征は当地で勢力を誇る北条軍との戦闘を目的としていたために、大軍がたとえ冬の雪道でも、一日も早く三国峠を通って越山しなければならない。そこで、従来からの一般道ではなく、「より直線的にショートカットした経路」を模索し造成したのだった。

春日山城のある府中（直江津）から→柿崎→小千谷→下倉→塩沢→八木沢→三国峠が既存の街道であるが、途中の塩沢から府中までの山岳の険しい地域に軍道を通した。この新ルートの開発によって距離は一六〇キロから一一五キロに、時間も六日から四日に短縮された。道幅も三メートル確保し、冬でも通行できるように計画的につくられていた。

そして一日の行軍可能な距離約二〇キロごとの要所には、中継地点の六つの城を整備。ほぼ一日行程で休憩と補給ができるよう配置された。この軍道整備によって、上杉軍の越山行軍は迅速化し、冬期でも可能となり、北条軍をたびたび驚かせたという。

これが、毎年のように繰り返された関東侵攻を決行する秘策なのだ。関東管領の上杉謙信にとって、関東の経略は第一義であり、そのための情報伝達と軍事作戦に重要な役割を担ったのがこの「上杉軍道」であった。さすが軍神といわれた謙信の面目躍如である。

■春日山城を本拠地とした理由

上杉謙信の居城として名高い春日山城。南北朝時代に越後国守護であった当時の上杉氏が、越後府中（直江津）の館の詰め城として築城したのが始まりとされ、その後守護代の長尾為景が春日山城主となり、長尾晴景、上杉謙信、上杉景勝と四代にわたる居城となる。

謙信以前、政治の中心は守護所のある直江津であったが、謙信は山城である春日山城に多数の人を住まわせ、政治の本拠とした。

謙信が山城を本拠にした理由は、戦乱の激化である。戦国大名は戦乱から多くの仲間を保護しなければならなかったが、当時の技術では平地での防御が難しかったので、守りやすい山場に移ったのであろう。他の戦国大名の城郭が、山城から平山城へ移って行く時代に、あえて山城に本拠を移す謙信は異例の存在である。

しかし、そのためには当然ながら、山場に多くの守備兵が必要となる。「定納員数目録《ていのういんずうもくろく》」には四〇〇名余りが記されており、家族やまかないなど非戦闘員も加えれば、さらに数倍の人員が移住していたと思われる。そのなかには、謙信の支配下にある家臣や国衆の家族、すなわち人質も多く含まれていた。謙信は彼らを保護することで国主となった。その責務を果たすためにも、春日山城は、越後で最大最強の城でなければならなかったのである。

そこで謙信は城郭の大改造を行っている。山城の構造は尾根を一キロ以上にわたって城域としている。城は二〇条の堀切りで区切られ、最長一三〇メートルにも及ぶ堀切りもある。曲輪《くるわ》群は大規模なものが多く、一〇〇〇平方メートルを超えるものが十二曲輪。そこに屋敷が立ち並び、居住性も高い。本城より西の井戸は、山城の井戸としては全国最大で現在も水を満々とたたえている。

春日山城の規模はきわめて広大で、春日山の全域に及び、面積は五〇〇ヘクタール超。麓《ふもと》から実城までの標高差は約一五〇メートル、直線距離は一キロにも及ぶ。ただし、幾重にも厳重な門や曲輪群が連なり、多くの兵に守られた実城に攻め手が達することは不可能に近かった。謙信は、越後の領国を防衛し、統一し、支配するために、空前絶後の巨大な山城をつくり上げたのである。

このように、三英傑の城づくりは三者三様であった。北条氏は総構えをもつ巨大な小田原城。武田氏は城郭ではなく躑躅ヶ崎館。そして上杉氏は山の要塞春日山城。それぞれの戦略が如実に表れていて面白い。

■「軒猿」と呼ばれた忍者集団

上杉謙信は武田信玄より九歳年下であったが、その軍略は天才といわれ、軍神とも呼ばれていた。その戦術構築の裏に忍者による情報活動、攪乱作戦があったことはいうまでもない。ライバルの北条氏、武田氏と戦うために、謙信もまた独自の忍者組織をつくり上げていた。

越後の忍者は「軒猿《のきざる》」と呼ばれており、中国の古代神話に登場する「軒猿黄帝《のきざるこうてい》」から謙信が名付けたともいわれている。歴史に残る戦国武将はいずれも中国の兵書に精通しているが、謙信もまた、虎千代だった少年時代に林泉寺の天室光育から中国の兵法を熱心に学んだ。幼い頃からの修行によって情報戦の重要性を認識し、軒猿の重用につながったのであろう。

軒猿忍者の構成は伊賀、甲賀などの混成部隊で忍術名人を雇ったらしい。天文十七年（一五四八）、守護代を相続して春日山城主となった謙信は十九歳。その若さで北陸や信濃、甲斐に忍者を送っている。こうして、諸国の政情や世情を探知させ、情報収集を図ったのだ。

では謙信はどのように忍者を使ったのか。

永禄四年（一五六一）の「第四次川中島合戦」の際、妻女山に陣取っていた上杉軍に武田軍が奇襲をかけた「啄木鳥戦法」については前述した。この前日夜に謙信は武田軍の炊煙を見て、信玄の奇襲策を察知するやいなや、妻女山を下り危機を回避したのだが、これは、正確には軒猿が敵陣に潜入して得た情報をもとに、謙信が炊煙を見て確信したのである。

また、この戦いでは、信玄側の透破（忍者）十七名が生け捕りにされた。生きたままの忍者狩りをするとは、軒猿の腕の高さがうかがえる。そして、前年の永禄三年（一五六〇）九月、謙信が関東に出兵した際、謙信暗殺を目論んだ北条氏康の忍者である風魔衆を軒猿が捕らえている。忍者対忍者の暗闘でも、軒猿は活躍を見せた。

氏康・信玄・謙信は忍術でいう「蛍火術《ほたるびのじゅつ》」を多用している。これは蛍が己の体から火を出すことにたとえ、「腹心の家臣が謀反を企てている」というフェイク情報を与えて疑惑を生じさせ計略にかける戦術のことだ。戦国乱世の戦いは「騙し合い」という情報戦から始まるといっても過言ではない。その作戦においても忍者は活躍したのである。

■軍神・謙信による領土的野心なき「義の戦い」

生涯に一〇〇度の戦いを続け、二度しか敗戦しなかった謙信は「軍神」と崇められている。白の頭巾で頭を包み、馬に乗って颯爽と指示を下す姿は、「小田原合戦」でも「川中島合戦」でも伝えられている。

また上杉軍の兵卒は「車笠《くるまがさ》」を着用。これは山高帽に似た鉄板張りの兜で、台座の上の笠の部分がくるくる回る。実戦でどれだけ敵の矢弾を防ぎ得たかわからないが、銃撃戦が普及し始めた時代に対応する、謙信ならではのアイデア商品であった。

軍神・謙信は、軍略に関する多くの名言も残している。

「運は天にあり、鎧は胸にあり、手柄は足にあり」

(運は天が決めるが、身を守ることは心と力で決まる。手柄は自分でつかめ)

「死なんと戦えば生き、生きんと戦えば必ず死するものなり」

これらはまだ謙信が二十代の若大将のころ、戦場で自軍を鼓舞した名言である。

さらに、川中島の第三次合戦では、出陣に際し自ら筆を執り、五ヶ条の戦陣訓を著した。

一、何年在陣したといえども、主君のために命ぜられるままに働くこと。

二、陣中で喧嘩、無道の振舞あるときは、ただちに容赦なく成敗する。
三、備えについて意見あらば、申し出ること勝手たるべし。
四、出陣の命が下れば、どこへなりとも従うこと。
五、再度出陣するときは、たとえ一騎たりとも馳せ参ずること。

主従が絶対的な信頼関係を結び、一糸乱れぬ最強の軍団を統率するという謙信の一念が、この戦陣訓に込められている。上杉軍が、信濃での戦いのみならず関東でも北陸でも、縦横無尽に機を見て敏に戦い戦果をあげられたのは、謙信のリーダーシップによるところ大であろう。

しかし他方で、謙信には「義の戦い」「第一義」という信念があった。謙信は信濃に五回、関東に十三回、北陸に十一回も遠征して合戦に臨んでいる。

戦国の武将は、出陣の前に願文を神社に奉納するのが常である。謙信もしばしば、これを行っている。越後一の宮の彌彦《やひこ》神社に納めた祈願文にはこのように認《したた》めている。

「自分が関東、信濃、越中に出兵するのは、あくまで隣国の危急を救うための義軍であり、一ケ所も私領として占領したことはない」

こう言い切れる戦国武将はおそらく謙信だけであろう。こうした潔癖性が謙信の魅力であろうが、食うか食われるかの戦国武将としては迫力に欠け、きれいごとにも見える。

謙信が、関東の小大名や国衆から救援を依頼されて、果てしなき義の戦いに勝利しても、謙信が越後に引き上げてしまえば、またもとの関東にもどり、「海道被官」といわれる関東の武将たちは、再び北条の配下に屈することになる。

これがくり返されたのは、謙信に領土的野心がなかったからである。氏康や信玄が関東や信濃に侵略の手を伸ばし、一歩一歩、自らの所領として版図を拡大した戦略とは極めて対照的だ。川中島の対決においても、謙信が手にしたものは皆無に等しい。結局、村上義清や小笠原長時の所領は信玄に押さえられたまま。義戦をおこしたものの、彼らの所領を取り返してやることはできず、多くの人命を失っただけで終わっている。

しかしながら、そうした犠牲と引きかえに、頼ってきた者を助ける義軍の将として、謙信の名声が高かったことも事実である。勘定の合わない戦いに多くの将士たちが従ったのは、彼が人心の掌握術に長けていたことの証左であろう。

謙信は、領土などの恩賞を餌に人を釣ることを好まない。「己が正しく行動すれば人は必ずついてくる」という信念のもとに動いた。もし、他の戦国武将が謙信のような行動をとれば、国内はたちまち混乱し、領主としての地位も危うくなったに違いない。

謙信がそうならなかったのは、彼の強烈な個性が、国内に浸透し共感を得ていたことを物語っている。謙信は宗教性を帯びたカリスマという存在だったのだろう。

第九章　三国同盟の破棄から越相同盟へ

■上洛を狙い南進策を選んだ信玄

これまで述べてきたように北条氏康と上杉謙信は、謙信が初めて関東に越山した永禄三年（一五六〇）以来、長く激しい抗争を続けてきた。

両将の間にあった関東の国人衆は、降伏と抵抗を繰り返す節度のない「海道被官」ばかり。両将ともに徒労を感じざるを得なかった。そのうえ、それぞれ戦をやめたいと思う事情が出てきた。

謙信は、天文二十二年（一五五三）と永禄二年（一五五九）と、二度にわたり京都に出て、将軍・足利義輝に拝謁しその信頼を得ていた。義輝は三好長慶・松永久秀に実権を奪われていたので、謙信に上京して力を貸すよう要望。京都の事態がいよいよ切迫してきた。

翌年、義輝は再び越相の講和を勧告したが、その直後に三好と松永に殺害されてしまう。謙信は上京できなかったことを悔いたが、関東での氏康との抗争が続き如何ともできなかった。

永禄八年（一五六五）、義輝の弟義昭は近江に逃れ、謙信に足利家再興を懇願。名分と秩序を重んじる謙信は、この時、要請に応え上京したいと考え、北条高広《きたじょう》と由良成繁《ゆらなりしげ》に北条氏との和睦を図らせたが、交渉はうまくいかなかった。逆にこれが謙信の弱みとみられ、北条《きたじょう》・由良が相次いで北条方に寝返るという結果を招いてしまう。一方の北条方からは和平の働きかけはなかったが、武田信玄の駿河侵攻で事態は急変する。

永禄十一年（一五六八）十二月、信玄は三国同盟を破棄して駿河へと侵攻した。きっかけは「桶狭間の合戦」である。永禄三年（一五六〇）、上洛途上で織田信長により当主義元を討ち取られた今川氏だが、後継者氏真は三河の徳川家康にじわじわと領国を侵食されていた。この事態に信玄は焦った。

信玄は、かねてから海に開かれた国への進出を目指していた。「川中島合戦」で謙信に挑み続けた目的の一つは、日本海への北進だったが、それも謙信の手強さから容易ではなかった。困難が予想される北進策にこれ以上時間をかければ、甲斐は金山の枯渇によっていずれ戦費に窮して衰亡してしまう。そんな焦りが上洛を目指す信玄に駿河への南進策を企図させた。

信玄の駿河侵攻に対し、北条氏は盟約通り今川氏への援軍を派遣。隠居した氏康に代わり当主の座にあった氏政は、小田原城を出陣して伊豆の三島に着陣する。ところが、直後に今川氏真は本拠の駿府館を攻略されて遠江の掛川城（静岡県掛川市）へと後退する。その際、氏真の室である早川殿（氏康の娘）が輿《こし》もなく徒歩で落ち延びたと聞いた氏康は「この恥辱、そそぎ難し」と激怒。北条側は、分家の北条氏信を先鋒として河東地域一帯の制圧を成し遂げた。

■氏康と謙信の利害衝突、究極の外交交渉

信玄の裏切りに対して、北条氏は外交政策の大転換を図る。

これまで対立と抗争を続けていた上杉謙信との同盟を画策したのだ。〝敵の敵は味方〟の論理だが、戦国乱世は何でもありで、小田原の北条家臣も驚くような目まぐるしい展開だった。

北条としては、武田・上杉を一度に敵にまわすことは絶対に不利である。氏康は、早速、鉢形城の氏邦、滝山城の氏照、そして由良成繁を通じて、謙信に講和を求めた。こうして永禄十二年（一五六九）になって、氏康と謙信の和平交渉が始まる。

謙信は、氏康の和睦申し入れに応ずることとした。だが、謙信が出した条件は相当厳しいもので、氏康としては簡単に受け入れられるものではない。北条氏内部では、氏康が和睦推進派だったのに対して、当主・氏政は、謙信は信用できないとして消極的な態度に終始した。

一方の上杉方は、同盟する佐竹義重《よししげ》や太田資正《すけまさ》が北条憎しで和睦反対。謙信を支える重臣や越後国衆は、度重なる関東遠征に疲れ果てて和睦賛成の立場だった。

折衝内容には大きく四つのテーマがあった。「公方」「関東管領」「領国」「人質」である。

まず、「公方」については、北条方は氏康の甥である古河公方・足利義氏を推し、上杉方は以前に謙信が担いだ足利藤氏（義氏の兄）を推した。

次に「関東管領」については、北条方はかつて氏綱（氏康の父）が古河公方から任命された経緯を理由として、北条氏を主張した。これに対し、謙信は山内上杉家を相続した上杉氏の正当性を訴えた。

「領国」については、北条氏が伊豆、相模、武蔵の完全領有権を主張したのに対し、上杉氏は上野の完全領有権と武蔵の拠点（松山城など六ヶ所）の返還を求めた。

さらに上杉方は「人質」として、氏政の子を謙信の養子とすることも条件に加えた。

このように両者の主張にはかなりの隔たりがあったが、交渉を重ねてようやく合意する。

・氏康の推す義氏を「関東公方」とする。
・「関東管領」については、謙信とする。
・「領国」については、上野は上杉領国とし、武蔵での返還は岩槻城のみとし、それ以外の武蔵と相模・伊豆は北条領国とする。
・「人質」については、氏政の子を謙信の養子とする。一方、謙信は重臣である柿崎景家の子・晴家を差し出す。

この合意内容を見ると、かなり上杉方に有利な条件での決着である。北条氏は要の「関東管領」を譲り、武蔵領国の一部をも割譲することになった。氏康は大きな譲歩をしても、この同盟を成就したかったのであろう。

一方の謙信は、この有利な内容でも最後まで渋り、重臣が説得したという。だが、それは周囲の推挙と賛同を得て進めるという彼の作戦と演技だったのかもしれない。

こうして、ようやく越後と相模の同盟、いわゆる「越相同盟」が締結された。

ところが、この同盟成立後にもいろいろなもめ事が起こる。所領返還問題では、太田資正の旧領の内、岩槻城だけが戻り、松山城返還が実現しなかったことを謙信は口惜しがった。その後、当事者の資正は怒って謙信から離反してしまう。

また、人質の養子縁組では、氏政が幼子を出すことを不憫《ふびん》に思ったので、氏康は孫を諦めて六男の三郎を交代としてあてた。この三郎が「御館の乱」で一方の主役を務めることになる、後の上杉景虎である。

さらに氏康からの要望で、北条《きたじょう》高広は許され、謙信の下に復帰する。同じく叛逆した本庄繁長も、伊達輝宗のとりなしによって、謝罪し復帰。いずれも謙信にしてみれば、敵に回すよりはましという妥協であった。国人衆は叛逆に罪悪感を持っておらず、何度でも繰り返す。戦国大名にとっては、実に厄介な存在だった。

こうした紆余曲折を経て結ばれた「越相同盟」であるが、残念ながらその進展は氏康の期待に沿うものではなかった。

信玄の駿河侵攻によって三国同盟が破棄され、北条氏と武田氏が敵対し、信玄による小田原城包囲そして駿河制圧と続くなか、その都度、氏康は謙信に救援を求めたが、謙信の出馬はなかった。

その原因が、「越相同盟」の条件である領国返還が遅れているためと考えた氏康は、元亀元年（一五七〇）二月には、武蔵の岩槻城を太田資正に返還する旨の誓書を謙信に送り、その実施を約束。しかし、北条方には反資正の家臣が多く、なかなか実行されない。

また、氏政が謙信と馬を並べるという謙信からの同陣の要求に「ともに信玄を攻めるのであれば同陣する」と返すが、これは謙信とて簡単に実行できない。

しかも、謙信はこの頃、越中能登の平定に力を入れていたので、実際には北条氏の要望に応える余裕がなかったのである。「越相同盟」は、なかなか実効が伴うに至らなかった。

■北条五代中興の祖、氏康死去

この激動の元亀元年（一五七〇）、氏康は病に倒れる。一時は持ち直したものの、翌年に再び病状が深刻化し、元亀二年（一五七一）、五十七歳でその生涯を閉じたのだった。

氏康の死を知った領民は涙を流してその死を悼んだという。大名の死に際し、家臣ばかりか、その人柄を知る機会が少ない領民までもが涙したという例は少ない。

生前、関東管領上杉憲政の時代に、その重臣が氏康の人物を探るため二人の家臣を北条家に仕えさせたことがあったという。つまりスパイを潜入させたのだ。両人は数年にわたり氏康に仕えて観察し、上州平井城に戻って、こう報告した。

「氏康という人物は沈着にして、豪気、剛柔を二つながら兼ね備えています。武芸にも秀で、書物もよく読み、礼節正しく、威厳があります。家臣を適材適所に配し、功を賞する場合、身分低きものも疎略に扱いません。家臣の子には嫡男以外のものにも俸禄を与え、功があれば積極的に登用します。そのため家臣たちは、氏康を畏れるだけでなく、深く敬愛し、大いに発奮し、氏康のためなら命を捨てる覚悟でおります」

敵方の偵察隊が、このような大賛辞を送っていることには驚くほかない。

氏康の遺体は早雲寺内の大聖院を廟所《びょうしょ》（先祖を祀る場所）の近くに葬られたようだ。しかし秀吉の小田原攻めの際に焼かれ、正確な墓所は不明である。

生涯三十六度の戦いを制して関東一円に領土を拡大し、身体全体に七つ、顔に二つの向こう傷が〝氏康疵《きず》〟とも呼ばれたというほどの猛将でありながら、撫民思想をもってさまざまな民生改革に成果をあげ、強いリーダーシップを発揮して領国統治を成し遂げた名将だった。

北条氏康は、武田信玄と上杉謙信という強力なライバルと関東の覇権を争いながらも、その決着をつけられずにこの世を去った。

第十章

謙信の北陸侵攻、越中・能登大乱

■一向一揆に悩まされ続ける謙信

北信濃での武田信玄との抗争、そして関東での北条氏康との抗争と同時に、上杉謙信は北陸道（越中、能登、加賀）でも侵攻を続けている。つまり、謙信は三方面作戦を展開していたのである。そして、この謙信の北陸侵攻もなんと十一回に及んでいる。

まず、永禄三年（一五六〇）三月、越中で誼を通じる椎名康胤《しいなやすたね》が神保長職《じんぼうながもと》に攻められ、謙信に救援要請が届く。これを受け、謙信は初めて越中へ出陣。長職の居城・富山城（富山県富山市）を落城させ、さらに長職が逃れた増山城（富山県砺波市）も攻め落として康胤を助けた。

当時、越中東部は松倉城と魚津城（ともに富山県魚津市）を拠点とする椎名康胤と上杉謙信連合が抑え、西部の富山城を本拠とする神保長職と一向一揆連合に対峙していた。それが越中の勢力分布だったが、連合の絆は強くなかった。

なんと謙信と親密だった康胤は、謙信の祖父・能景と父・為景の仇敵というべき一向一揆と手を結び、突然、謙信に叛旗を翻したのだ。実はこれもまた、信玄の計略である。

ところで、北陸の一向一揆とは何者だろうか。

加賀、越中を中心とする北陸地方は、本願寺の一向宗徒勢力の最大拠点の一つである。長享二年（一四八八）、加賀の守護大名・富樫政親《とがしまさちか》による一向宗弾圧に抵抗し、信者が一揆を起こした。それ以来、加賀では一向一揆による支配体制が続く。越中でも一揆が多発し、強大な勢力となっていた。謙信の上洛を阻む最大の障害となったのも、この一向一揆勢力である。信玄は、越中の一揆勢力を背後で操り、諸将を煽動して叛乱を企てる。このため上洛の途を確保するためにも謙信は毎年のように越中へ出兵せざるを得なくなっていく。

一向一揆の総本山・本願寺の第十一世宗主である顕如《けんにょ》と信玄は正室同士が姉妹の間柄。その関係を使い信玄は、一向一揆を焚きつけ、康胤と連合させたのだ。

永禄十一年（一五六八）三月、越中の一向宗と康胤が信玄と通じたため、謙信は越中を制圧するため一向一揆と戦うが、決着が付かない。七月には武田軍が信濃最北部の飯山城（長野県飯山市）に攻め寄せ越後を脅かしたが、上杉方の守備隊がこれを撃退。さらに離反した康胤を討つべく謙信は再び越中に入り、松倉城（富山県魚津市）と守山城（富山県高岡市）を攻撃した。

ところが、信玄の調略は止まるところを知らない。ちょうど同じ頃、越後で「本庄繁長の乱」が起こる。信玄と通じた上杉家重臣の揚北衆である本庄繁長が、長引く関東遠征に不満を爆発させ謀反。これを鎮めるために謙信は、繁長の居城である本庄城（新潟県村上市）に攻撃を加え、鎮圧した。

永禄十二年（一五六九）八月、前年に続いて謙信は越中へ出兵し、康胤を討つために松倉城を一〇〇日間にわたって包囲。この「松倉城の戦い」の最中に、信玄が上野に侵攻したため、攻城の包囲を解いて帰国。その足で上野の沼田城に入城して信玄と対峙した。越中遠征中の謙信は、信玄の計略に振り回されていたといっても過言ではない。

元亀二年（一五七一）二月、謙信は二万八〇〇〇の兵を率いて再び越中へ出陣。康胤が立て籠もる富山城をはじめ、数年にわたり謙信を苦しめた新庄城（富山県富山市）と守山城を攻撃。康胤の激しい抵抗を受けるが、どうにか落城に追い込んだ。

しかし、康胤は落ち延びて越中一向一揆と手を組み、協同して謙信に抗戦を続ける。その後、幾度となく富山城を奪い合うことになり、越中支配をかけた謙信と一向一揆の戦いは熾烈を極めることになる。このように越中大乱は、謙信と信玄の代理戦争の様相であった。

翌元亀三年（一五七二）五月、信玄を通じて加賀一向一揆と合流した越中一向一揆が日宮城（富山県射水市）、白鳥城（富山県富山市）、富山城など上杉方の諸城を攻略するなど、一向一揆の攻撃は頂点に達する。これに対し謙信も出陣し、新庄城に布陣。上杉軍はその後、神通川を越えて西進し、富山城も攻撃して、これを制圧した。

元亀四年（一五七三）正月、松倉城はようやく開城し、何度も反乱を起こした椎名康胤さらに神保長職をも討伐して、謙信はついに越中を平定したのである。

そして、この年の四月に、謙信を翻弄してきた宿敵・武田信玄が、西上作戦の途中に信州駒場で病没。その調略に悩まされることがなくなった。八月、謙信は再び越中へ出陣して増山城・守山城などを攻略。さらに上洛への道を開くために加賀まで足を延ばし、一向一揆が立て籠もる朝日山城（石川県金沢市）を攻撃。これにより北陸の過半を制圧する。

一向一揆は謙信が越中から引き上げる度に峰起するため、業を煮やした謙信は、ついに越中を自国領にする方針を固めた。

■信長と謙信の微妙な同盟

謙信が関東、越中の平定に苦労していたころ、中央の情勢も大きく動いている。

十五代将軍足利義昭は、信長の力で上洛したが、信長と不和になって京を追われると、各地の反信長勢力を頼るさすらいの身となる。当然、義昭は北国の雄である謙信にも接触してきた。

義昭の構想は「東国のビッグスリーである上杉氏、武田氏、北条氏が和睦し、自分をサポートして入洛を援助する」というものである。若年の頃に上洛し、帝や将軍に拝謁を許され感激した経験のある謙信は、まだ将軍の権威を認めていた。

一方、古い権威を尊重しない信長は、義昭を利用するだけ利用して、あとは冷淡に棄ててしまう。謙信は義昭をどうにか助力したかったが、毎年のように関東に越中に出陣を繰り返さなければならない状況で、義昭を奉じて京に赴く時間がない。義昭がたびたび使者をよこして支援を要請してきたが、残念ながら謙信は応じることはできなかった。

それに加え、謙信が動けないもう一つの理由が、その信長との関係である。

実は武田信玄を共通の敵として、謙信は信長と早くから好誼《こうぎ》を通じていたのである。永禄七年（一五六四）、信長は息子を謙信の養子にと懇請し、これが受け入れられると下手に出て、このように返信している。

「まことに面目の至りに候。向後、いよいよ御指南を得て申し談ずべく候」

どちらも守護代の家系から国主となり、年齢も謙信がわずか四歳年上にすぎない。信長はやはり謙信の武名には畏敬の念を持っており、同時に関東管領という職位に対しても、敬意を表すことが必要であったのだろう。天正二年（一五七四）には信長から謙信に、かの有名な狩野永徳が描いた「洛中洛外図《らくちゅうらくがいず》」という屏風が贈られている。

このように信長が謙信を立てて機嫌をとり、これに対して謙信も信長から中央の情報を得るという、持ちつ持たれつの微妙な同盟関係が続いた。

この関係が変化するのは、やはり元亀四年（一五七三）に武田信玄が死去し、謙信の最大の足かせがなくなっていたからだ。

信長が「権大納言《ごんだいなごん》兼右近衛大将《うこんえのたいしょう》」に任ぜられた時、謙信は、養子の景勝と景虎に言った。

「大納言と大将を兼任することは道理に合わない。この強欲では、信長は長くもたないぞ」

伝統を重んじる謙信としては、信長の専制を苦々しく眺めていた。ただ、最大のライバルの信玄が生きている間は、三河の徳川家康との同盟が重要であり、家康と師弟関係である信長を表立って批判することはできなかった。

一方の信長にとっては、信玄が生きている間の謙信は、信玄と噛み合いをさせることによってパワーバランスを保ち得る組みやすい存在であった。

時は流れて天正三年（一五七五）五月、信長は「長篠の戦い」で武田勝頼を破った。六月には信長は謙信に戦況を報告するとともに、自分も信濃に侵攻するので、謙信にも北方から信濃・甲斐に出兵してほしいと頼んでいる。しかし謙信は動かなかった。

ところが、天正五年（一五七七）九月、謙信は信長に書状を送る。

「来春、越前表において雌雄を決しよう！」

この挑発的な宣戦布告に対し信長は、こう哀願したという。

「自分には野心は毛頭ない。貴方様の武威にかなう者はおりません。扇子一本を腰に差して降参し、京都への案内に立ちましょう。もし、それでも納得いただけぬのなら、尾張と美濃以外の領国はすべて差し上げましょう」

これが本心ではないのは明らかだ。事実、信長は、四年前の信玄の死の直後に、毛利氏の使僧・安国寺《あんこくじ》恵瓊《えけい》にはこう伝えている。

「まもなく関東に出馬いたし、武田、上杉、北条ら凶徒を征伐いたす」

さらに天正三年（一五七五）には東北の伊達輝宗に、こう豪語している。

「若狭、能登、加賀、越中は皆我が領国として支配下に入った」

これは謙信の脅威を正面から受け止めようという信長の宣告にほかならない。謙信も、同じ年に加賀において信長との対立が始まり、直接対決を覚悟する必要に迫られ、ついに断行する。

そのうえ、信長に追放された将軍足利義昭や石山本願寺の顕如からも支援要請を受け、天正四年（一五七六）六月に、反信長陣営に参加することになる。この経緯を見る限り、謙信が反信長となるのは、後述するが、加賀における支配権をめぐる対立が原因であろう。

時代は突風のようなスピードで動いていた。信長は伊勢長嶋の一向一揆を討ち、強国甲斐の武田氏を敗走させた。長い混沌のなかから、天下の覇者として立ち現れたのは、どうやら信長らしい。このころの謙信は、そう感じていたに違いない。

天正四年（一五七六）二月、信長は近江の琵琶湖の畔《ほとり》に、雄大な天守閣を持つ安土城を建築。信長のそうした華々しい動きに、謙信も焦燥を感じないではいられなかった。

■謙信、満を持して能登・加賀へ出陣

信玄亡き後の謙信の戦略は、関東と北陸の両睨みである。相模と武蔵に地盤を築く氏康の後継者・氏政は関東北上作戦、甲斐と信濃を領国とする信玄の後継者・勝頼は南下作戦、そして越後と越中を統一した謙信は、関東で氏政と対立しながらも、北陸道を西へ駒を進めた。

・北条氏政―相模・武蔵を地盤に関東北上作戦
・武田勝頼―甲斐・信濃を地盤に南下作戦
・上杉謙信―越後・越中を地盤に、関東・北陸二正面作戦

という状況だ。

やはり謙信も戦国大名として領国拡大を目指したのである。さらにいえば、当時の物流の中心であった日本海海運を完全掌握するという経済的な意図もあったのかも知れない。

「長篠の戦い」の直後に突然、予期せぬ要請が謙信のもとに届く。石山本願寺に籠って信長と戦っていた顕如から、越後の浄興寺《じょうこうじ》を通じて救援を求めてきたのである。本願寺の一向宗は、謙信はじめ越中・加賀の領主にとって長い間の天敵である。どれだけ苦杯をなめさせられてきたかわからない。その本願寺が謙信に援軍を依頼するのは、よくよくのことであろう。頼りの信玄を失った顕如は、信長の脅威に直面し、謙信に泣きついてきたのである。

加賀は本願寺門徒である一向宗の国。天正元年（一五七三）に、越前の朝倉義影《よしかげ》を滅ぼした織田信長は、北陸道方面の司令官に重臣の柴田勝家を任命した。勝家は一向一揆と戦いながら、北上を続け加賀南部へと進出。一方謙信は、越中から加賀北部を窺う。謙信と信長は「反武田」として友好関係を保っていたが、信玄亡き後、二大勢力が加賀をめぐって衝突するのは必至の情勢となった。

ここで謙信は動く。なんと仇敵の本願寺と講和を結んだのだ。そして勝家との全面衝突を避け、急転回。天正四年（一五七六）、進路を北にとって能登へ侵攻を開始する。

能登の守護である畠山氏は、義続《よしつぐ》―義綱《よしつな》―義隆《よしたか》と三代続く、室町幕府の三管領である畠山氏の分家筋の名門で、七尾城（石川県七尾市）を居城としていた。かつては能登・越中を支配し、その権勢を頼って、「応仁の乱」で荒廃した京を逃れた文化人が訪れ、「畠山文化」という京風文化が花開いたほどの栄華を誇った。

謙信は二代義綱の弟・義春《よしはる》を人質にしていた経緯がある。義春は上条上杉氏を継ぎ、上条政繁《じょうじょうまさしげ》を名乗った。謙信の三人の養子（景勝、三郎景虎、政繁）のひとりだ。

しかし、畠山氏の幼少の当主である春王丸は、明らかに傀儡《かいらい》当主だった。実権はすでに重臣に移り、そのなかでも謙信派の守護代・遊佐続光《ゆさつぐみつ》と、信長派の長続連《ちょうつぐつら》が激しく対立。天正四年（一五七六）七月、混乱する能登の守護交代を大義名分として、謙信は兵を進め、瞬く間に七尾城を包囲する。

「重臣の専横を排除し、養子の上条政繁を家督につける」

これが謙信の能登侵攻の目的である。いよいよ「七尾戦の戦い」が始まる。七尾城の重臣たちは、謙信の介入を拒否して対決姿勢を示し籠城策をとった。これに対して、謙信は、近くの石動山《いするぎやま》城に本陣を置き、能登南部の諸城を落として、包囲を固めていく。

■七尾城の包囲、謀略、開城

ところが、軍神と呼ばれる謙信も、難攻不落の天然の要塞には、迂闊に手を出せない。戦況は膠着し、謙信は能登で越年した。

年が明けて天正五年（一五七七）、謙信は矛先を変え、能登北部にも侵攻。諸域を攻略し、上杉の家臣を配置していく。これにより七尾城は孤立を深め、城兵は心理的にも追い込まれていったに違いない。

三月になると、謙信のもとに「北条氏政が越後に侵入する」との情報が舞い込んだ。このため謙信はいったん帰国の途についた。この隙を突き、長続連は反撃に転じ、上杉側に奪われた諸城のいくつかの奪還に成功している。だが、反撃の時間は短かった。同年七月、謙信が再び能登へ帰還。勢いを得た上杉軍は諸城を攻略し、長続連は七尾城へ逃げ帰った。

ちょうどその頃、信長は奥羽の伊達政宗と越後北揚衆の本庄繁長と謀り、謙信を討伐することを図っていた。そこで長続連は、かねてから誼を通じていた信長に救援を求め、安土城に使者を派遣。信長としても謙信の勢力拡大は望むところではなく、即座に援軍を決定する。

ところが、加賀の一向宗の門徒たちが謙信の味方になっていたため、その妨害で進軍がままならず、九月になっても織田方の援軍は到着しなかった。そこで謙信は、起死回生の一手を打つ。信玄顔負けの謀略だ。親上杉派の遊佐続光に内応を呼びかける密書を送付。

「内応すれば、畠山氏の旧領及び長一族の所領を与える」

これを受けて、遊佐続光・盛光《もりみつ》親子は上杉側への内応を決断。そして長続連の子・綱連《つなつら》にも内応をもちかけたが、これは拒否された。

「信長に援軍を要請しているから降伏できない」

そこで遊佐続光は、九月十五日続連・綱連親子を軍評定にかこつけて自宅に招き、暗殺を断行。クーデターは成功した。

謙信は続光の手引きによって一気に軍勢を七尾城に投入。どれほど堅固な城であろうと、城内の人間に裏切られては無力である。その日のうちに七尾城は陥落。鉄壁の七尾城の唯一の弱点は「人心」だったのだ。これを突いた謙信の作戦勝ちだろう。

入場した上杉軍は、長一族約一〇〇名の首を討ち取り城を乗っ取った。こうして謙信は能登を完全に制圧したのである。ここに一七〇年の長きにわたり続いた能登畠山氏は滅亡し、「七尾城の戦い」は幕を下ろした。

■手取川合戦で織田軍を撃破

信長の援軍は、柴田勝家を総大将として、滝川一益《かずます》、羽柴秀吉、丹羽長秀、前田利家、佐々《さっさ》成政《なりまさ》など織田軍団のほぼフルメンバーである。四万の大軍勢が勝家の居城である越前の北庄城《きたのしょう》（福井県福井市）に結集し、八月八日に北国に向けて出陣した。

勝家率いる織田軍は、七尾城陥落を知らないまま進軍を続け、手取川を越えて村々を焼き払う。その途中では、以前から勝家と不仲であった秀吉が無届けで離陣して、信長の逆鱗に触れたというハプニングもあった。

一方、織田軍の接近を知った謙信は、直ちに七尾城から出撃。一気に南下して手取川付近にあった松任城《まっとう》（石川県白山市）に入る。電光石火の早業だ。

これに対して、勝家は織田軍全軍が手取川を渡り終えたところで、上杉軍と突然遭遇し驚愕した。そこで、七尾城が包囲され落城したという事実も知ることになる。ここでの戦いは不利と判断し、勝家は即座に撤退を下命。その途上、謙信率いる八〇〇〇〇の上杉軍の追撃を許し、一〇〇〇人余りの死傷者を出す。増水した手取川で多数の溺死者を出す始末となり、大敗を喫した。この戦いを「手取川の戦い」という。織田軍との最初の直接対決だったが、謙信の圧勝に終わる。勝家軍は総崩れとなって敗走。軍神上杉謙信の面目躍如である。

その後七尾城に戻った謙信は、その眺望のすばらしさを、「九月十三夜」と題した七言絶句に残している。叙情的な名詩である。

「霜満軍営秋気清　霜は軍営に満ちて秋気清し
数行過雁月三更　数行《すうこう》の過雁《かがん》月三更《さんこう》
越山併得能州景　越山併《あわ》せ得たり能州の景
遮漠家郷憶遠征　さもあらばあれ家郷の遠征を憶う」

(霜は軍営に満ちて秋風が清々しい。雁がいくつかの列を成して飛んでいき、月は真夜中の空に冴えわたる。越後・越中に加えて、今は能登の景色まで目の前にしている。家族が私の事を心配しているだろうが、そんなことはどちらでもよい、いった意)。

十月二十五日、謙信は能登の各城に十三箇条の制札を掲げた。能登には謙信の養子であり上

上杉謙信の勢力拡大過程図

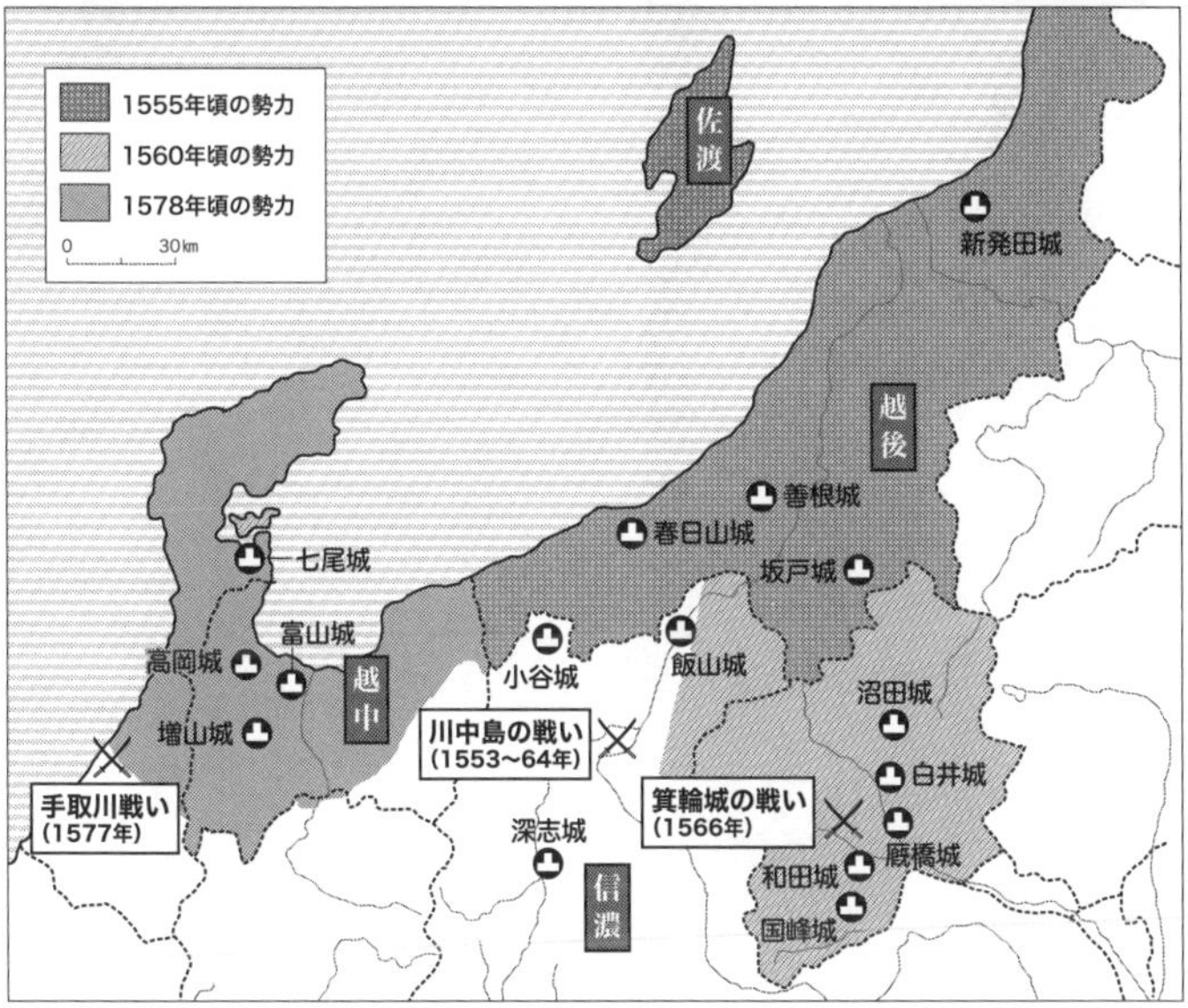

杉一門の上条政繁を、越中増山には家臣の吉江景資《かげすけ》を配置。知行を把握し、支配体制を固めていった。こうして、ようやく越中能登まで領国を拡大したのである。

　この年の暮れに、能登から春日山城に帰還した謙信は、休む間もなく関東出陣の大動員令を発表する。動員武将は八〇名を越え、越後のみならず、上野、越中、能登の国人衆も加わる総動員体制である。

　今回の関東遠征は、下総の結成晴朝《ゆうきはるとも》からの救援要請に基づくものだ。その頃関東では、北条氏政が常陸・下総・安房を侵攻していくなかで、佐竹義重が宇都宮広綱・結成晴朝とスクラムを組んで対抗していたが、もはや支えきれなくなっていた。安房の里見氏も、氏政の猛攻を受けて講和している。

謙信は関東管領として、この関東の危機、つまり北条氏の侵攻をどうしても放っておけなかったのであろう。今度こそ氏政との争いに決着をつける。その覚悟をもって謙信は、天正六年（一五七八）一月十九日、大規模な陣触れを発表した。

将軍・足利義昭からの度重なる上洛要請や、北陸道諸国の平定にもかかわらず、謙信は西へ進むことなく、再び関東を目指したのだ。あくまでも、彼の意識は関東管領なのである。

■軍神のまさかの突然死

しかし残念ながら、謙信率いるこの大遠征軍が、三国峠を越えることはなかった。

同年三月九日、謙信は、春日山城本丸で突然倒れる。その後、意識不明に陥ったまま、十三日に死去。帰らぬ人となってしまう。

複数の書状では「謙信不慮の虫気」「謙信不慮の煩い」と記されている。不慮とは「思いがけないこと」の意味で、謙信が突然死だったのだろう。虫気は「中気」と読めば脳卒中となる。大酒飲みで、その上休む間もない遠征による過労が死期を早めてしまったのではないか。

このとき、謙信は四十九歳。関東平定という見果てぬ夢を生涯追い求めた上杉謙信は、戦国激動のなか、この世を去った。謙信が突然死であれば、辞世の句など詠めなかったはずだが、有名な辞世の句が伝えられている。

「四十九年一睡夢　一期栄華一盃酒」

（四十九年の人生は、振り返ってみれば一睡の夢に過ぎなかった。この世の栄華は、一盃の旨い酒に等しい）

「極楽も地獄も先は有明の　月の心に懸かる雲なし」

（私が死後に行く先は極楽か地獄かわからないが、私の心は一片の曇りもなく晴れやかである）

ただ、不思議なことに、謙信の葬儀は営まれず、甲冑を着せられた遺体は甕《かめ》に密封されたたま城内に安置された。長尾家代々の菩提寺・林泉寺にも墓はない。

〝越後の龍〟といわれた軍神・上杉謙信は、戦国乱世のなかで後顧の憂いを残しながら、突然この世を去った。

そしてこの謙信の死からわずか十一日後、中城（二の丸）にいた景勝が、本丸を占拠する。謙信の後継者争い「御館の乱」が始まる。

第十一章　信玄の西上作戦

■上洛を目指して、信玄が立つ

話は戻るが、元亀二年（一五七一）十月三日、小田原城の北条氏康が没した。

その死に際し、「上杉謙信と絶ち、武田信玄と再び手を結ぶように」と、後継者の氏政に遺言したといわれている。事実、その年の冬、氏政は信玄と同盟を結び「甲相同盟」が復活した。この同盟締結で、信玄は氏政と謙信を敵とする泥沼のような状態から抜け出すことができた。

そこで信玄は、謙信を牽制する。

元亀三年（一五七二）八月には、信玄が本願寺の顕如に要請し、越中において加賀一向一揆と越中一向一揆の合流を画策。そして本願寺坊官に越中の武将も加勢して、大規模な反乱を起こさせる。このため謙信はその鎮圧に専念せざるを得ず、武田領に侵攻する余裕はなかった。

ところが信玄は、こうした北条、上杉対策を進めると同時に、今度は急速に台頭してきた織田信長や中央政局への対応も考えなければならなかった。

実は、その頃信玄と信長の間には、信長の養女と勝頼の結婚、さらに信玄の娘松姫と信長の嫡男信忠との結婚により「甲尾同盟」ともいうべきものができていた。つまり、信玄と家康は両者とも信長の同盟者だったのである。

しかし、ここで中央政局が動く。信長と将軍義昭との不仲が収まらず、義昭から信玄に上洛を促す御内書が届いたのだ。こうした状況のなかで、信玄は次第に「打倒信長」へと腹を固めていく。

また、信玄が熱心な仏教信者であったことも「打倒信長」に走った要因ではないか。特に石山本願寺との連携は密で、宗教弾圧を強行する信長を許せなかったのではないか。こうして、将軍義昭―石山本願寺―浅井・朝倉―毛利という「反信長統一戦線」の中核に信玄が位置付けられていった。

具体的に信玄が西上作戦に動き始めたのは、元亀三年（一五七二）十月三日。この日、信長と対峙している浅井長政と朝倉義景に書状を送り、自身の出馬を伝えるとともに、協力して信長を倒すことを申し入れている。

いよいよ武田信玄は、二万五〇〇〇もの大軍を率いて出陣。まず、信濃に入り、伊奈谷《いなだに》を南下して十月十日に遠江に進軍した。このとき信玄は軍勢を三隊に分ける。まず、山県昌景を大将とする別動隊は、伊奈谷から東三河に侵攻。もう一つの秋山信友《のぶとも》を大将とする別動隊は東美濃を攻略。こうして武田軍は一斉に遠江・三河・美濃に攻め入った。

十月十四日には秋山隊が美濃岩村城（岐阜県恵那市）を落とす。遠江に入った武田本隊は、犬居城《いぬいじょう》（静岡県浜松市）を皮切りに遠江の徳川方諸城を次々に落とし、家康の本拠である浜松城に迫っていった。

■三方ヶ原で家康と激突

その途中には、浜松城（静岡県浜松市）の有力な支城である二俣城（静岡県浜松市天竜区）があった。信玄は「この城を落とさずに前進するのは危険だ」と判断し、勝頼に城攻めを命令。ところが、二俣城は天竜川沿いの堅固な城で容易に落ちない。水の手を断たれた二俣城兵が降伏したのは、十二月十九日。浜松城の小さな支城攻略に二ヶ月も要した。

その後信玄は、浜松城攻めに向かった。しかし、信玄は、「二俣城攻城に二ヶ月にかかるようでは、本城の浜松城攻略は容易ではない」と判断。信玄の軍勢は浜松城に向かいながら、途中で方向を変え、城下を素通りしていった。そして三方ヶ原の台地にのぼり、さらに三河へ通ずる街道を西上していく。

「信玄は何を考えているのか。攻めてこないのか」

浜松城を守る家康にしてみれば、まったく想定外の信玄の行動である。ただ、家康は全力で動員しても八〇〇〇の軍勢しか集まらない状態で、信長からの援軍三〇〇〇を加えても、一万一〇〇〇にしかすぎない。浜松城での軍議では、「籠城して戦い、信長からの後詰を待つ」という作戦だった。

信玄が攻めてこないというのは家康にしてみれば大誤算であり、そのまま西上するのではという疑念が生じた。少なくともその時点では、家康は信玄の「おびきだし作戦」の意図には気付いていない。

信長との連携で「信玄をしばらく釘づけにしておく」という家康なりの作戦があったのは言うまでもない。信玄がそのまま西上してしまっては、その時間稼ぎにもならない。どうする家康。そこで家康は、とっさに決断。それまでの籠城作戦を捨て、追撃にかかったのである。

しかしながら、これは信玄の罠であった。

城攻めでは時間がかかりすぎる。できれば敵を城からおびき出し野戦に持ち込もう。そのほうが騎馬隊を中心とする戦国最強といわれる武田軍の力をいかんなく発揮できる。老練な信玄ならではの誘導作戦に、若輩の家康がまんまとはまってしまった。

もっとも、家康にも作戦がなかったわけではない。三方ヶ原を突っ切れば祝田《ほうだ》の坂という下り坂になる。つまり、武田軍が坂にかかったところを上から追い落とすように襲撃すれば、勝算ありと考えたのである。家康は全軍を率いて城を出た。

ところが、戦術は信玄のほうが一枚も二枚も上手だ。武田軍は下り坂にかかる前に全軍をストップさせ、しかも後ろ向きになり隊伍を整えて徳川軍を待ちかまえる態勢をつくっていた。要するに家康は信玄率いる二万五〇〇〇の大軍が待ち受けるところに飛び込んでしまった。

徳川軍は、武田軍が坂を降りきらない弱い体形のところを先制攻撃。家康は軍勢を左右に伸ばす「鶴翼の陣」で武田軍に迫る。

ところが、武田軍はそれをあらかじめ見越していた。後尾が頭部になる双頭の体形である鶴翼の陣に対し、中央部分が突き出して密集する「魚鱗の陣」をとる。これは味方の兵力が勝る場合に取られる攻撃型の構えだ。武田勢が総力を結集した必殺の配置である。

この陣形から、ついに両軍は十二月二十二日夕方、雪の降る三方ヶ原《みかたがはら》の台地で激突。世にいう「三方ヶ原の合戦」である。

合戦は武田軍の百姓部隊「新衆隊」の石投げから始まった。投げ縄で拳大の石をぶつけるので徳川方の先頭部隊は怪我人が続出。反撃する徳川方は酒井忠次《ただつぐ》、石川数正《かずまさ》の部隊が突撃。これを武田方の小山田《おやまだ》信茂《しげのぶ》部隊が引き受けた。

家康はもはや退くに退けず、全軍に戦闘命令を下す。石川隊は小山田隊を押し込み、家康の旗本を守る本田忠勝の部隊は、勇猛に山県昌景の部隊を撃墜。こうして全部隊の激戦、混戦となった。

雪はいよいよ激しく降ってきたが、次第に兵力の差が顕著となる。時間とともに数で勝る武田軍が圧倒的に有利となり、徳川方は全線にわたって崩れ始めた。

家康自身も何度も討ち死にを覚悟し馬も倒されたが、どうにか家臣の馬に乗り、ようやく浜松城に逃げ帰ることができた。

徳川軍の完敗だった。

この合戦で、徳川方は鳥居信元《のぶもと》、成瀬正義、米津政信、松平康純《やすずみ》、夏目正吉といった有力な家臣を失い、戦死者一二〇〇名を出した。武田方の戦死者は四〇〇名で有力家臣は一人も失っていない。

命からがら逃げ帰った家康は城門を開けっ放しにして、篝火をたかせ、太鼓を打たせたという。城門を開いたのは敗走してくる将兵のためだったが、敵兵に罠だと思わせる家康の頭脳的な作戦の一つに数えられている。これが「空城の計」といわれるものだ。武田は城のすぐそばまで追いかけてきながら、どうしたわけか城を攻めず、兵を引いてそのまま三河を目指して進軍していった。

こうして「三方ヶ原の合戦」は、武田軍の勝利で終わる。

浜松をそのままにして、信玄は遠江の刑部で年を越し、いよいよ三河に侵入。天正元年（一五七三）一月十二日から、野田城（愛知県新城市）攻めにかかる。

ところが、ここでも信玄は意外に手間取っている。城兵はわずか四〇〇名ほどだったので、二万五〇〇〇の武田軍とは比べものにならない。だが、城はなかなか落ちない。そこで信玄は、またもや金堀り人夫に穴を掘らせ城の井戸水を抜くというお得意の作戦を実行。一ヶ月後によ うやく開城させることができた。

■信玄の異変と遠征途上での病没

先の二俣城攻めに二ヶ月を費やし、今回の野田城攻めにも一ヶ月かかった。この西上作戦での信玄の戦いぶりはそれ以前とはかなり違っていた。それまでの武田軍の破竹の進撃ぶりに比べると何か勢いがない。

「どうも信玄の様子がおかしい」

信長と家康は武田軍の行軍ぶりをいぶかしむ。刑部での無意味な布陣、野田城攻めの遅さ、長篠城での急停止。三月に入ってもいっこうに武田軍が攻め込む気配がない。

「信玄は病に相違ない」

信長の憶測はやがて確信へと変わる。三河に放った乱破（忍者）たちからの情報も、これを裏付けるものであった。

実はこの頃、信玄の病状はかなり悪化しており、熱と喀血にさいなまれていた。

「親方様、これ以上はもう無理です」

信玄の主治医である御宿友綱《みしゅくともつな》は懸命に甲斐への帰陣を勧めた。

夢は破れた。武田軍はついに甲斐への撤退を決定し、帰国の途に着く。西上作戦はここに終焉したのである。途中、信州伊奈郡駒馬というところで、信玄の病はますます重篤化する。

数々の戦があるたびに、甲斐へ躑躅ヶ崎館へと帰還した信玄。しかし、今度ばかりは戻れそうになかった。

信玄は世継の勝頼を呼んで遺言を伝えた。

「自分の運命は今日で終わる。西上の軍を起こしながらも信長を打倒できず、尾張表にも達することができなったのは最大の心残りである。勝頼は必ず一度は都に攻め上れ。だが、信玄死すと聞けば敵は一斉に蜂起しよう。死後三年間は喪を秘し、遺体は諏訪湖に沈めよ。勝頼はまず国内の備えを固め、部下を大切にして上洛を目指せ」

さらに続けてこう告げた。

「謙信とは和議を結べ。謙信は男らしい武将であるから、若いお前を苦しめるようなことはしない。わしは意地を張り最後まで頼ることができなかった。敬意を表して頼りとするがいい。謙信とはそのような男である」

そう言い遺して信玄は息を引き取った。元亀三年（一五七三）四月十二日、不屈の闘将武田信玄は没した。享年五十三。

信玄は辞世の句をこう詠んだと伝えられる。

「大ていは　地に任せて肌骨好し　紅粉を塗らず　自ら風流」

（およそ世を生きるには流れに身を任せるべきだ。飾ることなく本音で生きるのが一番よい）

一方、ライバルの謙信は信玄死去の報に接し、落涙して、こう述べたという。

「惜しい大将が死んだ。英雄人傑とは信玄のような人をこそいうのだ。関東の武人は柱を失ったも同然。まことに惜しいことだ」

信玄が自分の死後の甲斐に大きな不安を抱きながら去ったのは確かであろう。世継の勝頼の行く末も危ぶまれることばかり。不出世の英雄はこうして死んだ。甲斐の国は柱を失い、暗闇に閉ざされていく。

第十二章　謙信の死と御館の乱

■二人の養子による跡目争いが勃発

話は前後するが、天正六年（一五七八）三月十三日、上杉謙信が突然この世を去った。享年四十九。数日前に春日山城の厠《かわや》で倒れ、そのまま意識が戻らなかった。死因はおそらく脳卒中（脳溢血）であろう。越後にとって巨大な求心力が失われたことは大きな痛手だが、より大きな問題は後継者が決まっていなかったことだ。

そこに「御館の乱」が勃発。謙信亡き後の上杉景虎と上杉景勝の両派による熾烈な跡目争いが繰り広げられることになる。そもそも生涯独身を貫いた上杉謙信には実子がいなかった。景虎も景勝も養子であるが、そのどちらもが、上杉の後継者として相応しい立場と資質を備えていた。

はじめに上杉景虎であるが、彼は越後の出身ではない。宿敵である北条氏康の七男であり氏政とは兄弟である。「甲相駿三国同盟」が武田信玄による駿河侵攻によって瓦解し、北条氏は長年敵対してきた上杉氏と「越相同盟」を締結した。この同盟にあたり、北条氏から人質として送られてきた氏康の七男・三郎が景虎である。

永禄十三年（一五七〇）四月、上野国の沼田で謙信に謁見した三郎は、越後へと入国。謙信の姪・清円院《せいえんいん》と祝言をあげ、上杉の一門となる。ちなみに清円院は景勝の姉にあたり、景虎と景勝は養子の兄弟であり、直接の姻戚関係であった。

三郎は謙信が最初に名乗った「景虎」の名を与えられ、春日山城三の丸の屋敷に居住していた。「越相同盟」は翌年破棄されるが、景虎はそのまま越後に留まった。景虎は謙信に気に入られていたらしい。景虎という名を与えられていただけでなく、軍役免除の特権も付与されており、多くの面で特別な扱いとなっていた。こうしたことから、景虎こそが謙信の後継者だと考える家臣もいた。

一方の上杉景勝は、上田長尾家の出身で謙信の実の甥にあたる。母が謙信の実姉である仙洞《せんとう》院《いん》。景勝は血統的に上杉家の血筋を引いていた。

永禄七年（一五六四）、父・長尾政景が死亡し、春日山城に入り謙信の養子となった。上杉軍内でも重要な作戦行動をこなし、天正三年（一五七五）には、「長尾顕景《あきかげ》」から「上杉景勝」に改名。それと同時に謙信の私称官職名であった「禅正少弼《だんじょうしょうひつ》」を譲られ、一門衆筆頭として存在感を高めていく。謙信の直接の血縁であること、そして家中での高い地位から景勝もまた謙信の後継者としての正当性があった。

謙信の突然の死去によって、その直後からこの二人の養子が骨肉の跡目争いを始めることになる。

謙信死去の翌日三月十三日、景虎派と目されていた重臣・柿崎晴家が景勝方に暗殺される。先手を打って動いたのは景勝だ。いち早く春日山城の本丸に入り、金蔵や武器庫を掌握。基本的な政庁機能を統制下に置き、三月二十四日の書状で内外に謙信の後継者になったことを宣言する。

しかしながら、合議すら経ずに一方的に後継者宣言を行った景勝に対し、内外の勢力が敏感に反応する。会津の蘆名《あしな》氏は、謙信死去後の混乱を察知して越後に侵入。領内でも三条城主・神余親綱《かなまりちかつな》がこの騒動の真偽調査に動くと、景勝はこれを抑圧。前関東管領・上杉憲政が仲裁に動くが、景勝は強硬な態度でこれも拒否した。

五月五日には、大場（上越市）において、景勝派と景虎派が衝突。春日山城でも景勝派の本丸から景虎派の三の丸に攻撃が始まり、交戦が続く。その間を利用し、両派とも越後諸将に対する多数派工作を展開していった。

こうした景勝の強硬策は、越後国衆の不興を買い、一度容認に傾きかけた謙信後継としての立場が揺らいでいく。それに代わって、景虎を謙信の後継者として擁立しようという動きが出てきた。

■景虎派対景勝派、怨念の対決

景虎派は前関東管領の上杉憲政を筆頭に、上杉一門が多く支持した。越後長尾氏のなかでは、景勝の上田長尾氏と対立していた古志長尾氏が対抗勢力として景虎陣営に合力。また、景虎の実家である北条氏はもちろんのこと、会津の蘆名氏、米沢の伊達氏、出羽の大宝寺氏、そして甲斐の武田氏と、越後の隣国のほとんどが景虎を支持。上杉家臣団では、北条《きたじょう》高広、本庄秀綱《ひでつな》など一部有力家臣が加担している。

一方の景勝派は、謙信の旧臣や旗本など有力な上杉家中の武将たちが合力。直江信綱《のぶつな》、川田長親《ながちか》、斎藤朝信《とものぶ》などが支持し、古くから離合集散を繰り返してきた阿賀野川以北の有力国衆「揚北衆」の大半が景勝派に加担した。また上条上杉氏を継いだ上条政繁《まさしげ》、山浦上杉氏の山浦国清らも景勝を支持した。

このように、謙信の配下であった上杉家中の多くが景勝を後継者とすべく動いたが、それは必ずしも越後の総意ではなかった。それというのも、景勝を支持したのは、景勝が本拠とする上越と阿賀北の大半といった地域に限られていたからだ。

逆に謙信の支持基盤であっても蒲原郡南部、刈羽《かりわ》、古志《こし》などの国衆は景勝から離反しており、景勝が血統によって家中の支持を受けていたわけではない。やはり、景勝の高圧的ともいえる態度や行動が、謙信時代からの一部支持層の離反を招いていたのである。

五月頃になると景虎・景勝両派の諸将の旗幟が鮮明になってくる。そこで今度は景虎が動いた。春日山城三の丸を退去して同日のうちに「御館《おたて》」に移り、籠城する。「御館」とは関東管領・上杉憲政が北条氏康に敗れ、越後に落ち延びてきた時に、春日山城から四キロ、現在の上越市に築かれた関東管領館である。

五月十七日、景虎はここから春日山城下に放火するなど攪乱戦術を開始。約六〇〇〇の兵で春日山城を攻撃するが、逆に撃退されてしまう。ちょうどこの頃、景虎は北条氏政に救援を要請している。景虎方は体制を立て直し、二十二日にも再び春日山城を攻めたが、落とすことができなかった。

この頃になると、他方面で景虎派と景勝派の交戦が始まる。上野では北条《きたじょう》高広が三国峠を守る宮野城（群馬県みなかみ町）を目指して進軍を開始。この方面では景勝派はよく持ちこたえていたものの援軍を送る余裕はなく、南方から北条勢を越後へ引き入れるルートが確保される。ところが、氏政・氏照の北条軍主力は、折しも鬼怒川において佐竹・宇都宮連合軍と交戦中であり、越後に向けて早急に援軍を派遣することができない。

そこで、氏政は当面の緊急策として、同盟を結ぶ武田勝頼に景虎への助勢を要請。これを受けて勝頼は、五月下旬に二万の大軍をもって信濃経由で越後に侵入し、五月二十九日に信越国境付近に到着する。しかしながら、支援要請を受けて大軍を出した勝頼は、氏政の軍勢が動いていないことに不信感を抱く。

「武田は北条の配下ではないぞ。なぜ、北条は動かぬ」

景虎はさらに、奥羽の蘆名盛氏《もりうじ》と伊達輝宗《てるむね》にも援軍を要請。これに応えて蘆名勢は蒲原《かんばら》安田城（新潟県阿賀野市）を攻略し、さらに新発田《しばた》へと進軍したが、景勝派の頑強な抵抗で食い止められた。いずれにしても、この時点においては、戦況は景虎派有利で進む。

■勝頼の参入と裏切り、越甲同盟成立

思わぬ外部勢力の介入に慌てた景勝は、まず勝頼に和睦を求める使者を派遣。条件は信濃北部に残っている「上杉領の割譲」と「黄金の進呈」である。これに目が眩んだ勝頼は、なんとこの条件を受け入れてしまう。勝頼にとっては、氏政に対する不信感と南の徳川家康の脅威が重なり、景勝軍と戦うことには乗り気ではなかった。この「越甲同盟」の締結によって、武田軍は上杉方を接収しながら春日山城に向かって北上した。

勝頼を金で封じ込めた景勝は、背後を気にする必要がなくなった。同盟を締結した六月には景虎派の長尾景明を討ち取って直峰《のうみね》城（新潟県上越市）を奪取し、春日山城と景勝の本拠である坂戸城（新潟県南魚沼市）の連絡も可能となる。一方の景虎派は、続いて上杉景信も討ち取られ、日に日に形勢が悪化。景勝派は勢いに乗り、中越地方の景虎派の諸城への圧迫をかける。

こうした形勢を見ていた勝頼は、春日山城近辺まで進軍しつつ、景勝との和議交渉を本格化

させる。さらに、七月中も越後に布陣し、景勝と和睦しつつも、あくまで中立姿勢を装い景虎方とも交渉して、景勝・景虎間の調停を試み和平にどうにかこぎつける。

ところが、八月二十二日、勝頼のもとに急報がもたらされる。

「徳川家康が駿河の武田領にある田中城へ侵攻してきた」

「御館の乱」という上杉家の内紛にこれ以上の深入りはさけたかった勝頼は、和平仲介を投げ出し、八月二十八日に兵を一部残し撤退してしまう。

勝頼は景虎を支える氏政の要請を受けて越後に進軍したのに、なんと敵方の景勝と同盟を結び、その上で景勝と景虎の和平仲介を試みながら、途中で投げ出し帰国してしまったのだ。

勝頼が帰国すると、間もなく景勝と景虎の和平交渉は破綻する。

「勝頼の身勝手な行動は絶対に許せん!」

氏政は激怒して反撃に出る。九月に入って、弟の氏照と氏邦が氏政の命令を受けて越後に向けて進軍を開始。北条勢は三国峠を越えて坂戸城攻略に着手した。ところが、景勝派の善戦によって、また、冬が近づいてきたこともあって北条勢は一部遊軍を残し撤退した。

十月に入ると、景虎派では御館の兵糧の窮欠が相次ぐ事態に陥る。いったんは兵糧搬入に成功し春日山城に攻勢をかけることもあったものの、諸将との連絡が途絶えるようになり弱体化していく。この状態で年を越すことになった。

外部勢力の干渉を巧みに排除し家中の支持を集めた景勝は、改めて雪解け前の乱の終息を決断する。一方、景虎は味方の相次ぐ離反や落城を止められず窮地に陥る。

天正七年（一五七九）二月一日、景勝は配下諸将に御館の景虎に対して総攻撃を命じた。景勝軍は、景虎軍の有力武将を討ち取り、方々に火を放った。景虎軍は、雪に阻まれて北条勢の救援も望めない。三月十七日には、謙信の養父である上杉憲政が御館から脱出。和議を求めて景虎の長男・道満丸《どうまんまる》を連れて景勝の陣に出頭を試みる。だが、途中で景勝派に包囲され、道満丸もろとも殺害された。関東管領まで務めた上杉憲政が、いとも簡単に上杉家の騒動で殺害されてしまったのだ。

その直後に御館は放火されて落城。景虎は御館を脱出して逃亡を図るが、鮫ヶ尾城《さめがおじょう》（新潟県妙高市）に立ち寄ったところを景勝方に寝返った城主・堀江宗親《むねちか》に攻められ、二十四日には自害して果てる。二十五歳の若武者は、雪深い越後での動乱のなかで命を絶った。

こうして越後を二分した内乱は景勝が勝利し、謙信の後継者として上杉家の当主となった。だが、最後まで抵抗した本庄秀綱や神余親綱《ちかつな》らを制圧して最終的に乱が終息したのは、それから一年余り経った天正八年（一五八〇）のことであった。

■謙信暗殺説と乱のその後への影響

以上が「御館の乱」の概要である。しかしながら、この乱の真相は「派閥争いによるクーデターではないか」という見方がある。つまり、景勝の実家である上田長尾氏の、謙信の実家である府中長尾氏や古志長尾氏に対する積年の恨み。これが計画的な政変を招いたのではないか。景勝の父・長尾政景は、謙信の家臣であったが、野尻湖で溺死している。これは事故ではなく、謙信の命による他殺であったとも推察される。

その報復として越後の主導権を上田長尾氏に取り戻すために、景勝派が謙信を暗殺し、素早く城を乗っ取り、行政権限と金銀財宝を奪ったという見方もある。この計画を仕組んで実行させたのが、景勝の参謀である直江兼続《かねつぐ》ではないかという説もある。現に景勝は謙信の葬儀を行っておらず、その後の法要も二度にとどまる。謙信の権威を神格化して上杉氏の統制に利用しながら、景勝の謙信に対する敬意のなさがこうした疑惑につながっているのであろう。

いずれにせよ、「御館の乱」はこのように景勝の勝利に帰したが、越後はその後深刻な事態を抱えることになった。双方の勢力が拮抗した激しい内乱であったために、上杉氏の軍事力の衰退は否定しようがなく、北陸を東進する織田信長などの周辺強豪勢力からの軍事侵攻に苦慮することになる。

信長配下の柴田勝家が加賀、能登、越中を席捲《せっけん》し、会津からも蘆名盛隆《あしなもりたか》が侵攻してくるなど、この「御館の乱」は謙信時代に培われた上杉氏の勢力と威信を大きく後退させてしまった。

また、恩賞の配分をめぐり、勝った景勝派の武将の間にも深刻な対立をもたらした。戦後に与えられた恩賞は、景勝の出身母体かつ権力基盤である上田長尾家に多く与えられたため、不満を抱いた新発田重家《しばたしげいえ》が反乱を起こし、これを鎮圧するのに七年も要した。


一方で、この「御館の乱」は、武田家滅亡の遠因にもなった。北条氏政は実弟の景虎への支援を、同盟を組む武田勝頼に依頼した。当初、勝頼は景虎を支援するため自ら出陣したにもかかわらず、その後、景勝支援に回った。勝頼の変節の理由としては

・徳川家康が駿河に侵攻してきたため、越後の内乱に深入りしたくなかった。
・北条氏の景虎支援の動きが鈍く消極的なことから不信感を持った。
・景虎が勝利すると北条氏が勢力を拡大し、北条氏と上杉氏が一体化して武田領が包囲されてしまう。
・景勝が講和条件として北信濃と上野沼田領の割譲、そして大量の黄金の提供を申し出た。

という四点が考えられる。

こうした状況のなかで、武田家中では景勝との和睦を支持する声が強まり、勝頼は同盟していた氏政とその血縁である景虎を裏切って、景勝との和睦に踏み切る。そして景勝に自分の妹

の菊姫を娶らせた。

この勝頼の裏切りに激怒した氏政は、「第二次甲相同盟」を破棄する。そして返す刀で、天正七年（一五七九）に徳川氏と翌年には織田氏と同盟を結ぶ。これにより、上杉氏が著しく衰退していくなかで、武田氏は三方に敵をつくることになってしまう。「昨日の友は今日の敵」という言葉もあるが、まさに目まぐるしい展開である。

その後武田軍は、北関東では北条軍に善戦していくが、駿河では苦戦を強いられる。度重なる伊豆、駿河、遠江方面での戦いでは、北条・徳川軍の連携した共同作戦によって、勝頼は東西に振られることになり、防戦一方になってしまう。勝頼の「御館の乱」への介入は、武田家の経済状況を衰退させ、武田家弱体化の大きな原因の一つになった。勝頼の迷走が始まる。

このように「御館の乱」は、単に上杉氏の跡目争いにとどまらず、強力なライバルである北条氏と武田氏を巻き込んだ一大政変と化したのだ。まさに、戦国時代の外交と戦争のビッグイベントであった。

そして三国志は、氏康・信玄・謙信の時代から、氏政・勝頼・景勝の時代に引き継がれていく。

第十三章　甲州征伐と武田氏の滅亡

武田氏滅亡時の最大版図

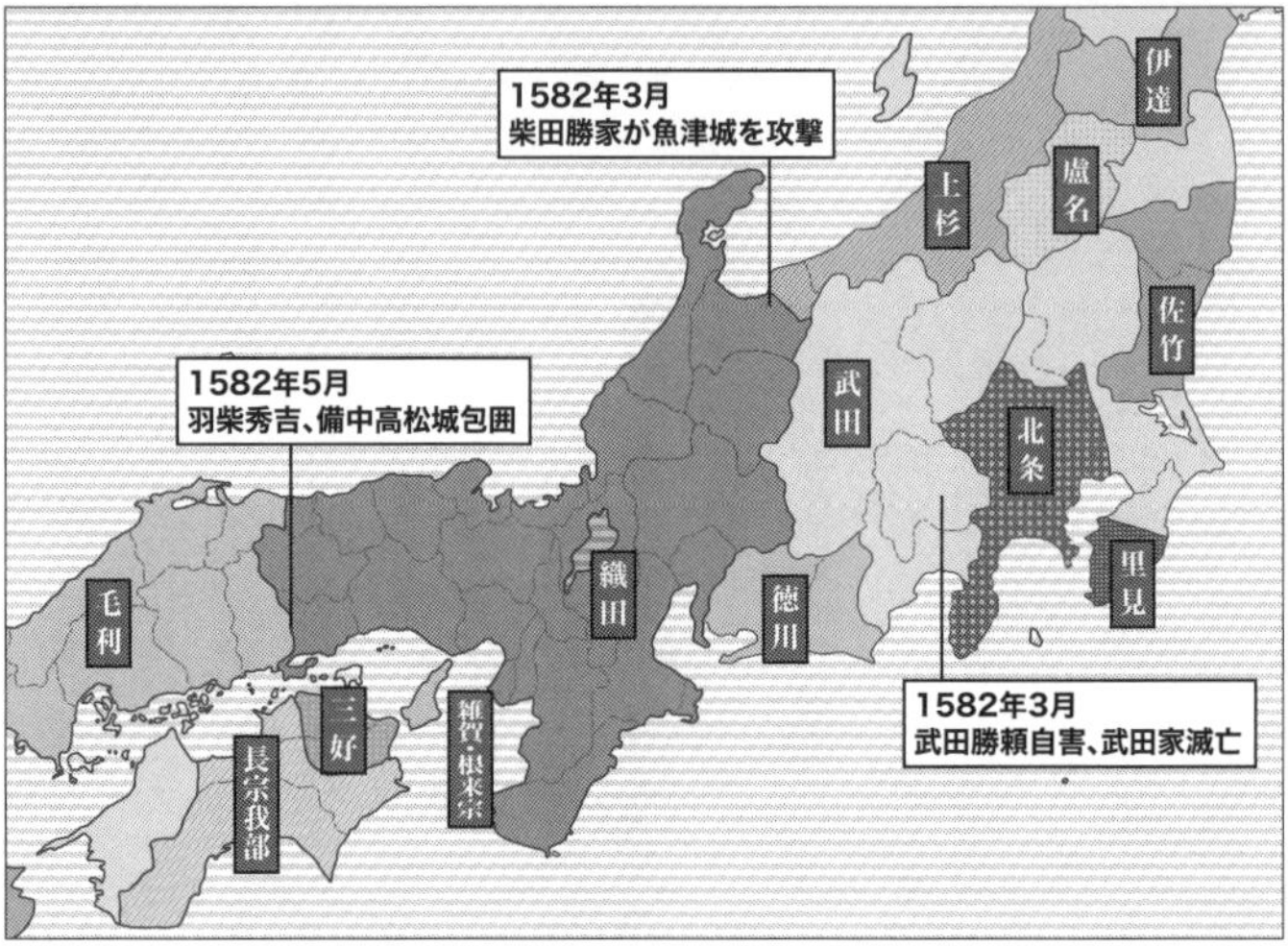

■武田勝頼の躍進と挫折

元亀四年（一五七三）、武田信玄が病死すると、武田勝頼は家督を継承し、第二〇代当主となった。と同時に信玄派と勝頼派、つまり甲斐の宿老と信濃の新興勢力の対立が始まる。信玄時代には表面に出てこなかった内紛が徐々に現れてきたのである。

また前述のように、信玄は死に際に「自分の死は三年隠し通し、その間に国力を養え」という遺言を勝頼と家臣たちに伝えている。信玄は勝頼のリーダーシップを案じていたのであろう。こうした事情で「信玄は隠居し勝頼が家督を相続した」と発表したが、周辺の大名たちは、その真偽をいぶかしむ。

まず徳川家康が、天正二年（一五七四）に

武田氏の三河侵攻の拠点である長篠城を落として挑発。信長、家康、氏政、そして謙信。武田氏周辺の大名たちは、信玄の死を機にいよいよ動き出した。

これに先手を打つように、勝頼は家臣団をどうにかまとめ上げ、外征に乗り出していく。父・信玄の遺志を継いだ勝頼は、足利義昭の招致も受けて、再び西上の途を進もうと出陣。

まず東美濃の織田領へ侵攻し、明知城（岐阜県恵那市）を落とす。その勢いで遠江の徳川領にも乱入し、天正二年（一五七四）六月、あの信玄でも落とせなかった高天神城《たかてんじん》（静岡県掛川市）を陥落させ、東遠江を制圧。さらに天竜川を挟んで家康と対陣し、浜松城に迫ると城下に火を放つなど快進撃を続け、一時は武田軍団復活かと思わせた。

天正三年（一五七五）四月、勝頼は三河へ侵攻し、武田方から徳川方に寝返った長篠城（愛知県新城市）の奥平信昌《のぶまさ》の討伐を開始。これを受け家康は、ただちに盟友織田信長に援軍を要請。五月十四日に信長は、岐阜から岡崎に着陣し、家康とともに長篠城救援に向かう。

この時、長篠城から岡崎への救援要請の使者に立ったのが鳥居強右衛門《とりいすねえもん》。岡崎で援軍を確認したが、その帰路に武田方に捕らえられてしまう。「援軍は来ない」と城に向かって叫べと強要された。だが、彼はこう叫んで磔《はりつけ》に処される。

「お味方衆、安心して守りを固められよ！　信長公は岡崎に御着陣、援軍到着は近いぞ！」

この強右衛門の命を懸けた叫びに、奥平勢は歓喜し、武田勢は激怒したのはいうまでもない。

その間奥平勢は善戦して時間をかせぎ、織田・徳川連合軍は長篠城に到着し陣城を構築した。

信長は岐阜出発の時から、この合戦において鉄砲を主戦力として用いることを画策。三〇〇〇挺の鉄砲を調達し、長篠城西方の設楽原《しだらがはら》（愛知県新城市）に馬防柵を築いて陣を敷く。これに対して勝頼も、設楽原へ進出し、織田・徳川連合軍と対峙。いよいよ「長篠の戦い」に突入する。武田軍一万二〇〇〇に対して、織田・徳川連合軍は三万を超える軍勢だ。この兵力差に信玄以来の重臣たちは撤退を進言。しかしながら、勝頼は決戦を譲らない。

五月二十一日、徳川方重臣の酒井忠次が、突如、武田方の砦を襲い長篠城へ援軍を入れることに成功。後方を攪乱《かくらん》された武田軍は、いよいよ設楽原決戦に突入する。

騎馬隊を先頭に次々と攻撃を仕掛ける武田軍だが、馬防柵に妨げられ、信長の家臣が指揮する鉄砲隊のすさまじい迎撃を浴びて、多数の将士が倒れていった。信長はこの戦いで鉄砲隊を三段に構えさせ、交替で一斉射撃。この奇想天外の戦術に武田軍はなす術もなかった。

合戦は午前八時頃から午後二時頃までに及ぶ大激戦となった。数で劣り、無勢となった武田軍は敗走。勝頼も身一つで信濃へ逃れた。山県昌景、土屋昌次、馬場信房などの信玄以来の重臣が次々に討死し、武田方の戦死者は一万人以上に上った。戦国最強と謳われた武田軍の惨敗である。こうして武田方は、三河から締め出され、勝頼の迷走が加速していく。

これが「長篠の戦い」である。この戦いにおいて、徳川・織田連合軍が、新兵器の鉄砲を組織的に活用し、騎馬戦を得意とする武田軍に圧勝した。この点が注目され、従来の騎馬中心の個人戦から、足軽の鉄砲隊を中心とする集団戦法へ移行する画期的な戦闘と評価されている。

天正五年（一五七七）、勝頼は北条氏政の妹を後室に迎える。北条氏との結び付きを強める「甲相同盟」の復活を目指した「第三次甲相同盟」である。さらに、越後の上杉氏との関係修復を図らなければならない。背後の勢力との関係改善を急いだ。

ところが天正六年（一五七八）に上杉謙信が急死。前述のように、越後では謙信の二人の養子である景勝と景虎による家督争いが勃発する。前述の「御館の乱」である。

氏政からの要請で、この「御館の乱」に勝頼は援軍を率いて両者の和睦調停に乗り出す。初めは北条氏との同盟関係もあり、氏政の実弟である景虎を支持しようとするが、景勝側が莫大な黄金に加え東上野と北信濃の領土の割譲を提示してきたことから、勝頼は景勝支持に豹変。結局、上杉家の内部闘争は、景虎が自害して景勝の勝利で幕を閉じた。しかしながら、この勝頼の優柔不断な対応が致命的な事態を招く。

なんと、勝頼に裏切られた氏政は、武田と手を切り、徳川と結ぶ。勝頼は上杉と手を結ぶのと引き換えに、織田、徳川、北条を敵に回してしまったのだ。

この勝頼の迷走の隙を突いて、家康は天正九年（一五八一）に高天神城の奪回に動いた。徳川軍の猛攻のなかで、勝頼は援軍を送る余力もなく、高天神城は完全に孤立。こうして武田氏の威信は地に堕ち、家臣たちも動揺し、不安、不信が広がっていく。

■戦い続ける勝頼と氏政・家康

前述のとおり「御館の乱」において、武田勝頼は上杉景勝と「甲越同盟」を組み、北条氏政との「甲相同盟」を反故《ほご》にしてしまった。これに反発した氏政は家康と和睦し、勝頼の敵に回る。だが、景勝には勝頼を助ける力はなく、結果的に勝頼は孤立の度合いを深めてしまう。

そのどさくさに紛れて、勝頼は労せずして東上野の旧上杉領を手に入れた。ここで飛躍の好機をつかんだのが真田昌幸である。昌幸は兄・信綱が「長篠合戦」で討死したことにより真田家を継ぎ、岩櫃《いわびつ》城の城主として上野経略の主役となっていく。昌幸は亡き父や信玄に学んだ謀略で、北条方の沼田城を奪取。上野に真田氏の勢力を築いていった。

こうして勝頼と氏政の関係は、ますます険悪になった。「長篠の戦い」からこの時期にかけて武田氏と北条氏は上野、伊豆、駿河で小競り合いを続けている。

天正八年（一五八〇）三月十五日には、駿河湾で北条水軍と武田水軍が「駿河湾海戦」で衝突。北条水軍は大砲を積んだ大型の「安宅船《あたけぶね》」を用いており、戦国時代後期には、戦艦に相当する安宅船を有した艦隊として編成されていた。この時の編成は北条方十艘に対して武田方五艘で、北条方は舳先に大鉄砲まで備えていた。

海戦当初、北条方は包囲戦を行おうとしたが、武田方の小舟は船足が速く追いつけず、日暮れまで戦闘が続いた末に両軍は退却。勝負はつかなかった。戦国時代、各大名は経済や軍事における制海権を確保するために水軍を編成して戦ったのである。

そして家康はいよいよ本格的に高天神城の攻略に挑む。支城の横須賀城を拠点として、武田方の城への出入りを監視し、場外の稲を刈り取って徹底的に糧道の断絶を図る。勝頼はこれまで高天神城を必死に救援してきたが、状況がそれを許さなくなってきた。

家臣からも進言された。

「いまお屋形様が高天神に向かえば、家康は信長に援軍を求めます。そうなれば、長篠の二の舞です」

「後詰に向かい家康と激戦になれば、氏政が甲斐を襲う恐れもあります」

高天神城は見捨てられるほかなかったのである。翌天正九年（一五八一）になると、高天神城は兵糧もほとんど尽き、城将・岡部元信《もとのぶ》以下の進退はいよいよ極まる。

「このうえは死に花を咲かせよう」

三月二十二日、城内の兵は一斉に突撃。奮戦するも、数に優る徳川軍の敵ではなかった。元信は討ち死にし高天神城は落城した。

この高天神を見殺しにした事実は、武田家の威信を一気に失墜させる。次に見捨てられるのは我々かも知れぬという不信感、恐怖心が家臣、国衆、領民のなかにどんどん強くなっていく。

そこを突いて織田・徳川方からの調略が激しくなり、日頃から不仲な一門衆や日和見の国衆の造反も始まることになる。こうして、数多くの家臣が次々に勝頼を見限っていく。戦国史上、最大最悪といっていい一大離反劇が始まろうとしていた。

■新府城築城で再起を図る

「人は石垣、人は城」は武田信玄の名言である。

しかし、武田を支えてきた人の石垣、人の城が崩れようとしていた。「国を守ることは国を広げること」という信玄以来の政治理念さえ、勝頼は維持できなくなっている。

もはや城なき甲斐で織田、徳川、北条の侵攻を防ぐことは到底不可能。勝頼は古府中・躑躅ヶ崎から北西に約十五キロの地にある韮崎に城を築くことを決意した。

この城の普請を勧めたのは穴山信君《あなやまのぶただ》（梅雪ともいわれる）、普請奉行は真田昌幸が務めた。山深き甲斐の国にあって要害の地として知られる韮崎。ここを流れる釜無川の断崖上の七里岩に築かれることになった。

勝頼は国中の家十軒につき人夫を一人ずつ徴用。防衛戦は一刻を争うとあって、無理を重ねる突貫工事となる。戦いが続いて塗炭《とたん》の苦しみにあえいでいた領民にとって、新城築城と遷都は歓迎すべからざる事態であった。また、人夫の拠出や用材調達を強制される家臣や国衆たちにも不平不満がくすぶっていく。しかし、真田昌幸の人並外れた手腕によって、工期わずか一年足らずで新府城は完成を見た。

天正九年（一五八一）十二月二十四日、勝頼はじめ家臣たちは家族とともに古府中から新府城に移った。寒風吹きすさぶなか、落日の行列が新府城へと続いていく。先々代の信虎以来、栄華を極めた躑躅ヶ崎館と城下の武家屋敷は跡形なく取り壊された。

新しい城で心機一転を目指す勝頼。しかし、そこには自縄自縛の運命が待ち受けていた。

明けて天正十年（一五八二）正月、勝頼のもとに思わぬ報せが届く。

「木曾義昌殿、ご謀反！」

勝頼にとって青天の霹靂《へきれき》だった。木曾義昌は信州木曽谷一帯を守護する有力武将。弘治元年（一五五五）に武田に下ってから信玄の三女・真理姫と結婚し、御親類衆のなかでも破格の待遇を受けてきた。だが、信長の所領である美濃と木曽が接していたことから、信玄の死後はたびたび織田方からの調略を受けていたのである。

加えて、新府城築城のための賦役が増大していたことに不満を募らせていた。義昌はついに勝頼を裏切り、織田方に寝返ったのだ。勝頼は真理姫から義昌の謀反を知らされ、これに激怒して、義昌の実母と側室と子供を磔《はりつけ》にして処刑。従弟の武田信豊《のぶとよ》を先手とする木曾征伐の軍勢五〇〇〇余を差し向ける。

安土城にいた信長は、勝頼による木曾一族の殺害の報を得ると、二月三日、いよいよ武田征伐を決断。動員令を発し、ついに「甲州征伐」が始まる。

信長と嫡男・信忠の本隊は伊那から進軍。信長の家臣・金森長近《ながちか》が飛騨方面から、同盟者の徳川家康が駿河方面から、一斉に進軍することを決定。ところが、北条氏政へは甲州征伐の詳細は知らされなかった。独自の情報収集の末、氏政は相模、駿河、上野から侵攻を開始する。

この出陣にあたり、信長はこう命令した。

「今回は遠征なので、従軍兵数を少なくし、出陣中に兵糧が尽きないようにしなければならない。ただし兵数が多く見えるように奮闘せよ」

さらに腹心の明智光秀が朝廷に働きかけ、正親町《おおぎまち》天皇から「東夷武田を討て」との勅令を出させて大義名分を得た出陣となった。

一方、勝頼は再度義昌を攻めるべく、一万の武田軍を率いて故郷の諏訪の上原城（長野県茅野市）へ出陣。しかしながら、織田軍来襲の報を聞いて、その場で立ち往生を余儀なくされてしまう。このまま木曽谷へ侵攻すべきか、それとも新府城に戻って織田勢を迎え撃つべきか。

軍議は難航し、いたずらに時は過ぎて、士気は下がる一方だった。

二月上旬、織田の先鋒隊が伊那谷に入ると大異変が起こる。

伊那口の防衛を任せられた下条信氏《しもじょうのぶうじ》親子は、家臣の下条九兵衛の寝返りにより三河へと逃亡。河尻秀隆《ひでたか》の部隊が伊那口の滝之澤城（長野県平谷村）を接収し、森長可《ながよし》率いる部隊が鳥居峠を経由して下伊那へと侵攻する。松尾城（長野県飯田市）主の小笠原信嶺《のぶみね》も織田方へ寝返り、飯田城（長野県飯田市）の保科正直は高遠城《たかとお》（長野県伊那市）に逃亡。なんと勝頼の叔父・信兼《のぶかね》までが伊那谷防衛の要であった大島城（長野県松川町）を捨て、甲斐に敗走してしまう。

こうして、織田軍は伊那の要衝である松尾、飯田、大島の三城をなんの苦もなく占領した。意気込んでいた織田軍さえ拍子抜けの事態である。伊那戦線は崩壊した。これこそが、国敗れるときの武田武士の醜態であった。侵攻初期にあって投降、逃亡、寝返りが相次いた結果、武田軍はほとんど戦わずして南信濃を失うことになった。

一方の勝頼は、木曾義昌討伐のために兵を出すが織田軍に支援を受けた義昌に敗北を喫する。上原城の勝頼は夢を見ているようだった。二月二十日、勝頼は上杉景勝に援軍を請う書状を送る。しかしながら、「御館の乱」の後の混乱を収めるのに精一杯の景勝は、援軍を出せる余力はない。加えて、織田と武田の戦争に巻き込まれたくない。同盟を組む頼みの綱である景勝からの反応はまったくなかった。

駿河では、二月中旬から徳川家康の進攻が始まる。浜松城から出発し、掛川城に入り、武田方の依田信蕃《よだのぶしげ》が守る田中城（静岡県藤枝市）を包囲。そして駿河城に進出した。

北条氏政は小仏峠《こぼとけ》や御坂峠《みさか》など相甲国境に先鋒を派遣した後、二月下旬に駿河東部に侵攻。駿河に残された数少ない武田方の拠点である戸倉城（静岡県清水町）と三枚橋城（静岡県沼津市）を落とし、沼津や吉原にあった武田方の諸城を撃破する。上野方面では、氏政の弟の北条氏邦が厩橋城主である北条高宏《きたじょう》に圧力をかけ、さらに真田昌幸の領地を脅かしていった。

■「信君よ、お前もか」相次ぐ重臣の謀反

二月二十七日。上原城へ駄目押しともいえる凶報が届く。

「穴山信君殿、謀反！」

ついに武田一族の主軸中の主軸の重臣までが、寝返ったのだ。信君は武田一門、その母は信玄の姉であり、妻は信玄の次女・見性院《けんしょういん》。信君は河内（山梨県南部）を統治する実力者で、武田の駿河支配でも中心的役割を担っていた。だが、信君は武田家の家名存続と本領安堵を条件に、すでに家康と内通していたのである。

信君は事前に新府城の城下から妻子を救い出し、本家に反旗を翻した。この信君離反の衝撃

は凄まじいものだった。これで織田・徳川軍は木曽・伊那方面はもちろん、駿河という新しい甲斐へのルートを得たのである。しかも連合軍の先導役は、武田の内情を知り尽くしている信君が務めることになる。

話が少し戻るが、織田軍の侵攻が始まった二月十四日に浅間山が噴火。当時、浅間山の噴火は東国で異変が起こる前兆だと考えられており、武田勢は大いに動揺してしまう。不気味な不安を感じざるを得なかった。

上原城は重苦しい沈黙に包まれた。やがて信豊や信廉ら武田家の身内まで勝頼を見捨てて甲斐に戻ってしまう。約一万人いた兵士たちも上原城を次々と逃げ出した。そして徳川軍はあっという間に駿河を制圧。いよいよ本国の甲斐が危なくなってきた。

このうえは新府城に籠って戦うしかない。勝頼は「塩尻峠と有賀峠で織田軍を防ぎつつ高遠城に後詰する」という作戦を諦めて上原城から新府城に撤退。だが、新府城に到着した時には、一万の兵は二〇〇〇まで減っていた。命が惜しい者はとうに勝頼を見限っていたのだ。

三月一日、織田信忠は仁科盛信《もりのぶ》（信玄の五男）が守る高遠城を包囲。すでに、まともに交戦しようとしている武田方の城は高遠城だけである。織田方は降伏勧告を行ったが、盛信はこれを拒否。盛信と城兵はとうに死ぬ覚悟を決めていた。

二日の早朝、いよいよ織田軍は総攻撃を開始。三万の織田軍が籠城する三〇〇〇の仁科勢に襲いかかる。城兵、女子供を問わない一大殺戮戦が繰り広げられた。対する仁科勢の玉砕戦法による奮闘はすさまじいものだった。最後には盛信は十文字に腹を切り、ともに闘い生き残った家臣たちも後を追った。

織田方は四〇〇余りの首を取り、盛信の首は信長のもとに届けられた。謀反、離反、逃亡が相次いだ天正十年（一五八二）の信濃と駿河の戦いにおいて、高遠城攻防戦は唯一といっていいほどまともな合戦となった。武田武士の誇りを知らしめた最期の戦いであった。

勝頼を追う織田信忠は、高遠城陥落の翌日には本陣を諏訪に進め、武田氏の庇護下にあった諏訪大社を焼き払う。木曾義昌は信濃の要衝・深志城（長野県松本市）を攻略。家康は穴山信君とともに甲斐侵攻を開始した。勝頼はいよいよ追い詰められていく。

■死に場所を探す勝頼

三月三日、新府城では最期の軍議が開かれる。勝頼、嫡男の信勝、真田昌幸、小山田信茂、長坂虎房《とらふさ》、跡部勝資《あとべかつすけ》ら従う者はわずか。今度は誰が裏切るのか。

信勝が口火を切った。

「ここまできたら、籠城して武田の意地をみせましょう」

しかし、新府城は織田軍の大軍を迎撃するにはまだまだ未完成。人心も乱れて、とても籠城戦ができる状況にない。次に真田昌幸はこう訴えた。

「上野へお逃げ召され。吾妻城で再起を図りましょう」

一方、御親類衆の中核である小山田信茂は強く進言する。

「甲斐から出てはなりません。わが郡内（山梨県東部）へお越し下さい。岩殿城なら十分戦えます」

上野か、郡内か。勝頼の前には二つの道があった。勝頼は覚悟を決めた。

「岩殿城へ行こう！」

できるなら、最期に武田武士らしく正々堂々と戦い、甲斐で死にたい。勝頼は昌幸と別れ、信茂とともに郡内に逃れる決断をしたのである。用済みの新府城は焼き払われ、完成からわずか二ヶ月で廃城という不遇の城となった。

信濃と甲斐は無政府状態に陥り、国内は乱れに乱れた。村々では略奪や暴行が相次ぐ。信玄がつくり上げた強き甲斐、美しき甲斐はもうどこにも見当たらなかった。

勝頼は軍議が終わると同時に、三月三日、郡内に向けて出立。従う者は六〇〇〜七〇〇人で、しかも女性のほうが多いという有り様だった。武田軍はもはや軍勢の態をなしていない。つい一ヶ月前まで一万の兵を率いていた勝頼の惨めな行軍としかいいようがない。

三月五日、勝頼一行は難渋の旅を経て、郡内の入口にあたる笹子峠《ささごとうげ》に到着。ところが、その間にも長坂虎房はじめ何人かの家臣が姿を消している。勝頼は信茂に先行させて、一行を迎える準備を整えさせていた。一行は峠のふもとで信茂からの連絡を待っていた。しかし、いつの間にかに一行から人質だった信茂の母の姿が消えていた。

すると突然、前方から銃弾が撃ちかけられる。

「小山田殿、逆心！」

勝頼一行は、まさかの奇襲に狼狽し大混乱に陥る。逃走する者も増え、一行の数は百余人足らずの惨状となった。木曾義昌、穴山信君、小山田信茂。勝頼は信頼していた親族の家老たちにことごとく裏切られたのだ。

「このうえは天目山（山梨県大和町）で討ち死にしよう」

声を絞り出して、勝頼は最後まで残った仲間たちに告げた。

天目山と武田家には浅からぬ因縁があった。応永二十三年（一四一六）に先祖の甲斐守護であった武田信満が「上杉禅秀《ぜんしゅう》の乱」に加担して、足利持氏《もちうじ》の軍に追われて自害した場所であった。追い詰められた勝頼は、最期に先祖の非業の死にならおうとしたのである。甲斐源氏の名門である武田氏を信満自決の山で幕引きさせたい、というあまりにも哀しい最期の夢であった。

だが、この願いもかなわない。天目山に登ろうとした山道で、織田に寝返った郷人たちが襲いかかってきた。もう勝頼は甲斐の領主でもなんでもない、ただの賞金首に過ぎなかった。

■武田氏の滅亡

勝頼一行は日川という川沿いの田野という地でいよいよ進退極まる。ここを死に場所と覚悟して、にわかづくりの柵をつくり、ささやかな陣を張った。

ここで勝頼は、跡継ぎの信勝が元服を済ませていなかったことから元服式を執り行う。武田家代々の家督の証として継承してきた「楯無《たてなし》」という鎧を着せた。これも信勝の最期の晴れ姿であった。

そして、勝頼は北条夫人（桂林院）に手勢をつけて小田原へ逃がそうとした。この若い後妻をなんとか生かして実家に戻してやりたい。勝頼の思いは強かった。しかし、北条夫人の思いのほうがより強かった。

「いまは敵となり甲斐を攻める北条家に、武田に嫁いだ者としてどうして帰れましょう。ただ、あなた様と同じ最期を！」

夫人は最期まで首を縦に振らず、あくまでも夫と死をともにする覚悟であった。

三月十一日の朝、ついに滝川一益《かずます》率いる数千の織田軍が襲来。裏山からは地下人の集団が殺到してくる。残った武田方はわずか五〇人足らず。もはや合戦ではない。虐殺に等しい戦いが始まった。

「思い残すことはない。武田の意地を見せてやろうぞ！」

勝頼と信勝以下、随身の家臣たちの奮闘は凄まじいものだった。武田一族、最期の戦いである。

土屋昌恒《まさつね》は狭い崖道で藤の蔓《つた》につかまり、残る片手で太刀を振う。迫る敵兵を次々になぎ倒し、同地に〃片手千人切り〃の伝説を遺した。内藤友信も押し寄せる敵兵を片っ端から切り捨てた。やがて彼らは次々に壮烈な死を遂げていく。

北条夫人の桂林院は、短刀を胸に突き刺し全身を血に染めて自害。十九歳の壮絶な最期だった。まさに天晴というほかない。北条夫人に従っていた侍女たちも日川の淵に身を投げて殉死。同地は今でも「姫ヶ淵《ひめがふち》」と呼ばれている。

勝頼は信勝とともに最期の力を振り絞り戦ったが、ついに力尽きて自ら命を絶った。時に勝頼三十七歳、信勝十六歳。

こうして信玄の死から九年目にして、名門武田氏は田野の地で滅亡した。

武田勝頼と北条夫人の桂林院は、有名な辞世を残している。

「おぼろなる　月もほのかに　雲かすみ　晴れて行くへの　西の山のは」

（ほのかに雲がかかって、おぼろにかすんでいた月も、やがて晴れていくように見える山の端である）


「黒髪の　乱れたる世ぞ　果てしなき　思いに消える　露の玉の緒」

（黒髪が乱れるように世も乱れきっていて、いま主人を思う私の心も、露のように流れ落ちて消えようとしています）


勝頼の死後、武田家の一族や重臣は哀れを極めた。弟の信廉は捕えられ古府中で斬首。従弟の信豊は小諸で自害。長坂虎房ら多くの家臣もあとを追って自決した。小山田信茂は甲府善光寺で織田信忠に和を請うたが受け入れられず、老母とともに斬首。唯一の例外は穴山信君である。信君は織田軍への貢献が認められ、武田の名跡を継ぐとともに、河内の本領を安堵された。


三月十三日、信長は伊那に着陣し、勝頼の首と対面する。大いに喜んでこう詠んだ。

「勝頼となのる武田のかいもなく　いくさにまけてしなのなければ」

信長にとっては得意の絶頂である。その足で家康とともに諏訪、古府中、駿河を回り、初めて富士山を観て四月二十一日に安土城へ戻った。

一方の家康は残った多くの武田の家来たちを家臣団に加え、徳川軍を強固なものにしていく。「本能寺の変」が起こるのはこの四十日後、六月二日のことである。

武田氏はなぜ滅亡したのか。

それは「長篠合戦」での大敗ではない。むしろ「北条氏との対立」が原因であろう。「御館の乱」の際に勝頼は上杉景勝に味方し、それまで同盟していた北条氏政を裏切った。「甲相同盟」から「甲越同盟」に乗り替えたのである。

なぜなら、勝頼は佐竹義重ら北関東の大名と同盟を結ぶことで、北条氏を圧迫できると考えたからだ。ところが、これに対抗して氏政は織田・徳川と同盟を結び、武田氏を逆包囲することに成功した。家康との高天神城の戦いで勝頼が後詰で救援できなかったのは、氏政との対立があったからである。それがターニングポイントとなって、勝頼は家臣たちの信頼を失い、武田軍崩壊につながっている。よって武田家滅亡の要因は「甲越同盟」にあるといえる。

しかしながら、勝頼にしてみれば、「御館の乱」で北条家出身の上杉景虎が上杉家を継ぐことになれば、北条家と上杉家の関係が強化され、武田・上杉・北条の対等な力関係が崩れるのを恐れたのではないか。景勝が上杉家を継げば三国の力のバランスが均衡し、さらに「御館の乱」を鎮めた功労者として、上杉家に大きな影響力を持つことができると考えたのであろう。

三国の外交戦略と駆け引きの結果が、その後の盛衰を分けていくのである。

第十四章
信長横死と天正壬午の乱

■信長への接近と氏直への家督相続

「御館の乱」と「甲相同盟」の破綻、それに続く勝頼の敵対行動により北条氏と武田氏との対立は深刻になっていた。そこで　北条氏政は次なる手に打って出る。

天正八年（一五八〇）三月、織田信長に使者を送った。「御《お》縁辺《えんぺん》相《あい》調《ととの》え、関東八国御分国に参る」（関東は北条氏に任せてもらえれば、自分たちが平らげて領土にいたします）

ここへ来て氏政は信長に従属を申し出たのだ。条件として両氏の間に婚姻が交わされ、北条氏の嫡子氏直が信長の娘を娶るという約束がなされた。

その後も北条氏は、上野、下野、武蔵などの関東で武田氏の攻勢を受け、伊豆、駿河でも侵攻は続くが、氏政は家康と組んで防戦。氏政がとった戦略は、その後を見据えた長期的なものであり、大局観を持てなかった勝頼とは明らかに違うものだった。伊豆への出陣に際して、氏政は軍配団扇《うちわ》を息子の氏直に譲渡している。これはまさしく家督の委譲を示すものだ。

この時期の家督相続については、おそらく信長からの要請があったと思われる。信長は娘婿となるべき氏直を一刻も早く家督に据えて、同盟関係を超えた主従関係を確立したかったのではなかろうか。北条氏は織田氏への（表面上の）従属の途を選択したということだ。

以後、氏政は「御隠居様」、氏直は「御屋形様」と称されるようになる。御隠居様といっても、その権力は当主と同等もしくはそれ以上で、引退したわけではない。氏康がそうであったように、氏政も引き続き実質的な北条氏の最高指導者として君臨し、いよいよ高まる戦国末期の激流へ向けて突き進んでいく。

氏政が舵取りを行った時代は、戦国時代が終息へ向けて大きな変化を遂げつつある時期だっただけに、父氏康までの時代とはまったく異なる対応を迫られることが多かったに違いない。

■信長の死後、領土回復に走る北条氏

織田信長の「天下布武」により戦国の世はいよいよ大きな展開を見せ始める。その影響は、もちろん西国のみならず東国にも及んだ。

天正十年（一五八二）二月、「信長は甲州征伐」を開始するが、織田勢に合わせて、徳川勢と北条勢も武田領国に侵攻した。信長の鉄砲を駆使する先進的な軍事力は圧倒的で、武田の軍勢をわずか一ヶ月で殲滅《せんめつ》させている。織田軍と徳川軍の攻勢に追い詰められた武田勝頼は、逃亡を図るが、最後は自害に追い込まれた。

この信長の「甲州征伐」により、ついに武田氏は滅亡した。

戦後、信長は論功行賞として武田領の配分を発表する。上野を滝川一益に、駿河を徳川家康に、甲斐を河尻秀隆に、そして信濃を戦功のあった家臣たちにそれぞれ分け与えた。

だが、織田方に与して戦ったにもかかわらず、北条氏は何の恩恵も与えられなかったばかりか、自力で回復した東上野や東駿河まで取り上げられてしまう。これには氏政も氏直も大きなショックを受けたに違いない。信長に従属した以上はこれに従わざるを得なかったが、この仕置は関東の雄として耐え難いものだっただろう。

ところが、ここで大事件が起きる。天正十年（一五八二）六月二日、京都の本能寺で、織田信長が明智光秀に討たれたのである。この「本能寺の変」により、軍事情勢は再び混沌としてきた。天下統一と、安定がもたらされるかと思いきや、一転して戦国乱世に逆戻りである。「本能寺の変」の一報は、同盟を組む徳川方から北条氏にもたらされた。むろん、この政変によって、二年前に結んだ織田家との縁談も従属関係も御破算である。

信長の死により、上野を取り上げられた北条氏と、新たに上野を任された滝川一益は互いに情勢を探り始めた。やがて北条氏は、上野・武蔵国境に向けて全軍を挙げて北上を開始。信長という絶対的な政治権力が突然なくなったとたんに、再びの乱世が訪れたのである。

北条氏は最大の好機と見て、まず失った上野の奪還を目指し、一益との勝負に打って出る。一方の一益は主君信長亡き後の中央の情勢が気になり、弔い合戦のために上洛も考えていたが、北条軍出陣の報を受け、雌雄を決する覚悟を固める。

六月十八日、両軍は神流川《かんな》（埼玉県北部）を挟んで対陣。それぞれの先手を担う北条氏邦勢と上野国衆勢が衝突し、合戦の火蓋が切られる。翌十九日には、主力勢が激突し、氏直を総大将とする北条軍の大勝に終わった。この「神流川の戦い」で敗走した滝川軍は、その後上野の厩橋城、松井田城（群馬県安中市）、そして信濃の小諸城《こもろ》（長野県小諸市）まで退却を余儀なくされる。北条軍は追撃の手を緩めず、ついに一益は本国伊勢（三重県）に逃亡した。

■草刈り場となった旧武田領

信長の横死によって信濃の織田氏諸将は力を失い、甲斐や信濃における織田氏の分国は見る間《ま》に崩壊し始めた。空白地となった旧武田領は、瞬く間に周辺の大名の草刈り場となる。北条氏は上野と東信濃へ、越後の上杉氏は北信濃へ、徳川氏は甲斐と南信濃に進軍して旧織田領を奪い合う乱戦に突入したのだ。

この間の北条・上杉・徳川三者による旧武田領争奪戦が、「天正壬午の乱」である。

滝川軍を追撃しつつ信濃に侵攻した北条氏直は、余勢を駆って徳川方に落ちた城を次々に攻略し、信濃から甲斐に到達する。だがそこで待っていたのは、対武田の戦いで同盟を結んでいた徳川家康であった。家康は旧主武田氏を失った甲斐の国衆を帰属させ、甲斐から信濃に侵攻しようとしていた。信濃を北から制圧していた氏直は、こうして家康と対立することになる。まさに「昨日の友は今日の敵」ということだ。

天正十年（一五八二）七月、徳川勢の先陣が、諏訪頼忠《よりただ》の高島城（長野県諏訪市）を攻める。頼忠からの支援要請を受けた氏直は、軍勢を南下させて徳川勢を圧迫し、これを受けた徳川勢は甲斐に後退。北条勢は甲斐へ追撃する。こうして信濃・甲斐の領有をめぐる北条氏と徳川氏の抗争は本格的なものに発展していく。

同年八月、両軍は八ヶ岳山麓の若神子《わかみこ》の地で対峙。勢力は北条軍二万、徳川軍一万。数の上では北条勢が優勢であったが、戦況は一進一退のまま膠着状態となる。勝機をつかもうとする氏直は、家康の背後に北条氏忠（氏康の養子）の率いる軍勢を都留郡から侵攻させたが、家康も迎撃のため軍勢を派遣。黒駒（山梨県笛吹市）で合戦となった。この「黒駒の合戦」では徳川勢が北条勢三〇〇余人を討ち取って勝利する。

若神子で停滞していた両陣営であったが、周辺の情勢から戦況は変わりつつあった。それまで北条方に属していた信濃南部の有力国衆である木曾義昌が、徳川方に離反。さらに、信濃北部の真田昌幸も徳川方に通じるという事態になったのだ。

この離反によって北条勢は広範囲にわたって背後を抑えられ、氏直の主力軍は若神子に釘付けされ一瞬にして苦境に陥ってしまう。長く武田と上杉、さらに北条の脅威に晒されつつ、なお自主独立の気風を失わない信濃の国衆は、黒駒での戦況を見て北条から徳川へ鞍替えを考え始めていたのである。

小田原の「御隠居様」である氏政は真田軍の南下を阻む措置を取るよう指示し、北条綱成に五〇〇〇の軍勢を与えて北条主力軍の退路にあたる信濃の小諸付近の確保を図るが、ここでも徳川方に寝返った真田勢との小競り合いとなる。

天正10年10月頃

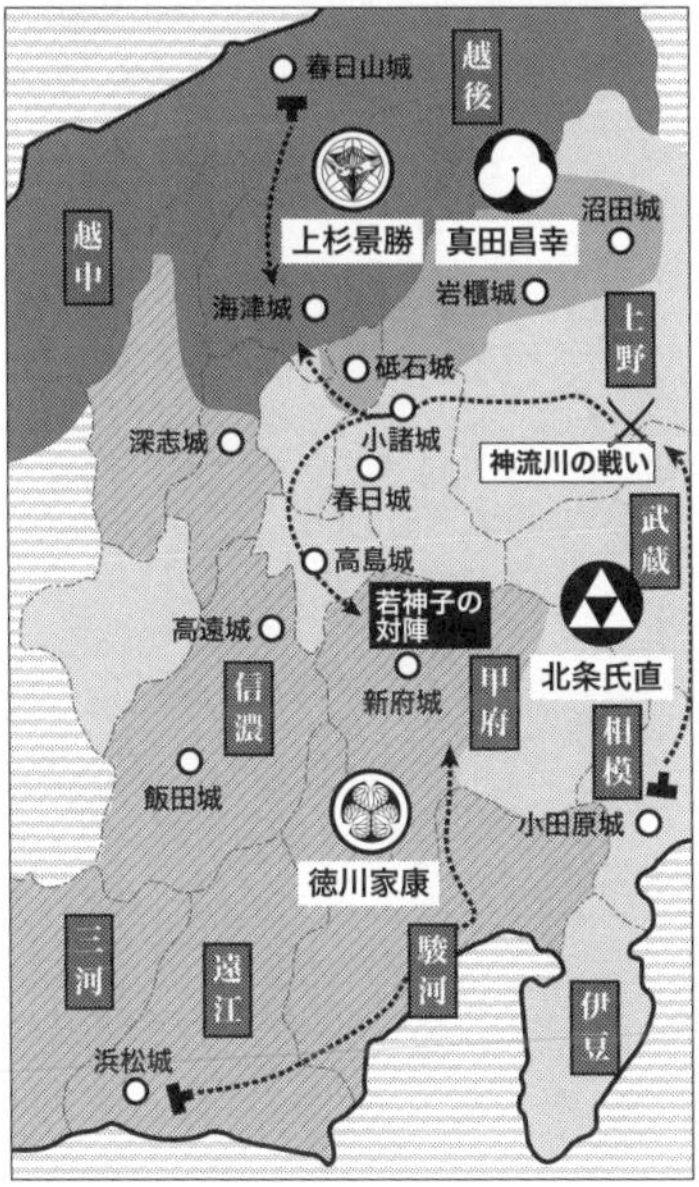

■対秀吉を見据える北条・徳川同盟

状況は目まぐるしく動いていく。

もともと北条氏と敵対関係にあった常陸の佐竹義重は、下総の古河《こが》や栗橋に侵攻し、北条領を脅かす動きを見せるが、一方の家康側も北信濃をめぐる上杉景勝との対立を抱えるなど、両者ともに難しい戦況に置かれていった。そんななか、両者と関係の深い織田信雄《のぶかつ》（信長の次男）の斡旋で、北条氏と徳川氏は和睦を模索する。

「信長公亡き後、信長公と誼を通じていたお二方が、そこまで争うことはあるまい。ここは是非とも和睦してはどうか」

かつて今川家の人質同士で家康と親しかった北条氏規《うじのり》の根回しもあって、どうにか妥協が成立した。こうして甲斐・信濃・上野をめぐって争われた「天正壬午の乱」は終結し、北条氏と徳川氏の関係は対立から和睦へと変化していった。

和睦の内容は「甲斐国の一部を北条氏から徳川氏に割譲する代わりに、徳川方の真田氏が領有する上野国の一部を北条氏に引き渡す」という「国分協定」であり、なお残る未占領地については「手柄次第」（実力での占有を認める）という取り決めがなされた。

これに加えて、両氏の関係を再構築するために、家康の娘が氏直に輿入れするという婚姻関係も約束。こうして両氏間の和睦は強固な同盟関係となり、天正十一年（一五八三）八月には家康の娘・督姫と氏直の祝言が執り行われる。

その後も北関東では、真田氏を巻き込んで、佐竹氏を先頭とする反北条勢力と北条氏の抗争は続く。両勢力は渡良瀬川を挟んで三ヶ月にもわたってにらみ合うが、反北条方の佐竹氏を支援するために越後の上杉景勝も進軍してきたため、不利と見た氏直は叔父の氏照に佐竹氏との和睦斡旋を依頼。双方で血判起請文《きしょうもん》を交換して退陣する。だが、北条氏にとっては、これら北関東と東関東の反北条勢力との長きにわたる抗争を完全に解決できなかったことが、のちのちまで深刻な影響を及ぼすことになっていく。

ところで、この折の両軍の対陣が、実は中央における豊臣秀吉と徳川家康による「小牧長久手《こまきながくて》の戦いの代理戦争」という側面があるのが興味深い。

当時は明智光秀、柴田勝家を討って天下人の座に王手をかけた秀吉と、「海道一の弓取り」と呼ばれるまでになった家康の間で緊張が続いており、それが火を噴いたのが「小牧・長久手の合戦」であった。

この戦いに際して家康は北条氏、豊臣氏は反北条の佐竹方勢力と結ぶ。家康は北条側に援軍を要請していたが、北条軍は下野で佐竹氏と対陣していたため援軍を出せない。これには、秀吉が佐竹氏を動かして北条氏による援軍を足止めさせるという策略があり、上杉景勝の出陣を促し北条氏に圧力をかけていた。希代の戦上手とされる秀吉の面目躍如というべきだろう。

天正十三年（一五八五年）になると北条氏は下野をようやく攻略し、北関東で抵抗しているのは上野に拠点を置く真田氏のみとなった。

広域戦略化がいっそう進み、時代はいよいよダイナミックに動いていくことになる。

■北条氏と真田氏の対立

五代目当主として北条氏のために奮闘する氏直は、永禄五年（一五六二）、北条氏政と武田信玄の娘・黄梅院の次男として生まれ、長男が早世したため嫡男として育てられた。

天正八年（一五八〇）八月十九日、氏直は氏政から家督継承して北条氏の当主となる。以後は「御屋形様」と呼ばれ、同十一年（一五八三）には前述の通り、家康の次女督姫を正室に迎えた。政治・外交の主導権はなお「御隠居様」の父氏政が握りつつも、若い氏直は軍事の中心を担うことになったのである。

天正十三年（一五八五）にほぼ北関東を制圧した北条氏は、六月になって陸奥《むつ》（福島県・宮城県・岩手県・青森県）の伊達政宗へと接近を図る。伊達氏との関係は前年から深まっていたが、伊達氏では前年十月に輝宗から政宗に家督が交替したため、北条側はあらためて新当主の政宗に対して友好関係強化を求めたのだ。

政宗は当時、南奥州における最大の勢力である蘆名領への侵攻を進めていたが、蘆名氏は当時、北条氏の宿敵である常陸の佐竹氏の勢力の一員であった。反佐竹氏の立場にある北条氏と伊達氏は互いに接近し、以後は頻繁に連絡を取り合い、軍事的連携を図っていく。

九月に入ると、家康からの真田氏攻撃の要請を受け、氏直は上野の沼田城攻めに転じる。真田氏はこれまで徳川氏に従属していたが、この七月に離反し、上杉氏に付くという相変わらず予測不能の行動に出ていた。真田氏といえば、これまで武田氏、北条氏、徳川氏、そして上杉氏と再々主君を替えてきた、国衆上がりの権謀術数に長けた小大名である。北条氏側は先年の「天正壬午の乱」でも手痛い裏切りにあっている。

真田氏の離反の背景には、北条氏と徳川氏との同盟締結の条件となっていた沼田領の帰属問題がこじれたことにあった。要するに「強いほうが領土を取る」という条件である。

徳川勢は八月から真田氏の本拠である信濃の上田城（長野県上田市）を攻めており、北条氏への参戦要請は両方面からの挟撃によって真田氏の攻略を狙ったものとみられる。

しかしながら、この合戦は軍略に優れた真田氏の巧みな抵抗にあう。攻めあぐんだ徳川勢は上田城攻めから退陣を余儀なくされ、北条氏も沼田領から後退した。徳川の大軍を相手に事実上の勝利を収めた真田氏。この「第一次上田合戦」によっておおいに存在感を見せつけ、その後も北条氏にとって厄介な相手となっていく。

中央に目を転じると、「本能寺の変」の後、秀吉は明智光秀を「山崎の戦い」で討伐し、柴田勝家を「賤ヶ岳《しずがたけ》の戦い」で破り。ライバルたちを退けて、信長後継の地位を確立していった。

天正十三年（一五八五）には、秀吉は紀伊の雑賀《さいか》一揆、四国の長宗我部元親《ちょうそかべもとちか》、北陸の佐々成政を相次いで制圧。また中国地方の毛利輝元、そして北陸の上杉景勝との国境を確定して、畿内を中心とした豊臣領国を確立。その間には旧主筋の織田信雄を従属させるなど、天下統一に向けて着々と歩を進めている。同年七月には関白となり、秀吉はついに武家政権のトップに上り詰めた。

こうして上杉景勝も秀吉への服従が確定し、直接、豊臣氏勢力と領国を接することになった家康は、対抗上、北条氏との同盟強化を図る。同年十月二十八日に、北条氏家老二〇人の起請文が徳川氏へ、徳川氏からも国衆と家老衆の起請文が北条氏に送られ、結束を確認。内容は「徳川氏が再び豊臣氏と抗争に至った場合、北条氏は徳川氏を支援する」というもので、秀吉の来襲に備え、両氏はお互いの同盟関係を再確認したのである。

■天正地震で家康に傾いた潮目

しかし、ここで家康にとって想定外の出来事が起こる。

十一月、あろうことか徳川氏の譜代家である石川数正が、秀吉の下に奔《はし》り、信濃の小笠原貞《さだ》慶《よし》と木曾義昌も秀吉に帰属してしまう。家康は衝撃を受け、外交戦術に秀でた秀吉の恐ろしさをひしひしと感じ始める。

そこへ、またしても予期せぬアクシデントが起きた。十一月二十九日の「天正地震」である。

M8クラス、最大震度6と推定される巨大地震が関西、中部、北陸を襲ったのだ。

この時、最大の被害を被ったのは秀吉だった。長らく居城としていた琵琶湖畔の長浜城（滋賀県長浜市）は液状化し、当時の城主であった山内一豊の娘も犠牲になった。宣教師ルイス・フロイスの記録では、当日、大津に滞在していた秀吉は当面の計画をすべて中止し、すぐさま大坂城へ避難したという。

巨大地震は、政治の潮目を大きく変えた。豊臣勢の前線基地である大垣城（岐阜県大垣市）が全壊。同盟軍の織田信雄の長島城（三重県桑名市）も倒壊し、豊臣方の地元である美濃・尾張・伊勢の被害は甚大で戦争の準備どころではない。家康方も岡崎城（愛知県岡崎市）が被災していたが、領国内は震度4以下で被害は少なかった。加えて、その同盟者である北条氏はまったく無傷であった。

それまで家康征伐を公言していた秀吉であるが、この状況で家康と一戦交えるのは、不利というよりも無謀である。そこで秀吉は、武力征伐から和解路線へと方向を転じ、家康にとっては、豊臣政権に友好的な姿勢のまま参加する途が開けたのだった。結果的に、家康はこの天正地震に救われたといってもいいだろう。

翌天正十四年（一五八六）正月、秀吉の意をうけた織田信雄が三河の岡崎城に来訪して、秀吉との関係改善を周旋《しゅうせん》している。決断をせまられた家康は、二月上旬に和議を受け入れることになった。この和議は、秀吉の妹の朝日姫が家康の正室に入ることを条件とし、五月に婚儀が執り行われた。

家康は北条氏との間で秀吉への対抗軸としての同盟関係を強化しておきながら、その後秀吉の政治的圧迫に屈したわけで、一連の行動が北条氏に疑念を持たせることは間違いない。

そこで家康は北条氏に対しての配慮を見せ、北条氏政に伊豆と駿河の国境において面会を申し入れる。まず三月九日に家康が両国国境を流れる黄瀬川に赴き、次いで十一日、今度は氏政が黄瀬川を越えて駿河の沼津に赴く形で、二度の面会が行われ、家康と氏政は、こう話を交わした。

「氏政殿、北条家と徳川家の絆は強く固い。力を合わせて秀吉に立ち向かおう」

「その意思と覚悟が確かなものであるならば、北条は徳川に協力する」

その直後に、家康は領国国境に近い三枚橋城（静岡県沼津市）を破却し、取次の北条氏規に三枚橋城の兵糧米一万俵を贈り、北条領に対して武装解除と連携姿勢をアピールしている。

この会談によって氏政と家康の親交、そして北条・徳川両氏の信頼が深まったといえるが、家康の内心は秀吉との和議を進めざるを得なかったことへの「言い訳」という面が大きかったに違いない。氏政は、こうした家康の心をどう読んだのか。いずれは家康に裏切られる危惧も、どこかで感じていたのではないだろうか。

第十五章

氏政と秀吉の対立

■惣無事令をめぐる秀吉との駆け引き

若き当主である北条氏直は、家康が秀吉の要請を受け入れ、接近を図っていたことに強い不安を感じていた。父氏政や叔父の氏照などの主戦派に囲まれつつ、家康の娘・督姫を妻としている氏直としては、和平を念頭に、今後、家康とその背後にいる秀吉との外交をどう展開していけばいいのか苦悩していたに違いない。

そこで氏直は、今後の秀吉と家康との外交を伯父である氏規に託す。氏規は氏政と氏照の弟。今川義元のもとで人質として暮らしたころ、同じく岡崎からの人質であった家康とも親交があり、太いパイプを持っていたからである。

だがその間にも秀吉は、人質として年老いた母親の大政所を岡崎城へ送り、あの手この手で家康を懐柔していく。それでも態度を決めないのを見て、天正十四年（一五八六）十月ついに家康に上洛と出仕を厳しく求めた。上洛しなければ三河に攻め込むという脅しをかけたうえで、上杉景勝ら北国勢の関東侵攻をほのめかしてプレッシャーをかける。追い詰められた家康は秀吉のもとに出仕することを決断せざるを得なかった。生き残るための苦渋の選択であった。

こうして、家康は大軍を率いて大坂城に上り秀吉と接見。両者の会見は秀吉の思惑通りに進み、家康は氏直の期待に反して秀吉の軍門に下り、関東諸大名への「取次役」（両者の間を仲介して、情報伝達や外交交渉を行う者）となった。北条氏は家康を信じて同盟していただけにはしごをはずされた格好で裏切られたのである。

北条氏と徳川氏がすぐさま敵対することこそなかったものの、もはや氏直としては家康を全面的に信頼することはできなかっただろう。そうするうちにも、主戦派である氏政と氏照は秀吉との決戦準備を進めており、軍勢の動員や城主の配転、城の修築などに追われた。

氏政や氏照にしてみれば、長く国境を争ってきた武田氏や今川氏、これを倒した織田氏やその盟友の徳川氏と違い、今や天下人とはいえ、しょせん足軽あがりの新興勢力である秀吉を軽んじる気持ちもあっただろう。だがそれが北条氏にとっての命取りとなるものでもあった。

ここで秀吉が、家康を通じて新たな手を打った。天正十五年（一五八七）五月、豊臣政権の東国奏者（関東取次役）となった家康は「関東・奥羽両国惣無事《そうぶじ》の儀」（惣無事令）なるものを北条氏に通達したのだ。これは「私戦停止命令」であり、北条氏はじめ関東・東北の大名や武士が自らの判断で戦をしてはならないという指令だった。

秀吉が武家政権の最高権力者という立場で発した一種の平和令であり、これまで戦国大名が自らの領国を維持・拡大するため、隣接勢力との紛争解決の最終手段として行使してきた「交戦権」はすべて「違法」としたのだ。自らの力の源泉を武力に求めてきた戦国大名の存在意義に真っ向から「ＮＯ」を突きつける命令である。この厳令は、北条氏にとってはそのまま関東制覇という「大義」を失うことになりかねない。特に周辺に遺恨ある敵がいない徳川氏とは違い、北条氏は上杉景勝をはじめ反北条を掲げる敵に囲まれている。しかも彼らはすでに秀吉と連携しており、交戦権が取り上げられたら北条氏はなす術がない。

関東におけるこの「惣無事令」の発令は、現実的には北条氏と反北条方諸将の抗争を対象としたものだった。これが家康から通達されてきたことで、北条氏はいよいよ最終的な判断を迫られる。

「惣無事令に従い、豊臣政権の軍門に下るか否か」

当然ながら、北条氏の内部では主戦派の氏政・氏照と、和平推進派の氏直・氏規との間で激論が交わされた。当面、「和戦両様の構え」で時間を稼ぐ作戦をとる。しかし、秀吉を中心に激しく回転する時代の渦は、そんな氏直の思惑をよそに加速していく。

■迫る上洛要請下で進む秀吉との対決準備

天正十六年(一五八八)四月、秀吉は後陽成《ごようぜい》天皇を京の聚楽第《じゅらくてい》に招き、諸大名を参列させて臣従を誓わせた。しかし北条氏政・氏直が上洛していないことに不快な感情をあらわにする。秀吉は北条氏に対し、次のような詰問状を届けた。

「今日、天下の諸侯は一人として朝命を奉じない者はいない。しかるに氏政・氏直は五代の威をかりて、関東八ヶ国を領有しながら、天皇に挨拶もない。これは誠に人臣の道に背いた非礼な態度である。氏政親子は速やかに上洛せよ」

それでも北条氏は色よい返事を返さなかった。

秀吉からは「早く北条氏を上洛させよ」という要請が重ねて伝えられるが返事はなく、家康は意を決し、同年五月二十一日、北条氏政・氏直父子に最後通告ともいえる起請文を出す。

・その方の御父子の儀、殿下（秀吉）の御前において悪し様に申すことはしない。
・今月中にぜひ、兄弟衆をもって、京都に上って挨拶してほしい。
・秀吉への出仕の儀を納得しない場合には、娘・督姫を返してほしい。

家康としては、まず氏政の兄弟衆を上洛させようという考えだったようだ。本来は当主である氏直が上洛すべきではあるが、氏政・氏照が反対するのはわかっている。そこで、兄弟衆のなかでも信頼する氏規の上洛を求めたのではないか。

しかし、これでも誰も上洛しなかった場合は北条家と断交するほかないので、娘の督姫を離縁して返せと迫っている。「できる限りの仲介はするものの、もうこれ以上は待てないので上洛を決断してほしい」という家康の強い要請であり、懇願だ。

同盟者である家康にこうまで迫られては、北条方も返答せざるを得ない。六月五日に氏直は

「本年十二月上旬に氏政が上洛する」と応じ、その前に氏規を秀吉のもとに派遣すると返答した。

天正十六年（一五八八）八月、氏規は小田原城を出立し、聚楽第で秀吉に接見する。この時、多くの豊臣方大名も参加するなかで、氏規は末席に座らせられて屈辱感を味わうことになる。それでも秀吉と氏規との会見は家康の仲介の功もあって概ねうまく進み、秀吉はとりあえず満足したようだ。

会談の内容は、やはり関東奥羽両国の「惣無事令」に関わるものだった。なかでも一番の論点は、上野の沼田領の領有をめぐる北条氏と真田氏の領土確定問題である。

「そもそも北条と真田の領土問題は、先年の信濃・甲斐両国をめぐる徳川と北条との同盟締結に関わるもので、詳しくはわからない。よって、徳川と北条の間で決着をつけるべきである」

これが秀吉の裁定だった。それより何より、秀吉は、氏規にこう強く迫った。

「北条氏の当主である氏政・氏直親子の上洛を早く実現せよ」

だが、氏直から沼田領問題への確たる裁定の件を託されていた氏規は、秀吉にこの案件の裁断を重ねて依頼するほかはなく、氏政の上洛の取引条件に沼田領の領土確定を持ち出して粘ったが、秀吉は答えなかった。

同時に沼田城をめぐる北条氏と真田氏との抗争は続いていた。氏直は三月に常陸を攻め、下野方面でもなお合戦は行われている。また、氏政は下総の佐倉領の統治に力を注ぎ、碓氷峠を守備する松井田城の重臣・大道寺政繁の支配も、下野の唐沢山城（栃木県佐野市）の北条氏忠の支配も浸透していく。こうして天正十六年（一五八八）の暮れには、北条氏の上野支配もほぼ完成し、北条方の領土は関東全域に拡大していった。

一方で、氏規が上洛して秀吉、家康との外交交渉を進め、どうにか和平推進を図りながら、他方で、氏政と氏照を中心に関東の支配強化と豊臣軍との戦闘準備は休むことなく進む。和戦両様の危うい均衡は刻々と限界に近づきつつあった。

■秀吉の沼田裁定、和戦両用の構え

天正十七年（一五八九）が明ける。

前年の氏規の上洛によって、真田氏に占拠されたままの沼田城の引き渡し交渉の裁定を秀吉に要請していたが、結論が出ない限り前に進めない立場の北条方は、重臣の板部岡江雪斎《いたべおかこうせっさい》を使者として上洛させる。

江雪斎は北条三代に仕えた僧であり武将で、外交の専門家である。北条滅亡後には秀吉、家康に仕えることになった傑物だった。江雪斎はこの年の春に秀吉と会見して直談判する。そのなかで江雪斎は、問題が長引いているのは家康の協定違反によるものだという主張をつづけ、その結果、以下のような秀吉の裁決が下った。
・沼田領三万石の地を三等分し、三分の二を北条氏直の領地とする。
・残る三分の一の名胡桃《なぐるみ》周辺の地は、真田家の基地であるので真田昌幸の領地とする。
・真田氏が失った沼田領の三分の二については、徳川氏が自己の領地から替地《かえち》を真田氏に渡す。
・以上の裁定によって沼田領の裁定（私戦停止の裁定）は終わったので、北条氏直か氏政のどちらかが、速やかに上洛すること。

この「沼田裁定」は、問題の当事者である徳川、北条、真田の三氏がそれぞれ譲り合って解決するという優れたものである。そこには江雪斎による巧みな説得もあっただろうが、さすが交渉上手で機転の利く秀吉ならではのものだ。

この裁定によって沼田城は北条氏に譲与、真田氏には代替地として信濃国箕輪《みのわ》（長野県上伊那郡）が譲渡された。これは天皇から関白として「一天下之儀《いちてんかのぎ》」を委ねられた秀吉によるものであり、違背することは天皇のご意思に背くことにほかならない。

こうして沼田城は北条氏邦が支配するところとなり、城代には氏邦の重臣である猪俣邦憲《くにのり》が入城している。

江雪斎は重要な役目を無事に終えて、小田原に戻った。懸案の決着を受け、秀吉は六月初旬に北条氏に使者を派遣。一刻も早く氏政か氏直を上洛させるよう、改めて強く催促してきたの

五代・北条氏直時代（天正15年頃）の大名勢力図

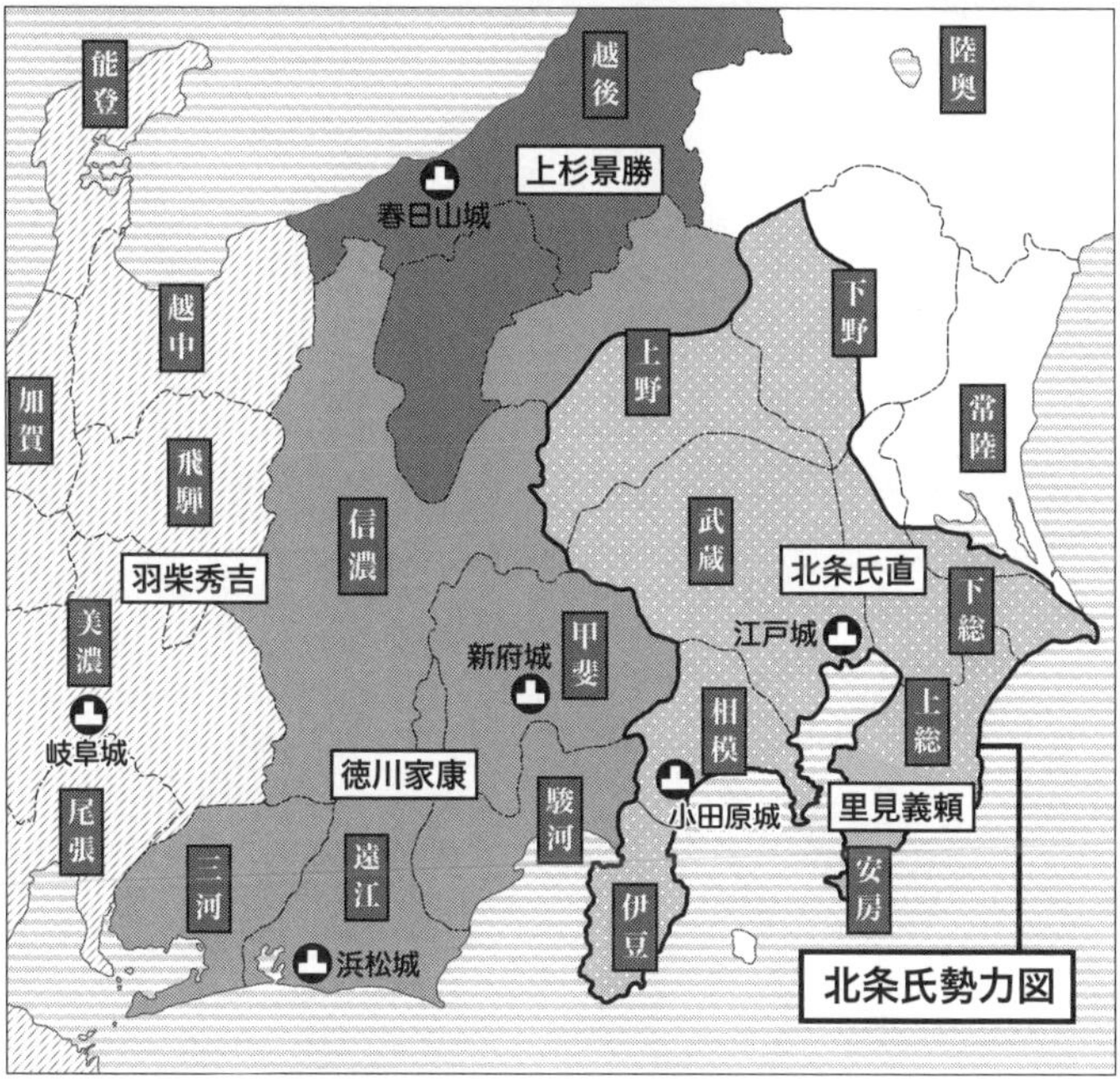

『図説 戦国北条氏と合戦』（黒田基樹／戎光祥出版）の図版を参考に作成

である。ここまできたら氏直も引き延ばせない。ついに、十二月上旬には氏政が上洛する旨を秀吉に回答した。

沼田城を中心とした地域の領有で、名胡桃《なぐるみ》城（群馬県みなかみ町）の周辺のみを残して上野はすべて北条氏の支配するところとなった。北からの脅威がなくなったことで、以後の北条氏は安心して房総方面の攻略に専念できるようになる。

「天正壬午の乱」に始まるこの数年が、領有支配において北条氏の全盛期である。領地は伊豆・相模・武蔵・下総・上総北部・上野・下野・常陸に及び、信濃・甲斐・駿河をうかがい、安房《あわ》の里見氏とも有利な同盟関係を結んだことで、二八〇万石にも達するという最大の版図となった。その点で、氏政と氏直は代々の当主に比肩する実績と自信を有したことは間違いない。当時、豊臣氏以外で最大の領国をもつ戦国大名となっていたのである。

これほどの実力と版図を持ったいま、氏政や氏照など主戦派には「寄せ集めの秀吉の軍勢など恐れるに足らず」という強行意見が出てもおかしくなかったし、実際にその実力が当時の北条氏にはあった。あとは伊達氏や蘆名氏など東北の大名が加勢してくれれば「東国対西国との決戦になっても互角に戦える」という読みも加わったのではないだろうか。

一方この時点で、氏政の十二月中の上洛は前向きに検討されており、実際上洛へ向けて費用の調達や調整も行われている。とはいえ後述の「名胡桃城事件」が起こるまで、北条氏から豊臣氏への目立った音信・交渉は途絶えたままであった。

ここまで「和戦両様の構え」で秀吉との交渉を進めてきた氏直は、この段階でもどうにか和平が実現できるのではないかと考えていた節がある。しかし、北条方には豊臣方と妥協するのを好まない主戦派もいるうえ、秀吉の思惑はなかなか読みきれない。若い氏直にとっては非常に難しい舵取りが続く。

当の秀吉は家臣や豊臣方大名に「氏政が上洛しないなら、北条氏討伐のために関東に出陣する」と伝えており、ここまでは秀吉もまだ「和戦両用の構え」であったことがうかがい知れる。

■対決の導火線となった「名胡桃城事件」

ところが天正十七年（一五八九）十月下旬、思いもよらぬ事件が起きる。

沼田裁定によって真田領の拠点となった名胡桃城に、沼田城代の猪俣邦憲が突如侵攻し奪取するという「名胡桃城事件」が勃発。秀吉による裁定を北条方が軍事力で覆してしまったのだ。

だがこの事件は、策士秀吉が真田昌幸と組んで仕掛けた罠であった可能性も否定できない。実は秀吉は北条氏討伐を正当化する大義を求めていたというのだが、真相は藪のなかだ。

とはいえ、同時期に上野の北条氏邦も下野の宇都宮国綱を攻撃しており、「惣無事令」に反する行為として秀吉に出兵の口実を与えたことは間違いない。

事件はただちに、真田氏から関東取次役の徳川氏を通じて秀吉へと伝わった。当然、秀吉は激怒し、朱印状をもって北条氏を糾弾する。

「氏政上洛の意向を受け、それまでの非議を許し、上野沼田領の支配さえ許した。このたびの名胡桃攻めはその裁定を覆す許し難い背信である」

これによって北条攻めの大義を得た秀吉は、十一月の二十日頃には「十一月中に氏政が上洛しなければ来春に北条討伐を行う」と周囲の大名たちに明言し、ついに「北条討伐」の決断が下されたのだ。秀吉が「北条討伐」を明言したことで、徳川氏も決断を迫られる。秀吉と同盟関係にあった家康であったが、秀吉と北条氏の仲介を断念して十二月に上洛。秀吉に従い豊臣軍に従軍することを伝え、自らも対北条戦の準備を始めている。こうして家康は、氏政・氏直を捨て、秀吉側に付いたのである。

秀吉は十一月二十四日付で北条氏に対し宣戦布告の書状を送付。この書状は十二月五日に三枚橋城に着いた豊臣方の使者により、北条氏へ届けられた。

これに驚いた氏直は、十二月七日付の書状で必死の弁明を繰り返した。

「氏政の抑留や北条国替えの惑説《わくせつ》があるため、このままでは上洛できない。名胡桃城は真田氏から引き渡されて北条側となっている城なので、そもそも奪う必要もなく、まったく知らないことである。名胡桃城のことは上杉が動いたため軍勢を沼田に入れたにすぎない。すでに名胡桃城は真田方に返還した（要約）」

しかし、すでに遅きに失したとしかいいようがない。秀吉は「小田原征伐」を前に、各大名に対しこう述べている。

「天道に背き、帝都に対して悪だくみを企て、天下や勅命に逆らう氏直に誅伐を加えないわけにはいかない」

対する氏直は十二月十七日、北条領国内の家臣並びに配下の国衆に対して、小田原への翌年一月十五日の参陣を命令する。こうして北条氏と豊臣氏の対立は抜き差しならぬものとなって、「小田原合戦」へと突き進んでいく。

■複雑にからみあうそれぞれの思惑

十二月十日、京都の聚楽第に着いた家康を迎えた秀吉は、上杉景勝、前田利家らとともに小田原攻め軍議を開く。この場で家臣諸軍の配置と分担を決定すると同時に、小田原侵攻作戦の内容が検討されたのだ。

まず、伊賀(三重県西部)以東の諸国と近江・美濃の軍勢が主力となって東海道を東進する。と同時に中国と四国、そして紀伊・伊勢の水軍を東海道の海岸沿いに関東に向かわせる。そして、越後・加賀・信濃の軍勢で関東を北部から攻撃させるというものだ。つまり三方向からの大軍勢で小田原城を攻略するという、戦国史上前例のない大作戦を決定したのである。

東海道軍の先鋒を務めることになった家康は十三日には早くも使者を駿府城に派遣して、出陣の準備にかからせている。

二十二日に駿府に戻った家康は、秀吉への忠誠の証として十二歳の三男・長丸《ながまる》(のちの徳川秀忠）を人質として送る。家康の動向を気にしていた秀吉は大喜びであった。すぐさま長丸を元服させ、自らの一字をとって秀忠と名乗らせると、翌天正十八年（一五九〇）一月二十一日には織田信雄の娘と結婚させて駿府へと送り返している。

こうして北条氏と徳川氏の十二年に及ぶ同盟は完全に断絶したわけだが、北条側はその頃どうなっていたのかを見てみよう。

天正十七年（一五八九）十一月二十四日に秀吉から宣戦布告された氏直は、それでもなお、家康がいずれは秀吉から離反して北条方に味方するという淡い期待を抱いていたようだ。

氏直の正室は家康の娘・督姫である。督姫が小田原城にいる以上、合戦の状況次第では家康との和睦に持ち込めるのではないか。また、奥羽の伊達政宗が来援してくれるのではないか。合戦が長引けば、敵は寄せ集めの大軍だけに内部に対立が生じたり、兵糧が足りなくなるなどして混乱し、反転攻勢の機会も出てくるのではないか。事ここに及んでも、氏直にはそんな希望的観測があったらしく、この甘さがそのまま氏直自身の限界であったのだろう。

当時の年齢は、秀吉五十二歳、家康四十六歳、氏直はまだ二十七歳の若さだった。

そんな状況のなかで北条方は籠城作戦を開始する。しかしながら、この籠城作戦を決定するに際しては、大きな意見の対立があった。

天正十八年（一五九〇）一月二十日、小田原に詰めた諸将と奉行が集まり軍議が開かれる。

席上、籠城戦が既定方針となるなかで、北条氏邦が立ち上がりこう訴えた。氏邦は籠城戦一辺倒の作戦に反対していた。

「このたびの戦いは、御隠居様（氏政）が小田原城にて総指揮を執り、御屋形様（氏直）は出撃すべきだ。（豊臣方の）松平康次《やすつぐ》が守備している駿河の沼津城（三枚橋城）を攻略して奪い、味方の旗本の駐屯地にする。そのうえで兄者（氏照）と自分が先陣を承り、富士川を隔てて上方勢（豊臣勢）を防ぎ、戦いを挑んではどうか。もしそれがだめならば、御屋形様が旗本勢を率いて三島まで出陣し、先陣は黄瀬川（伊豆・駿河国境）を境にして戦ってはどうか。味方は地理に詳しいので有利であり、敵は大軍で長陣に疲れ果てるだろう」

氏邦は、誰もが驚くような迫力ある作戦を建言したのである。小田原での籠城戦のみではなく、駿河表に出撃して豊臣軍を富士川もしくは黄瀬川の線で迎撃するという大胆な野戦の提案だ。敵軍を到着地で撃退する水際作戦であり、天然の要害である箱根山を背にした積極策を進言したのである。

しかし氏政、氏照をはじめ諸将の多くは異を唱える。

「野戦はこの兵力差では戦えない。外に出て大敗すれば城も守れなくなる」

「上杉謙信や武田信玄の来攻を、籠城作戦で切り抜けたではないか」

「箱根山を越えるのは容易ではない。箱根山中の城塞群で敵を痛めつけておけば、小田原城は決して落ちない」

反対意見が次々に出され、軍議の主流を占めてしまう。氏邦の大胆な積極策が頭の固い重臣たちに採用されることはなかった。氏邦は失望して居城の鉢形城に帰ってしまう。

しかし、氏政たちが小田原城を出て野戦で敵と渡り合う作戦を拒否したのには、それなりの理由もあった。二十年前の永禄十二年（一五六九）、武田信玄の小田原攻め直後に仕掛けた追撃戦「三増峠の合戦」で、氏政の出陣が遅れたために氏照や氏邦による信玄挟撃作戦に失敗したという苦い経験だ。それがトラウマとなって、氏政や氏照らは野戦への苦手意識を持っていたのではないか。

北条氏は箱根山という自然の要塞と、小田原城という人工の要塞に堅く守られての籠城作戦に、絶対的な信頼を置いていた。この自信過剰な籠城作戦が、そのまま北条氏の滅亡に直結していく。

戦国時代最大規模の「小田原合戦」が始まる。その後の「関ヶ原合戦」のような戦闘はなかったが、天下人秀吉と東国の雄北条氏との東西対決となり、天下分け目の大戦となった。

第十六章

小田原合戦と北条氏の滅亡

■本城・支城ともに籠城戦の備え

北条方の作戦は、まず箱根峠で豊臣方をできるだけ食い止めてダメージを与えることだ。小田原城では、一族である氏直、氏政の父子、氏政弟の氏照、氏忠、氏直弟の氏房らを中心に籠城作戦を採る。そして、関東平野各地に置かれている重要な支城には、北条一族もしくは信頼のおける重臣を配して、こちらも籠城戦で臨む。

その後に、各地の支城に豊臣方の攻撃部隊が分散するのを待って反撃を加える。そのうちに家康や織田信雄が離反の可能性もある。そうなれば東北の伊達政宗も救援に駆け付けるだろう。小田原城には莫大な兵糧を用意してあり、一、二年は持ち堪えることができるだろう。こうした希望的観測で、とにかく籠城作戦による持久戦に勝機を見出そうとしたのである。

北条側は、豊臣勢がまず箱根峠の要衝を突破する作戦をとると想定し、伊豆の韮山城（静岡県伊豆の国市）を南端として箱根峠守備のための城砦群を構築。戸倉、足柄、河村、山中の城郭を中心に数多くの砦をつくり、守備兵を配置して待ち構える。全軍の指揮は小田原城で氏直、氏政、氏照が執る。

難攻不落の堅城といわれた小田原城と、関東全域に一〇〇近くある支城とその出城では、防衛強化のための突貫工事が実施された。それには領民も動員され、まさに官民挙げての防衛拠点の再整備を実行している。

兵力の増強にも力が注がれた。北条氏は領国内の各郷村の小代官に「人改令《ひとあらため》」（徴兵令）を出し、武士ではない民衆を民兵として戦争に動員した。

武器の増産も急ピッチで進められた。小田原に近い大磯の土を大量に運び、これで鋳型をつくって鉄砲を鋳造。鉄砲よりも殺傷力、破壊力が高い「抱え筒」も製造した。

籠城戦を戦い抜くには大量の兵糧の備蓄も重要となる。各支城の領民に対しては、城主から前年の秋に収穫した穀物を郷中に一粒も残さないよう、すべて域内に搬入するように指示し、直轄地の収穫物は残らず小田原へと運ばれた。

小田原城に運び込まれたのは、徴用兵や兵糧だけでない。氏直は各支城の城主の家臣と妻子を小田原の屋敷に置くよう厳命した。妻子は各支城の前線にいては危険であると同時に、北条氏の人質として小田原に置くことで、家臣の離反を防止する効果があると考えられたためだ。

これらの人質家族に加え、近辺の農民や城下の商人、職人なども加わり、兵士と合わせ一〇万を超える人々が集結していた。

■空前絶後、豊臣勢二十四万の出陣

ついに天正十八年（一五九〇）が明け、豊臣軍は東海道を進む豊臣本隊や徳川隊の主力二〇万、中仙道から南進する前田・上杉・真田勢による北方隊三万五〇〇〇、他に秀吉に恭順した関東勢一万八〇〇〇、さらに水軍一万を加え、最終的に総勢二四万余を数える大軍となり、二月から各方面を発して小田原に向け進軍を開始する。

関白太政大臣としての絶大な権力を握り、関東と東北を除く日本全国を平定した天下人である秀吉だからこそなし得た規模である。これは戦国時代史上でも空前絶後の大軍勢だった。見たことがない規模の大軍勢が東海道や北方から街道を下り、海上を軍船で行く姿を目の当たりにした人々は、さぞ驚いたに違いない。

二月中には豊臣秀次、徳川家康、織田信雄ら各大名が出陣し、先鋒の家康率いる徳川軍三万が二十四日に沼津に近い長久保城（静岡県駿東郡）に着陣。この長久保城は北条方の山中城と一〇キロメートルも離れていない。翌二十五日には織田信雄が三枚橋城に到着。三月三日になると豊臣秀次、蒲生氏郷《がもううじさと》の軍勢も到着する。

これと同時進行で、二月二十日には志摩（三重県）に九鬼嘉隆《くきよしたか》、加藤嘉明《よしあき》、長宗我部元親《ちょうそかべもとちか》、宇喜多秀家《うきたひでいえ》らの一〇〇〇隻を超える豊臣水軍が集結し出航。二月二十七日、駿河国の清水港へ到着する。大軍勢と長期の合戦を想定して、清水港に二〇万石を超える兵糧も運び込まれた。

そして迎えた三月一日、秀吉は聚楽第から大軍を率いて、いよいよ決戦の地小田原に向かって出陣した。秀吉は唐冠《とうかん》の兜をかぶり、黄金の鞍をつけた馬に乗って、大群集に見送られながら京都を後に小田原へと出立した。後陽成《ごようぜい》天皇からは北条氏討伐を名目として「節刀《せっとう》」（出征する将軍に賜る任命の刀）を賜っており、関白として勅命を奉じての出陣である。前後して、北方（中仙道）からは北国勢の前田利家・上杉景勝・真田昌幸・依田康国らの北方軍が、三月十五日に碓氷峠へ進軍していく。豊臣軍の基本戦略としては、北方隊で牽制しながら、本隊は小田原への道を阻む山中、韮山、足柄の三城の突破を図り、同時に水軍で伊豆半島を制圧して海上から小田原を封鎖するというものだった。

一方、北条氏側は、兵力で劣るとはいえ、五万余の精鋭部隊を小田原城に集結させ、山中、韮山、足柄の三城に選抜した精兵を配置する。主力を小田原本城に引き抜かれた関東各地の支城部隊には徴兵した民兵などをあてた。各方面から豊臣勢が押し寄せてくることは予想されたが、主力本隊が東海道を進撃してくることが明らかだったため、北条勢は箱根山中城での持久戦を想定して一大防衛戦に臨んだ。主力は小田原とその周辺に集められていたのである。

■またたく間に箱根を突破した豊臣軍

天正十八年（一五九〇）の春が近づくにつれ、豊臣軍主力は黄瀬川周辺に集結。三月二十七日には、ようやく秀吉が三枚橋城に到着した。翌二十八日、秀吉は家康とともに北条方の拠点である山中城と韮山城が見える丘に登り、これを見渡したのちに両城の攻略を指令。その後、長久保城に入る頃には、出羽国（山形県）の戸沢盛安《もりやす》ら東国・東北の諸勢力も秀吉のもとに参陣してきた。

翌二十九日、ついに箱根で山中城への攻撃が開始され、激戦の火蓋が切られる。秀吉は、山中城攻撃軍の大将に身内である甥の豊臣秀次をあてた。兵力は秀次勢と家康勢など、実に七万もの大軍だ。迎え撃つ北条方は、この城を小田原防衛のために重要な防御ラインと位置づけており、武勇で知られた城主の松田康長《やすなが》、弟の康郷《やすさと》ばかりでなく、一族の北条氏勝ら玉縄衆の援軍も派遣した。しかし開戦の直前まで工事が続けられていた一大要塞の山中城を守り切るためには、城兵四〇〇〇人ではまったく足りない。攻城側との兵力差はなんと十七倍である。

豊臣方の攻撃が始まったのは、朝の八時半頃だった。北条方の守備隊は銃撃で猛烈に抵抗奮戦し、死闘を展開するが、圧倒的な兵力差で玉砕。康長も戦死した。

小田原の西の守りにして鉄壁のはずだった山中城がわずか数時間で落城したという事実は、

小田原の北条陣営にとってまさに衝撃であった。あっけなく箱根峠の要塞を突破された北条方は驚愕し、小田原城内は混乱状態となる。

同じく箱根越えの要衝であった足柄城では、一族の北条氏忠と北条氏光がこれを守っていたが、山中城陥落の報に接すると主力兵をまとめて城を放棄。河村城、河村新城もこれに続いた。

こうして、箱根十城はすべてあっという間に陥落ないしは放棄され、小田原城以西は豊臣方の勢力圏となった。箱根の要塞が次々に落ちていくなか、豊臣方の先鋒部隊は楽々と進み、四月三日には早くも小田原に到着する。

一方、伊豆の韮山城では織田信雄率いる四万を超える大軍が、北条氏規率いる四〇〇〇弱の守備隊を囲んでいた。豊臣軍は三月二十九日に総攻撃を開始。ところが、氏規の巧みな指揮によって韮山攻めは長期戦に入る。山中城はわずか半日で落城したが、この韮山城は孤立無援のなか六月二十四日まで三ヶ月の籠城戦を戦い抜いた。

両軍の陸戦部隊の攻防が続くなか、豊臣方水軍は下田へと到達している。下田城（静岡県下田市）は北条氏直から全権委任を受けた清水康英《やすひで》が守っていた。

康英は総兵六〇〇余で四月一日の侵攻から約二十日にわたって籠城し抵抗を続けるが、攻城勢として残った長宗我部軍による海上からの砲撃も受け、四月二十三日に降伏して開城。支配下の伊豆水軍の最大拠点を失った北条方は、その後も次々と水軍諸城を落とされて制海権を失い、海上からも小田原市街の包囲を受けることとなった。

■小田原城包囲網と石垣山一夜城

箱根山の防御ラインをあっけなく突破された北条軍は、小田原城の守備固めに奔走する。周囲九キロにも及ぶ「総構」を誇る当時日本一の巨城には、櫓《やぐら》や物見台が隙間なく配置されていた。本丸には、北条氏政・氏直の父子がおり、総構に設けられた七つの出入り口には、氏照はじめ一族衆や重臣たちの部隊が配置され、総勢五万七〇〇〇の兵士が布陣していた。

しかし巨大な小田原城を取り囲んだ豊臣勢はさらにスケールが大きく、十五万を超える大軍勢によって蟻のはい出る隙間もないほどに完全包囲。北条軍は出撃どころか逃亡すらけっしてできない。同時に、各支城への援軍や情報伝達も不可能という完全な孤立の城塞となった。

とはいえ、小田原城は天下の堅城である。早雲山に本陣をおく秀吉は、小田原攻めに時間をかかると読んでいた。

そこで秀吉は、四月五日に小田原城の西方三キロの笠懸山《かさがけやま》山頂に巨大な陣城（臨時の城）の構築に取りかかる。のちに一夜城として知られる「石垣山城」の築城を始めたのだ。約三〜四万人を動員し、八十日で建築され、六月二十六日には秀吉が本陣を移している。

一夜城といわれるが、さすがに一夜でつくったわけではない。小田原城から見えないよう隠しながら築城工事を進め、完成後に周囲の木を一気に伐採したため、北条方からはまるで一夜にして築城されたかのように見えたのだ。石垣山城の突然の出現が、北条勢を驚倒させたことはいうまでもない。秀吉の絶大な権力を見せつけられ、北条勢は精神的にますます追い詰められていった。そんな相手の焦りをよそに、秀吉はこの城で千利休《せんのりきゅう》を招いての茶会を開いたり、勅使を迎えたり、さらには大坂から側室の淀殿《よどどの》まで呼び寄せて悠然と過ごしている。

■伊達政宗の屈伏と「関東の連れ小便」

氏直が支援と後詰を最も期待していたのは、ほかならぬ伊達政宗である。天正十七年（一五八九）六月、会津の蘆名盛重を陸奥黒川城（福島県会津若松市）から追い出した政宗は、秀吉から「会津を返還しなければ容赦しない」と言明されていた。

氏直と政宗の間に正式な同盟関係はなかったが、秀吉は小田原攻略後に奥羽を平定するつもりだったため、対秀吉外交において北条と伊達は一蓮托生《いちれんたくしょう》の関係ともいえた。

秀吉が小田原攻めを決定した後、北条氏はこれまで以上に積極的に政宗に接近する。この天正十八年（一五九〇）一月下旬には、氏直の使者として月斎吟領《げっさいぎんりょう》を政宗のもとへ派遣。三月にも、出陣を要請する氏直の直書を持って使者が送られ、政宗に接見して伊達方の歓待を受けている。席上では、まず秀吉への外交対応について話し合われたに違いない。しかし同じ時期に、政宗は前田利家や浅野長政など豊臣方家臣から秀吉への服従を促されていたのも事実である。

両陣営からの誘いに悩んだ政宗ではあるが、豊臣方圧倒的優位の戦況を見て、三月二十五日になって小田原にいる秀吉のもとへの参陣を決断した。

しかしすでに籠城し外部との連絡がまったく取れない氏直が、頼みの綱の政宗に見限られたことを知る術はなかった。

六月五日、伊達政宗は小田原に参陣するが、秀吉は立腹して謁見がかなわない。二十六日になり、完成直後の石垣山城でようやく秀吉と対面。政宗は死を覚悟して白装束で現れて許しを乞うたという。ここで秀吉は、政宗に会津の没収を伝え、奥羽の仕置を命令する。これは北条氏にとっての最後の望みの綱であった伊達政宗が、秀吉の軍門に下ったことを意味している。

もう一つの有名なドラマは「関東の連れ小便」だ。あるとき秀吉は家康を普請中の石山城へ招き、小田原城が見渡せる場所で並んで立ち小便しながらこう告げた。

「小田原城が落ちたら、関八州を進ぜよう」

家康はこの突然の命令に絶句する。関八州を与えるといえば聞こえはいいが、要は「この戦が終ったら、本領だった東海から関東へ国替えする」と告げられたのだ。

秀吉は、家中の結束力が高く諸大名からの信頼も厚い家康を東に遠ざけたい。家康にとっては、一五〇万石から二五〇万石への領国拡大は表面的には出世であるものの、これまで築き上げてきた東海の領国から未知の関東への転封であり落胆したに違いない。秀吉の思惑と家康の苦悩は、その後の天下の帰趨に少なからぬ影響を与える。

家康は秀吉から関東取次を任命されたときから、この展開を予想していたのかもしれない。いずれにせよ、秀吉の構想がすでに北条氏滅亡後の国づくりに進んでいたのは間違いない。

秀吉は完成した石垣山城に入城すると、それまで陣をおいていた北条氏菩薩寺の早雲寺を焼き払った。この小田原攻めで、秀吉は北条氏の文化をも圧殺したのだ。

■前田・上杉・真田の北方軍の関東侵攻

豊臣本隊の進撃と平行して、信濃から上野を経て小田原を目指す北方隊も押し寄せてきた。上杉景勝にとっては、養父謙信の時代からの仇敵である北条氏を撲滅する絶好の機会がめぐってきたのである。

前田勢・上杉勢らの北国勢と、途中で合流した真田軍などの信州勢を主力とする北方隊は、いよいよ碓氷峠を越えて関東平野の北端にあたる上野に侵攻してきた。松井田城主の大道寺政繁はこれを迎え撃つが、真田軍と激戦の末に退却して籠城を図る。北方隊は総勢三万五〇〇〇。対する松井田城守備隊はわずか二〇〇〇。小田原へ精兵を割いたこともあり、ここでも籠城側は圧倒的に劣勢であった。

三月二十日に始まった総攻撃をどうにか防いだ大道寺勢だったが、北方軍の猛攻の前に曲輪を一つずつ落とされ、水の手を断たれ、兵糧も焼かれ、ついに一ヶ月後の四月二十二日に降伏開城。捕らわれた政繁は、屈辱のなか北方隊の道案内をすることとなった。

こうして難関の松井田城を突破した北方隊は、上野から武蔵北西部の拠点を破竹の勢いで攻め落としていく。どの城も松井田城と同じく城主や主力の侍が小田原城へ詰めており、少数の家臣と近隣の領民しか残っていなかった。圧倒的な戦力差に士気は下がり、降伏開城か、絶望的な玉砕のほかに選択肢がない状況に追い詰められた。

さらに、踏みにじられる北関東の北条勢に対し、南から新たな脅威が加わった。小田原城の包囲が想像以上に早く進んだのを見て、秀吉が包囲軍から主に徳川の兵力を分け武蔵に進撃させたのである。二万の支援軍は、武蔵に入り小机城（神奈川県横浜市）、江戸城、葛西城（東京都葛飾区）と、北条方の拠点の支城を次々に陥落させる。そのほとんどが家康の巧みな交渉による降伏開城で、北条氏は各支城において、当初の作戦だった籠城戦さえも貫けなかったのは大きな誤算だった。

さらに北方支援部隊は二手に分かれ、一方は下総方面へ向かって無人の野を進むがごとく北条方の城をつぎつぎに落としていく。その間にも、先に分かれた一方の部隊は武蔵に侵攻し、五月二十日に岩槻城を落とす。南下してきた北方軍と合流したのちは、松山城、そして氏康はじめ代々の当主が関東支配の核とも位置付けてきた要衝の河越城までもが落とされてしまう。

とはいえ、北条氏がけっして弱かったわけではない。それは勇将が指揮を執って激しい抵抗を試みた松井田城や韮山城などで、敵方が攻めあぐねて侵攻のスピードが極端に落ちている点を見ても明らかだ。北条の強さは城内の戦力が充実し戦闘意欲が高かった鉢形城や八王子城における死闘によっても証明されることとなる。

■鉢形城、八王寺城の激闘

北方軍は、いよいよ北条方有数の防衛拠点である鉢形城に迫まる。

城を守るのは、氏政の兄弟衆として内政、軍事とも功績の大きい重鎮・北条氏邦である。前述のように、氏邦は小田原での籠城策にひとり反対し、野戦策を提言するも受け入れられなかったことへの憤懣《ふんまん》もあってか、小田原を出て自城に戻り北の守りについていた。

戦端が開かれたのは五月十九日。前田利家を総大将とする北方軍総勢三万五〇〇〇に対し、城内の兵力三〇〇〇という圧倒的な戦力差のなか、東方の搦手《からめて》から前田勢、南方の追手からは上杉勢、西方から徳川勢、そして北方からは真田勢が数にまかせて突撃してくる。これまでの攻城戦では、ここで城側が総崩れになるところだったが、しかし猛将氏邦が守る鉢形城では違っていた。決死の防戦を繰り広げる城兵は攻め手をおおいに苦しめ、たびたび撃退された豊臣勢は六月に入っても外曲輪一つ落とせなかった。

長期戦に業を煮やした秀吉は、こちらも膠着状態の忍城（埼玉県行田市）攻めに加わっていた北方支援部隊の浅野長政に鉢形城攻撃の援軍を命令。態勢を組み直した豊臣勢により六月十日に再度の総攻撃が開始される。

北方支援部隊に参加していた徳川家臣の猛将本多忠勝の手勢は、城を見下ろす山上に大砲を運び上げて雨あられと砲弾を撃ち掛け、城内の被害は甚大となった。乱戦のなかに多くの城兵が討死。一ヶ月の激戦を経た六月十四日、氏邦はついに城兵の助命を条件に降伏した。

自らの策が容れられず、決死の奮戦むなしく敵に自城を明け渡したうえ、絶望的な小田原の状況を知らされた氏邦の心中はいかばかりだったか。将としての器を惜しんだ前田利家は、秀吉に氏邦の助命を嘆願した。その結果氏邦は剃髪するのみで許され、のちに前田家家臣として生き抜いていくことになる。

四ヶ月にわたり南下を続けてきた北方軍は、ついに六月二十三日、北条氏の誇る名城八王子城を囲んだ。氏政の弟氏照の居城であるこの城は、甲斐と武蔵の国境を守備する最重要拠点で、関東の山城としては比類なき大城郭である。氏照は兄・氏政とともに、秀吉との決戦を訴えた主戦派の旗頭で、北条氏の関東侵攻の突撃隊長として長年活躍した武闘派だ。しかし残念なことに当時は小田原城の籠城に加わっており、八王子城にはいなかった。和平推進派の氏直や氏規に対抗し、主戦派の氏政を守るために小田原城総奉行を務めたともいわれている。

攻城側は上杉景勝・前田利家らの部隊約一万五〇〇〇人、対する守城勢は城代の横地吉信をはじめ家臣及び近隣の農民や人質として城内に置かれた婦女子ら約三〇〇〇人。ここでも圧倒的に不利な状態である。そのうえ、非情にも先に松井田城で降伏開城した味方の大道寺政繁の手勢や、松山城で降伏した三〇〇〇余騎も攻撃軍に加えられていた。

六月二十二日深夜、北方軍は城の近くに陣を張り、利家は早朝からの総攻撃を前に降伏を呼びかけたが、籠城軍は勧告の使者を斬り捨てる。降伏の意思がないことを知るや、北方軍はただちに総攻撃を開始した。

先鋒は元北条方の大道寺政繁の松井田勢と上野国衆。朝霧のなかを総攻撃の合図とともに鬨の声を上げながら山下曲輪へと突撃する。北条方は決死の防戦にあたるが大苦戦するなか、前田勢、上杉勢も怒涛の勢いで突撃し、防戦も限界に近づいていく。

いよいよ落城が時間の問題になると、氏照の居館がある山麓の御主殿曲輪にいた婦女子は、城山川の滝壺に次々に身を投げた。このなかには、夫の留守を預かる氏照正室の比左《ひさ》も含まれていた。北条氏照が情熱を傾けて築いた八王子城は、孤立無援のまま、たった半日で落城した。

将兵の首級は、ただちに城主の氏照も籠もる小田原城に運ばれ、堀に浮かべた舟の上に梟首《きょうしゅ》され、捕虜は小田原城の城門近くで晒しものになった。最後の望みであった八王子城の陥落を残酷なかたちで知らされた北条方が、痛烈なショックを受けたことはいうまでもない。

■玉砕か、籠城か、降伏か

豊臣方の北方軍や北方支援軍が関東の城攻めを続けるのと並行して、小田原でも状況は変化していた。北条方への開城勧告は五月下旬頃から始められており、その交渉は氏直の岳父でもある徳川家康、諸大名に顔の利く織田信雄、支城攻略に当たった複数の大名など、幅広いルートで行われていたようだ。

完全包囲網のなか、戦闘らしい戦闘はほとんどなかった。強いていえば、北条氏房勢が蒲生氏郷勢に仕掛けた夜襲と、徳川方の井伊直政勢が蓑曲輪に仕掛けた夜襲、そして六月二十五日夜半に捨曲輪をめぐる攻防があったぐらいである。それ以外は、互いの陣から散発的に鉄砲を撃ち掛けるくらいのもので、包囲する大軍は合戦というよりも遊山のような気分が、逆に籠城側にとっては先の見えない不安とストレスから日ごとに厭戦気分が募っていった。

この彼我の非情な立場の違いを物語るのが、この時に秀吉が詠んだ一句である。

「鳴きたてよ北条山のほととぎす」

小田原城の北条一味よ、もっと泣きわめけ、という含意に秀吉の残虐さが見える。

そんななか、北条氏側からも離反の動きが見え始めた。

まず四月九日に小田原城中の皆川広照が豊臣軍に投降。六月初旬には、上野の和田信業《のぶなり》の家臣が城外に逃亡する。そして六月十六日には、なんと北条家の宿老筆頭である松田憲秀の長子・笠原政晴が数人の仲間とともに豊臣側に通じていたことが発覚する。

この裏切りを政晴の弟松田直秀によって知らされた氏直は、ただちに政晴を成敗するが、その数日後には氏政の母である瑞渓院と、継室の鳳翔院《ほうしょういん》が同日に死去しており、これは城内の混乱に絶望しての自害と見られる。

六月下旬を迎え、小田原城内に大きな動揺が続くなか、攻城側は韮山城を明け渡して投降した北条氏規を開城への説得に遣わした。

小田原城での勝利が絶望となるなかで、玉砕か、籠城か、降伏か、仮に降伏するにも、どのような条件で降伏するべきか、という究極の選択が迫られていた。抗戦派の氏政や氏照と、開城を主張する氏直や氏房に家臣や諸将も加わり、何度軍議が開かれても一向に結論に至らない。

徹底抗戦か、開城降伏か、城内では連日紛糾する「小田原評定」が延々と続く。

実際には、六月に入る頃にはすでに氏房や氏規など氏直の側近らによって徳川家康と織田信雄を窓口とした和平交渉が進んでいたらしい。北条氏は相模・武蔵の本領安堵を望んだ。しかし、この頃にはすでに北条領は徳川家康に与えられることが決まっており、秀吉にとって北条氏の領国安堵など論外だったのである。

■小田原開城、北条氏の滅亡

七月五日、追い詰められた氏直はついに開城を決断する。

城を出た氏直は氏房とともに滝川雄利の陣へ赴き降伏を申し出た。

「小田原は降伏、開城する。当主である拙者の切腹と引き換えに城兵は助けていただきたい」

この願いは直ちに秀吉へと伝えられたが、氏直の切腹は受け入れられない。

秀吉は氏直のこの申し出に対し「神妙」と感嘆しながらも、ここまで徹底抗戦した城兵すべてを助命する法度《はっと》はないことを理由にこう沙汰を下した。

「開戦の責は、前当主である氏政、御一家衆筆頭の氏照、及び家中を代表する宿老の松田憲秀及び大道寺政繁にある」

そして北条氏政、北条氏照、松田憲秀、大道寺政繁に切腹を命じ、北条氏直の助命・蟄居が裁定された。秀吉は、七月七日から九日にかけて片桐且元《かつもと》と脇坂安治、榊原康政の三人を検使とし、小田原城受け取りにあたらせた。小田原城内の北条方の将兵や子女、農民、商人、職人たちは長い籠城生活に疲れ果てながらも解放感と安堵感を味わいつつ、その後の生活に大きな不安を抱えながら城を出ていった。

七月十日、最後まで城内に残った氏政と弟の氏照が小田原城を出て、家康の陣所に出頭。そして翌十一日、康政以下の検視役が見守るなか、地元の医師である田村長傳《ながつぐ》の屋敷で、氏規の介錯により切腹した。氏政は次のような辞世の句を詠んでいる。

「我身今消ゆとやいかにおもふへき　空よりきたり空に帰れば」
(私の身はいま消えてしまうが、これをどう思えばいいのか。無より生まれ、無に帰るということなのだろう)
「雨雲のおほえる月も胸の霧も　はらいにけりな秋の夕風」
(月を覆う雨雲も、私の胸の霧も秋風に払われて、思い残すことは何もない)

初代北条早雲から一〇〇年にわたり、この関東で栄華を極めた北条氏はこうして終焉する。

そのすべての責任を背負い、辞世にある通りの無心の境地で氏政は切腹した。享年五十三。兄とともに氏照も五十一歳の生涯を終えた。

氏政・氏照兄弟の介錯役だった氏規は、兄たちの死後、追い腹を切ろうとしたが、居合わせた井伊直政に止められ果たせなかった。二人の首級は、その数日後には京都の聚楽第の橋に晒される。これによって、京の人々に小田原落城が衆知されたのである。

他方、氏直は家康の婿でもあったためか助命され、蟄居を命じられた。家康の娘の督姫と離縁し、家臣三〇〇人とともに紀伊高野山へと追放された。存亡の危機のなかで指導力を十分に発揮できず、さぞ無念であったことだろう。こののち家康を中心に氏直に対する赦免《しゃめん》運動が行われ、翌年二月には赦免の沙汰が伝えられるとともに、八月には一万石が与えられたが、失意のまま十一月、二十九歳の若さで病死している。

「小田原合戦」に参陣した諸大名は帰国する者もいたが、そのまま秀吉の奥羽平定に参加する者が多く、次々に小田原から東北へ向かっていった。小田原開城後、秀吉は関東仕置を断行。家康に北条氏の遺領である関東六ヶ国を与え、命じられた家康は駿河へは戻らず、家臣を率いて即座に北条氏の旧領である関東に入府する。

こうして「関東に撫民政治の新たな独立領国をつくる」という北条五代の壮大な夢は、歴史の彼方へはかなく消えていったのだった。

第十七章

会津征伐と上杉氏の屈服

■本能寺の変で九死に一生を得た景勝

前述のように「御館の乱」の後、上杉氏は存亡の危機を迎える。

上杉氏は、謙信の時代の天正四年（一五七六）に本願寺と和睦しており、織田氏とは敵対関係となっていた。そして、「御館の乱」の恩賞をめぐって、北越後の新発田重家《しげいえ》と対立する。

そこで、織田方からの調略によって重家が叛乱を起こし、と同時に織田軍が越後に向かって侵攻を開始。景勝は一気に守勢に立たされた。

天正十年（一五八二）五月、森長可は信越国境を越えて春日山城に迫る。そして、柴田勝家率いる四方の織田軍が越中まで侵攻。翌年には同盟国として越中への出陣を約束していた武田氏が滅亡し、後ろ盾を失った上杉氏は存亡の危機に立たされる。

いよいよ織田軍は、越中をほぼ制圧し、魚津城を包囲。城主の中条景泰《なかじょうかげやす》は景勝に救援を求める。これに対し景勝は、魚津城を守る城兵にこれまでの忠義に感謝する激励の書状を返信。自らも春日山城を出て魚津城の東側にある天神山城《てんじんやまじょう》（富山県魚津市）に入城して後詰の陣を張る。

しかしながら、信濃から森長可が、上野からは滝川一益が越後侵入の動きを見せ、さらに、新発田重家にも領内叛乱の動きがあったために、景勝はまったく動けなかった。景勝は断腸の思いで退陣し、春日山城に引き上げるしかなかった。

その後、景泰は籠城し、両軍は決死の攻防戦を繰り広げたが、開戦から三ヶ月後、景泰はじめ守将十三人が自刃して落城。織田軍が勝利する。景勝は織田軍団に包囲され、侵攻を許し、絶体絶命の危機を迎えたのである。

景勝がこの時、同盟する常陸の佐竹義重に送った書状に、こう綴っている。

「自分は良い時代に生まれた。六十余州を相手に越後一国をもって戦いを挑んで対峙し、滅亡することは死後の思い出である」

この時景勝は死を覚悟し、玉砕覚悟で信長との決戦を決意していたのである。

ところが、ここで信じられない神風が吹いた。「本能寺の変」である。

魚津城の戦いの最中の天正十年（一五八二）六月二日、京都滞在中の織田信長・信忠親子が、明智光秀の謀反による襲撃に遭って自害を遂げる。

「信長、死す」の情報は、事変の後一週間以内には景勝のもとに届いた。ほぼ同時に、北条氏政・氏直親子や柴田勝家、滝川一益、森長可など織田家臣にも届いたはずだ。誰もが驚天動地の衝撃だった。そして、この一大事件によって、景勝は九死に一生を得たのである。

「本能寺の変」は、信長の東国支配構想をわずか四ヶ月で崩壊させた。早速、北条氏直は武蔵・上野に出兵し、滝川一益に合戦を挑む。敗れた一益は信濃路を辿って、故国・伊勢へと落ち延びた。前述した「天正壬午の乱」が始まる。

甲斐では一揆が起こり、河尻秀隆が殺害される。そこを狙って氏直は甲斐へと攻め入り、甲斐東部を勢力下に置く。事件当時、堺にいた徳川家康も伊賀越えを敢行して帰国。直ちに駿河から甲斐に侵入し、甲斐南部を占拠する。

信濃からも森長可はじめ織田方諸将が撤退を開始。その隙を狙って、景勝は一気に信濃北部の川中島四郡を奪い取り、海津城を拠点として山浦景国に支配させた。同様に、信濃東部へは氏直が、信濃南部へは家康が進出する。まさに旧武田領国は織田家臣団撤退の後、北条氏、徳川氏、上杉氏という三強の草刈り場と化したのである。

越中からも柴田勝家の織田北征軍が撤退を開始。その隙に信濃国人衆の松倉城主・須田満親《すだみつちか》が海津城を回復し、攻勢に転じる。景勝は氏直と信濃の領有をめぐって争うが、北信濃四郡の上杉方への割譲を条件に講和した。

このように、思いもよらぬ「本能寺の変」の勃発と織田軍団の撤退によって、外圧から解放された景勝。ここぞとばかりに、孤立状態に陥った新発田重家の討伐に再び乗り出すが、こちらは頑強な抵抗に遭って失敗に終わる。もはや重家は、景勝にとって獅子身中《しししんちゅう》の虫となっている。

甲斐では依然として、北条氏直と徳川家康が睨み合っていた。氏直はこれまでの「三国同盟」と「甲相同盟」の経緯もあり、隣国の甲斐の領有権が欲しい。一方の家康は、旧武田家臣団を保護する姿勢を示して譲ろうとしない。両軍は八ヶ岳山麓の若神子で対峙し、黒駒での合戦でも決着がつかず、両者と関係の深い織田信雄の斡旋により和睦を模索。これが成立する。

講和条件は、旧武田領国の上野は北条領国に、甲斐と信濃は徳川領国とし、両国の同盟を築くために家康の次女・督姫が氏直に嫁ぐことになった。

しかし、この「分国協定」は、両者が談合して勝手に決めたものだ。その被害者が信濃東部から上野西部に勢力を張る真田昌幸である。当時、徳川方に属していた昌幸は、家康から上野・沼田領の明け渡しを求められる。氏直も北条氏の積年の悲願である上野全域支配を実現させるべく、執拗に返還を要求する。

その結果、昌幸は強く反発し、のちに上杉方に保護を求めることになってしまう。こうして信濃では景勝と家康の、そして上野では、景勝と氏直の対立構造ができ上がる。つまり、上杉は「北条・徳川同盟」と対峙する形となったのだ。

■台頭する秀吉と同盟を結ぶ

ところで、「本能寺の変」の直後、備中高松城を攻めていた豊臣秀吉は「大返し」で京に戻り、明智光秀を「山崎の戦い」で破った。この殊勲で織田家臣団での地位は飛躍的に向上。信長・信忠の後継者を決める「清州会議」でも、秀信（信忠の嫡子）を推す秀吉が主導権を握り、信孝（信長の三男）の擁立を図る勝家を圧倒する。

こうして、織田家臣団において、秀吉対勝家の対立構図が浮き彫りになっていく。天正十一年（一五八三）四月、両者は「賤ヶ岳《しずがたけ》の戦い」で激突し、敗北した勝家は越前・北の庄で自害を遂げる。秀吉の完全勝利だ。

実は、この合戦の前に秀吉と景勝は、反新発田を共通の目的として同盟を結んでいる。秀吉は景勝に対して、北陸道に軍勢を進めて、越前を背後から攻めるよう要請。景勝は越中まで進出するが、新発田方に与した佐々成政と睨み合いとなり動けず、約束を履行できなかった。

さらに事態は複雑化する。信長の後継者問題で秀吉に外された織田信雄（信長の次男）は、家康と同盟を組んで秀吉に対抗してきた。この対立が「小牧・長久手の戦い」につながる。景勝はもちろん、秀吉方に付く。この戦いは膠着状態に陥ったために、秀吉は家康と和睦。というより、秀吉の旗色が悪く、講和で収めるしかなかった。

秀吉と家康の対立。これもまた秀吉と景勝が接近した理由の一つだ。景勝にとって織田軍団に包囲された経験から、反新発田、そして反徳川となる。この共通の利害で重なる秀吉との同盟は、領国の危機管理として重要事項だったのだ。

ここに「豊臣・上杉連合」対「徳川・北条連合」の対決が生まれていった。

その天正十四年（一五八六）六月、景勝は上洛して秀吉と謁見し、養子の上杉義真《よしざね》を人質として差し出し、秀吉に臣従。その際に、越中と上野の一部の領有を放棄し、その代わりに、新発田氏の討伐や出羽庄内地方の切り取りを許可される。この上洛の際に秀吉の取りなしで景勝は正親町《おおぎまち》天皇に拝謁して左近衛少将《さこんえのしょうしょう》に任ぜられた。

このように関白になった秀吉は、官位官途を諸大名の懐柔策として巧みに活用して、新たな政権秩序を構築しつつあった。

翌天正十五年（一五八七）、秀吉の後ろ盾と協力を得た景勝は、長年にわたり抗戦状態にあった新発田重家をついに討伐し、ほぼ越後の再統一を果たす。他方で翌天正十六年（一五八八）には、上杉方に転じた揚北衆の本庄繁長・義勝父子が庄内に侵攻し、「十五里ヶ原の戦い」で最上義光を打ち破り、庄内三郡を占領。天正一七年（一五八九）には最上氏とともに反上杉派であった佐渡の本間氏を討伐し平定した。ちなみに、まだ佐渡金山発掘以前のことである。

こうして景勝は、織田軍団の包囲で絶滅のピンチから、秀吉との同盟で状勢を一転させ、反転攻勢のチャンスをつかむ。逸早く秀吉に臣従した結果、景勝は越後・佐渡を完全支配したのみならず、信濃（川中島四郡）・出羽（庄内三郡）も支配するに至り、先代の謙信を凌ぐ領国拡大に成功したのである。

天下を手中に収めつつあった秀吉にどう対応するか。これが上杉氏と北条氏、そして徳川氏の明暗を分けることになる。

そして、いよいよ天正十八年（一五九〇）、秀吉による「小田原征伐」に景勝も参陣し、宿敵北条氏との対決に挑むことになる。

■秀吉の命で、越後から会津に移封

上杉景勝は豊臣秀吉による「小田原征伐」に参戦する。前田利家、真田昌幸らと北方軍を編成。碓井峠から関東平野に進軍し、北条方の諸城を次々と撃破していく。先代の謙信がなしえなかった「北条氏による関東支配の打破」という目標を実現する大きなチャンスを得たのである。上野、武蔵の北条方諸城をことごとく撃破したうえで、ついに秀吉と合流して小田原城を包囲し開城させる。前述のように、こうして北条氏を滅亡に追い込んだ。

その二年後の文禄元年（一五九二）、秀吉が朝鮮出兵を開始すると、景勝は秀吉の名代として朝鮮に出征。朝鮮半島の熊川に倭城《わじょう》を築城し、豊臣軍の最前線基地をつくる。これらの功績が認められ、中納言となり「越後中納言」と呼ばれた。

文禄四年（一五九五）には、秀吉から越後と佐渡の金山や銀山を支配するよう任ぜられ、経済基盤を固めることができた。と同時に、豊臣家の大老となり、毛利元就、前田利家、徳川家康、宇喜田秀家と並んで「豊臣五大老」と並び称されるようになる。

さらに景勝は、慶長三年（一五九八）秀吉の命令で越後から会津に移封され、一二〇万石に加増され大大名となった。こうして景勝は豊臣政権の中で出世街道を上っていく。

実は、この突然の移封命令は、景勝にとっては納得できるものではなかった。関東支配を望んでいたが、家康が「小田原征伐」の後に関東へ移封されたのであきらめるしかない。しかし、本国の越後を離れ、奥州・羽州に国替えとは、いくら石高が三倍になるとはいえ、つらい移封であったに違いない。

一方、越後には、越前・北ノ庄の大名である堀秀治が入国。なおこの国替えに際して、景勝は謙信の遺骸を春日山城に残したまま会津に赴いたので、堀氏が引き取りを要請した経緯がある。景勝の暗黙の抵抗であろうか。

秀吉は、実力のある家康と景勝を、それぞれ関東と東北に転封し、お互いに牽制させて東国の支配を任せるという、いわゆる分割統治構想を実行に移したのであろう。

■「直江状」で家康と決定的対立

ところが、この年の八月に天下人秀吉が死去し、再び政局が大きく動き出す。秀吉死後の政治の主導権をめぐる権力闘争が始まっていく。それまで長い間対立してきた家康と景勝の関係が、景勝の腹心である直江兼続と反家康の急先鋒の石田三成とが昵懇《じっこん》であったために、さらに険悪化していったのである。

慶長四年（一五九九）八月、景勝は会津へと戻り、会津盆地の中央にある神指《こうざし》村に新たに神指城（福島県会津若松市）の築城を開始。会津には大規模な城がなかったためだ。さらに有事に備え、白石城（宮城県白石市）、米沢城（山形県米沢市）、田島城（福島県南会津町）などの重要拠点に諸将を配し、領国内の城砦や街道・橋などの整備を推進。そして、牢人衆や武器も集めだす。いわば軍備の拡張である。このとき参集した牢人の一人が、前田慶次利益《としやす》。前田利家の甥にあたる奇抜な人物で、景勝を漢《おとこ》と見込んで会津までやってきた。

この一連の動きを越後の堀秀治は「景勝は謀反の準備をしている」と家康に伝えた。慶長五年（一六〇〇）三月、五大老筆頭の家康は、他の大老とも協議の上で、景勝に上洛を要請。同年四月に上洛して、領内の城の改修について申し開きをするように召還命令を出す。

しかしながら、景勝はこれを拒絶。この命令は景勝を排除するための口実と見たためだ。この際に、景勝は兼続に書状をつくらせ家康に強烈な返信を送る。

「（前略）逆心（謀反の意思）もないのに景勝が上洛すれば、それは律儀な武士という名が汚れます。讒言《ざんげん》（他人の悪口）をした者の糾明がないかぎり、上洛はいたしません。景勝に理があるか、非があるか、また内府様（家康）の表裏（謀略）か、世間の人はどういうでしょう」

　これが世にいう「直江状」である。この挑発的な返信に家康は激怒。いよいよ「会津征伐」へ向けて動き出す。五奉行などからの要請を受ける形を整え、「太閤の島津征伐・北条征伐の先例」に習って、政権としての「上杉征伐」を決定した。公儀としての大義名分である。

「私戦準備を行う景勝に対して惣無事令違反を問うたが、従わないので成敗を加える」

　これに対し景勝は家臣に神指城の突貫工事を命じ、徳川侵攻に対応することになる。加えて、峠を要塞化するなどさらなる軍事強化を図っていく。

　同年六月、いよいよ家康は「上杉征伐」に向けて大坂を出立。家臣の本多忠勝、井伊直政に加え、福島正則や黒田長政、細川忠興、山内一豊など有力武将を従えて、会津に向けて進軍した。

　迎え撃つ景勝と兼続。しかし、背後には徳川方に組した出羽の最上義光がいる。挟撃される危険もあったが、上杉方は逆に、石田三成や常陸の佐竹義重と組んで家康を挟みうちにする作戦を検討していた。

■三成挙兵と徳川軍の結束

七月二十四日、下野の小山まで進軍した徳川軍に、石田三成挙兵の一報が入った。ここで家康は選択に迫られる。まさに〝どうする家康〟だ。このまま軍を進めて景勝を討つべきか、それとも西に引き返して三成を討つべきか。同行している武将たちの妻子は大坂に残っており、三成の人質状態にある。しかも三成は亡き秀吉の子飼いの有力家臣。かつて秀吉に任えていた武将も多く、どうすべきか迷ったのは家康ばかりではない。

この時開かれた軍議が「小山評定《おやまひょうじょう》」である。秀吉の子飼いながら、三成と対立していた福島正則が「三成討つべし」と訴え、同じく山内一豊が「城を明け渡しても家康殿に味方する」と発言し議論をリード。こうして徳川軍の結束はむしろ強まり、引き返して三成を討つことが決定した。

反転して西に向う徳川軍。これは上杉軍から見れば、徳川軍を追いかけ背後から突く絶好のチャンスを迎えたことになる。石田軍と挟撃すれば大勝利も夢ではない。

しかしながら、景勝は背後を追撃しなかった。やはり自身の背後で徳川方についた伊達政宗と最上義光を警戒したためだろう。

実は策士家康は早くから相対する政宗と義光の双方に対して、味方につける調略をしていた。

政宗に対しては「一〇〇万石のお墨付き」として、上杉氏の所領を切り取り次第で加増する旨を約束している。そして、義光には最上氏のもとに南部氏、秋田氏、戸沢氏の連合軍をつくり米沢口から会津に攻めて入ることを画策。徳川軍や伊達軍と合わせて五ヶ所から会津を包み込む作戦だった。

たとえ徳川軍が反転しても、上杉軍が東北の二大勢力に背後を脅かされていたことには変わりない。景勝が思い切って家康を追撃しようとしても難しい状況だった。

■上杉軍、東北戦線へ反転

そこで景勝は、まず東北の徳川勢力を潰す戦略に出る。もともと東北での領国拡大は上杉氏の悲願。景勝はまず最上氏を攻撃した。こうして「慶長出羽合戦」が始まる。

徳川軍の西上反転により、会津攻めに備えて山形に集まっていた諸将が自国に引き上げてしまい、急遽危機に陥ったのが義光だった。そもそも最上氏は二十四万石で、一二〇万石の上杉氏とまともに戦えるはずはない。兵力も最上軍七〇〇〇に対し上杉軍二万七〇〇〇。焦るあまり、時間稼ぎのために一時、上杉氏に臣従する動きも見せる。

九月七日ついに、上杉軍は最上領への侵攻を開始。米沢を出発した上杉本軍を直江兼続が率いた。九月十二日には畑谷城（山形県山辺町）を包囲し、激戦の末に陥落させる。一方の最上軍は少ない兵力を拠点の城に集中させ、いくつかの城を捨てても重要拠点を守る戦略をとった。

次々と最上方の城を陥落させながら進む上杉軍は、九月十四日、長谷堂城（山形県山形市）を包囲する。この城は、最上義光が籠城する山形城から約八キロに位置する山城で、防衛の要としての重要拠点。山の周囲は深田と沼地で攻めにくい城であった。そこには志村光安《あきやす》率いる一〇〇〇人の守備隊が籠っていた。

九月十五日、兼続率いる一万八〇〇〇の上杉軍が城攻めを決行。最上軍は必死の抵抗を見せる。偶然にもこの日は関ケ原の戦いの日。当日の午前中には、石田三成率いる西軍は徳川家康率いる東軍に敗退している。しかし、その情報はまだ東北には届いていない。九月十六日には光安が二〇〇人の決死隊で夜襲を仕掛け、二五〇人を討ち取る。その後も上杉軍は激しく攻撃するものの、光安率いる守備隊は必死に防戦して籠城を続けた。

■慶長出羽合戦、どうする兼続

この時、山形城の最上義光は、徳川方の同志である伊達政宗に援軍を要請する使者を派遣。政宗の母の義姫は義光の妹であり、義光と政宗は伯父・甥の関係である。伊達家と最上家は敵対したり味方になったりと因縁深かったが、義姫という絆でつながっており、援軍が来る可能性は十分にあった。

ところが、一方の政宗は援軍を出すか否か迷う。

「上杉とは和睦したばかり。しかし徳川には協力する約束がある」

つまり、政宗は上杉と徳川の両軍に対して味方を約束していたのだ。これに対して参謀の片倉景綱《かげつな》は、こう進言する。

「援軍は黙殺して、上杉が最上を攻め落としたところを、伊達が討ち取ればいいのでは」

政宗は一瞬考えて答えた。

「家康に応えるため、そして山形城にいる母上を救うために援軍を出す」

義姫からの強い働きかけもあり、政宗は叔父の留守《るす》政景《まさかげ》率いる三〇〇〇の援軍を出す。しかし、この援軍の到着が遅れて山形城に危機が迫る。

九月二十一日、最上軍のもとにようやく援軍が到着。義光も山形城での戦闘に備えた。その後しばらく睨み合いが続くが、二十九日、上杉軍は最上軍に総攻撃を仕掛け、大激戦の末、双方ともに多くの死傷者が続出。そして、この二十九日に、上杉軍にようやく「関ケ原の戦いで石田三成率いる西軍が敗れた」という知らせが届いた。

兼続はこのショッキングなニュースに驚き、焦りを募らせた。これ以上徳川方の義光を責めても何一つ良いことはない。最上氏の領土を得たところで、家康の怒りを買えばおしまいである。兼続は一時は自害まで考えたが、前田慶次に諫められ、ここで撤退を決断。一方の最上・伊達軍には三十日に西軍敗北の情報が伝わった。背水の陣の決死の籠城戦から一転、東軍の勝利に狂喜乱舞。おおいに士気が上がった。

十月一日には、上杉軍が米沢に撤退し始めたところ、最上軍は義光自ら指揮を執って追撃を開始。伊達軍も続いた。これまでの攻守が見事に逆転したのである。

撤退戦もすさまじい戦いで多数の死傷者がでた。兼続は少しでも仲間の兵を逃そうと殿《しんがり》を務める。鉄砲隊をフル活用して最上軍の追撃を防御。この時、義光の兜にも鉄砲玉が当たっている。そして十月四日、多くの犠牲者を残しながら兼続は何とか米沢城に帰還することができた。上杉軍にとって危機一髪の際どい戦いだった。

その後勢いに乗った義光は、旧領だった庄内地方を攻め、上杉氏から庄内地方全域を奪還。政宗も上杉領内の旧伊達領を攻めたがこちらは攻め切れず、陸奥の一部を取り戻すにとどまった。

こうして「慶長出羽合戦」は終わりを告げる。偶然にも「関ケ原の戦い」と同時に行われたために、その影響をダイレクトに受けた結果となった。戦争は情報一つで攻守がダイナミックに逆転することがあるのだ。

■やむなく家康に服従した景勝

「関ケ原の戦い」で徳川家康率いる東軍が勝利を収め、天下統一が成就したために、残念ながら、景勝は家康に降伏するしか途はなかった。慶長六年（一六〇一）、家康は自らの次男・結城秀康のとりなしもあり、景勝へ上洛して陳謝するように促す。これを受けて景勝は兼続とともに上洛し謝罪。降伏したことで上杉家の存続は正式に許された。

しかし、会津と出羽庄内の領国を没収され、三十万石の米沢へ移封される。この措置によって、上杉家は景勝の代で、北信越の数ヶ国を支配した大大名から、出羽半国と陸奥二群の中大名へと減封されてしまったのである。

以後、景勝は米沢藩の初代藩主として尽力。兼続とともに領内の立て直しや藩政を確立し、江戸幕府との関係も改善できるよう努めた。

景勝の努力が実を結び、慶長八年（一六〇三）に幕府から江戸桜田に藩邸を与えられる。翌年には景勝の正室・菊姫が亡くなるが、側室との間に嫡男の上杉定勝が誕生。その翌年には徳川秀忠の将軍宣下に参列し、駿府で家康とも謁見して徳川幕藩体制のなかで活躍していく。

慶長十九年（一六一四）の「大阪冬の陣」では景勝は兼続とともに出陣し、「鴫野《しぎの》の戦い」では大きな戦功をあげた。その後の「大阪夏の陣」では京都警備を担当し、大阪城落城の一助を担うなど、米沢藩主として徳川氏に忠義を尽くす。

そして元和九年（一六二三）、戦国大名・上杉景勝は米沢城で没する。享年六十九。その後も米沢藩上杉家は幕末まで存続していく。

実は景勝は先の「上杉征伐」の反転攻勢で、石田三成に味方しようと考えていなかった。できるならば関東に乱入し、怨敵北条氏と徳川氏が支配してきた関東の支配権を奪い取りたかったのである。

景勝も先代の謙信と同様にひたすら関東にこだわり続けてきた。武田氏は西国を目指して滅びた。だが、北条氏は関東を支配したが、西国に対抗して滅びた。上杉氏は関東を支配しようとして失敗したが、生き延びたのである。

第十八章　戦国時代の終焉

■三英傑は何を目的に戦ったのか

戦国大名は領国を守り、豊かにしなければならない。そのためには、百姓が田畑を耕作できるようにする。それを保障するには領国内が平和でなければならない。領国内を安定させるためには領国を拡大しなければならない。それが故に他国へ侵略する。

こうした三段論法で戦国大名は戦いを正当化した。つまり、領国民の生活を守るために戦い続けたのである。

そして、もう一つの大きな理由が家臣対策である。領国を広げて、家臣たちに知行地や加恩を与えるために他国へ侵攻していくのである。

戦国時代の武士は、のちの江戸時代の武士の「大名と家臣の忠孝の関係」とは違って、かなり打算で動いていた。家臣たちは自分の身を保障してくれる大名、能力を引き出し能力に応じた報酬を与えてくれる大名に仕えるという意識が強かった。

そのため、家臣をつなぎとめておくために不満を持たせないよう、次々に土地を与え続ける必要があった。これも、戦国大名が他国を侵略しなければならなかった大きな理由である。

氏康も信玄もそして謙信も、そうした目的を持って戦っていたのはいうまでもない。ところが、そのなかで謙信だけは「義戦」という動機を持っていた。他国から侵略されている者から救護を依頼されて、それに応えて戦いに行く。つまり、領土欲ではなく大義を優先して戦う志を持っていた。しかし、これは極めて希な動機である。

東国大名の三英傑はどのような国をつくりたかったのだろうか。

まずは謙信から見てみよう。

謙信は合戦における戦術は革新的である。だが、イデオロギーは保守的で権威主義的だ。天皇のもとに将軍―公方―管領―大名という縦形の統治機構は維持されるべきで、それを壊そうとする凶徒は排除しなければならない、と考えていた。

それゆえ信濃を侵攻する信玄も、関東に侵入して関東公方家や関東管領を脅かし、その秩序を壊そうとする氏康も許せなかったのだ。謙信には、自分こそが正当な関東管領であり、かつて関東公方足利氏を補佐して実権を握った上杉氏本来の姿に戻そうという意識が強かった。

時代はすでに権威よりも実力がものをいう段階を迎えていたにもかかわらず、謙信自身は関東管領の権威にしがみついていたように見える。

この権威主義的な考えが、朝廷や将軍への接近という形であらわれている。謙信は自分が関東や信濃へ遠征して戦うことは天皇のため、将軍のためと考え、関東公方―関東管領体制の立て直しが至上命題という強い意識を持っていた。このように謙信にとって旧秩序回復こそが国づくりの目的だったのである。

この謙信と対照的なのが、氏康である。

氏康も関東公方の後身である古河公方に自分の甥にあたる足利義氏を据え、自らを関東管領と位置づけている。そうした関東管領の権威を利用して関東支配を狙っていたのは事実であろう。しかし、氏康にとって関東管領を称することは、あくまでも関東を支配するための手段である。謙信のように関東管領になることが目的だったわけではない。

氏康の国づくりの目標は、関東に平和と安泰をもたらすために西国から独立した王国をつくることであった。これは北条早雲からの代々の大きな夢であり大義である。北条氏は「関八州独立国家構想」ともいうべき独自の国家ビジョンを抱いて戦い続けた。これは謙信や信玄には見られない先進性だ。

最後に信玄である。信玄は天下への野望を持っていたのだろうか。

戦国時代末期、織田信長の傍若無人な行動に対する包囲網がつくられ、信長の対抗馬として期待された信玄。信長との対決を覚悟して西上作戦を開始するが、途上で病に倒れてしまう。よって、信長を打倒して天下をとろうとしていたかはわからない。

しかしながら、信玄はより広大な経済圏を持った領国をつくりたかったのは間違いない。信玄はうまく機能していた「甲相駿三国同盟」を破棄して、嫡男の義信を殺害してまでも駿河に侵攻していった。信玄の領国であった甲斐、信濃、西上野は、いずれも内陸で海を持たない。

領国経営のうえで、海をもたないという不利は致命的である。生活必需品の塩や海産物が自給できないうえ、海上交通、海運も利用できない。信玄は領国発展のため、海を持ち、自立できる経済圏の構築を目指していた。

信玄に天下統一の野望があったかどうかはわからないが、一度は京に上り凱旋してみたいという夢があったに違いない。死の直前に、その思いを勝頼に遺言として伝えている。

このように、相模の獅子も、甲斐の虎も、越後の龍も、それぞれ独自の国家ビジョンを抱いて、東奔西走し戦い続けた。

■群雄割拠から地域寡占化する戦国大名

さて、「応仁の乱」の混乱の後に各国の守護、守護代、国衆たちが互いに権力争いをくり返し、戦国大名化していった。こうして群雄割拠していった多くの戦国大名たちも、戦国時代末期になると領国拡大を目指すなかで、戦国時代末期になると、それぞれの地域で寡占化していくようになる。

九州の島津氏、四国の長宗我部氏、中国の毛利氏、畿内の織田氏、中部の武田氏、東海の徳川氏、北陸の上杉氏、関東の北条氏、東北の伊達氏。こうした有力大名がほぼその地域を支配するようになっていった。

そのなかで尾張・美濃を領国とし、京都に近いがために中央の政治、つまり帝や室町幕府に対して大きな影響力を持つことができた織田信長が台頭してくる。信長はこうした地理的優位性に加え、鉄砲を駆使した戦闘能力、楽市振興などによる経済力も兼ね備え、抵抗する畿内の大名や宗教勢力を次々と打倒し、「天下布武」を大義として天下統一に向けて動き出す。

そうなると、この信長の台頭にどう対応していくかが、各地域の戦国大名の大きな課題となってきたのである。つまり、信長、秀吉、家康と続く中央の戦国三傑に、各地方の有力大名はどう対峙していくのか。戦って政権交代を目指すのか、それとも従属して政権の一員に加わるのか。どちらの途を進むのかという難題に直面することになった。

■中央の三傑対東国の三英傑

東国の三英傑の後継者、すなわち北条氏政・氏直、武田勝頼、上杉景勝も、自身の領国支配や拡大を考えているだけではすまなくなった。織田信長、豊臣秀吉、徳川家康という順で、強大化し天下統一を目指す中央の三傑と直接対決しなければならない。それまでの地方政治の対応から、中央政治への対応をせまられることになった。新たな危機を迎えたのである。

この危機に最初に直面したのは武田氏だった。

武田信玄は甲斐、信濃、西上野を領国化し、ある時は越後の上杉謙信と、またある時は関東の北条氏康と対決しながらも、強力な軍団をもって領国支配のリーダーシップを発揮。〝甲斐の虎〟と恐れられた。

信長のあまりにも強引な侵略に反感を抱き、信玄は反信長の包囲網に加わって西上作戦を開始するが、途上で病に倒れ無念にも絶命。その後を継いだ勝頼は武田領国の立て直しを図るが、「長篠の戦い」で織田・徳川連合軍に大敗。それを機に、織田軍、徳川軍、北条軍による「甲州征伐」で瓦解。甲斐源氏からの伝統を誇る東国の雄・武田氏は、信長の軍事力に圧倒され、滅亡する。

次に、この中央からの危機に直面したのが北条氏である。

〝相模の獅子〟として名を馳せた北条氏康を中興の祖とする北条氏は、五代にわたり相模・武蔵を中心に関東の領国を拡大。「関東に争いのない、そして領民とともに繁栄する理想の領国をつくる」ことを一大目標として、関東制圧に専念してきた。

ところが、中央の政治の動きに対応して信長への服従を決意するが、直後に信長が「本能寺の変」で横死。その後継を秀吉と家康が争った。そこで北条氏は同盟関係にあった家康との関係を強化し、秀吉との対決の途を進んでいった。

しかしながら、家康は北条氏の期待を裏切り、秀吉と対決するのではなく服従してしまう。天下統一を目指す秀吉との外交戦に敗れ、「小田原合戦」へとつき進む。全国の戦国武将を従えた豊臣軍の圧倒的な軍事力前に、北条氏は降伏し小田原城は落城。こうして、関東の雄・北条氏は、秀吉の天下統一事業のなかで滅亡したのである。

最後に中央からの危機に遭遇したのが上杉氏だ。

〝越後の龍〟と呼ばれた上杉謙信も、その軍事的才能を活かして関東管領を目指し、北陸を領国化していった。中央の政治勢力との衝突も必然であった。

「手取川の戦い」では織田軍を撃破。しかし、謙信はその直後に不審死してしまう。その後に「御館の乱」という壮絶な跡目争いが勃発。上杉景勝が後継者となる。

景勝は、氏政とは反対の途を選び、中央の政治に順応するために秀吉との誼を結ぶ。先代からの宿敵であった北条氏を攻める「小田原征伐」にも参画。秀吉亡き後、景勝は豊臣政権の五大老に就任するが、そのなかで急速に力をつけた徳川家康と対立。豊臣政権を乗っ取ろうとする家康に「会津征伐」を仕掛けられる。

ところが、その最中に石田三成が挙兵。天下分け目の「関ヶ原の戦い」で家康が勝利し、天下の大勢を決めた。それを受けて景勝は無念ながら家康に服従。その後、江戸幕府のもとで、米沢藩上杉氏として存続していった。

このように、東国の三英傑といわれる北条氏康、武田信玄、上杉謙信は、関東・東国を舞台にそれぞれの理念、信条をもって領国を経営し、ある時は戦い、またある時は同盟して権謀術数を弄しながらも切磋琢磨して戦国の世を生き抜いた。この好敵手、良きライバル同士による三国志は、戦国時代の歴史のなかで類い希に見るドラマチックでダイナミックな物語である。

そして、この三英傑の後継者である北条氏政・氏直、武田勝頼、上杉景勝は中央の政局に巻き込まれていく。その挙げ句の果てに、勝頼は信長に滅ぼされ、氏政・氏直は秀吉に敗れ去った。そして、景勝だけが家康に服従して生き延びたのである。

■三英傑の遺志と三国の遺産

戦国時代は、こうして東国の三英傑が中央の三傑の前に屈して終わりを告げたのである。

彼らの目指した国づくりは、決して野望ではなく、高い志があった。だが、夢ははかなく消えていった。

しかしながら、彼らの遺志と遺産は、その後の江戸時代の泰平の世の礎となったのは間違いない。

氏康の行財政改革と税制改革は、その後、小田原生まれの江戸時代の大改革者・二宮尊徳の

「報徳仕法・報徳思想」に昇華し、農村改革や藩の行財政改革そして地域振興につながり、歴史に名を残した。

また、小田原城の「総構を持つ大城郭」は、秀吉の大阪城、家康の江戸城の大城郭構築に大きな影響を与え、日本の城郭建築を見事に変革した。さらに、支城制や伝馬制、楽市振興などは、江戸時代の地方分権、地域振興の先駆けとなった。

特に家康は、北条氏が関東平野で築いた伝馬制度を東海道にも導入し、それが東海道五十三次の宿場町に発展していった。

信玄の河川土木工事は、その後江戸時代の各藩の防災工事のお手本になっていく。そして、「人は石垣、人は城」と育てた家臣たちは、信玄亡き後、多くが家康に召し抱えられ、徳川政権を支えていく。

狼煙台による情報伝達や忍者を使った諜報や情報収集は、戦争における情報戦略の重要性を後世に教えてくれた。

謙信の青苧丈布の流通は、日本海海運の発展につながったことは間違いない。軍神ともいわれた戦術眼と果断な統率力は軍事戦術を考える上で貴重なものとなった。

そして、子孫にあたる米沢藩九代藩主・上杉鷹山《ようざん》は、藩の行財政改革、地域振興で絶大な功績を残し、歴史に名を刻んだ。

このように、民政改革者の氏康、戦略政治家の信玄、そして戦術思想家の謙信は、自らの夢を叶えられなくとも、その実績が次の時代に継承され、その後の日本の発展の礎となったのである。

〝相模の獅子〟こと北条氏康、〝甲斐の虎〟こと武田信玄、そして〝越後の龍〟こと上杉謙信。武将として、政治家として類い稀に見る能力を発揮し、戦国時代の荒波を乗り越え、東国の発展を導いた三英傑の活躍と三国の栄枯盛衰は、まさに「日本の三国志」として語り継がれていくことだろう。

おわりに

自国の歴史を学ばずに、真の国民にはなれない。過去を学び、現在を考え、未来に伝える。この繋がりがなければ社会は発展しない。つまり、歴史とは過去と現在と未来との間の尽きることのない対話である。私はこのような信念のもとに、政治家として歴史教育の改革に力を注いできた。

神奈川県知事時代には、全国で初めて県立高校での日本史必修化を実現した。その後、参議院議員として、学習指導要領に「歴史総合」(近現代史)の教科化を文部科学省に強く要請し続け、ついに二〇二二年から全国の高校生が必修として学ぶことになった。

さらに私は、言い出しっぺの責任として、神奈川や横浜の素晴らしい歴史を広く国民の皆さまに紹介しようと執筆活動を継続してきた。

これまでに『破天荒力　箱根に命を吹き込んだ「奇妙人」たち』(講談社/二〇〇七)、『生麦事件の暗号』(講談社/二〇一二)、『教養として知っておきたい二宮尊徳』(PHP新書/二〇一六)、『始動!江戸城天守閣再建計画』(ワニ・プラス/二〇一六)、『横浜を拓いた男たち』(有隣堂/二〇一九年)、『北条五代　奇跡の100年』(ワニ・プラス/二〇二〇年)などを出版。同時に講演活動も積極的に展開している。

そして、前作『北条五代　奇跡の100年』の執筆のため戦国大名の北条五代を調査・研究するなかで、北条氏が武田氏、上杉氏と東国の覇権を争う興亡史が、最高に面白いことを発見した。

これは、中国の『三国志』に優るとも劣らない歴史スペクタルになりうると確信したので、改めて調査・研究を開始し、三年かけて今回ようやく本著が上梓できた次第である。

戦国大名は領国支配拡大のために、数多くの外敵と外交、同盟、合戦をくり返しているが、本著では、北条氏、武田氏、上杉氏の対立、対決、興亡を中心に〝日本版の三国志〟として描きたいと考えた。

つまり、主役はあくまで、氏康、信玄、謙信であり、知名度と人気の高い信長、秀吉、家康、政宗などは脇役に徹してもらった。

二つ目の問題意識は、三英傑のなかでも、信玄と謙信と比べ、知名度と人気がいまいちの北条氏康を世にデビューさせたいと考えたことだ。北条五代は民政を重視した有能な戦国大名であったにもかかわらず、派手さがないためか知名度や人気があまりなく、テレビドラマや映画・小説ではいつも脇役である。

神奈川県と東京都で政治活動を展開する私としては、いつも寂しい思いをしてきた。信玄、謙信と対等に渡り合った氏康と北条氏をもっと知ってほしかった。

いずれにしても「関東戦国の三国志」は、調べれば調べるほどダイナミックで面白く魅力的であった。

私の夢は、この「関東三国志」がアニメや映画・テレビドラマ、さらにはゲームソフトなどに横展開していくことだ。そして、より多くの人に、多様なメディアで三国志を楽しんでもらうことだ。

勝手な願望ばかり書いたが、もとより私は、歴史学者でも研究者でもない。本書の内容も歴史研究者の方々から見れば、誤認や間違いも多いと思う。しかし「戦国大名の生き様から何を学ぶか」という認識のもとに、政治家としての観点から想像も含めて執筆したものなので、どうか専門家の皆さまには寛容なご理解をいただければ幸いである。

最後に、本書を執筆・出版するにあたり、お世話になった方々に御礼申し上げたい。

まず、親しみやすい本にするために、マンガ家の宮下あきら先生が三英傑のキャラクターを描いてくださいました。あの名作『魁！男塾』を思い出させる迫力の熱筆に御礼申し上げます。

資料収集でお世話になった国会図書館の皆さん、松沢事務所のスタッフの皆さん、ご協力ありがとうございました。

そして私の執筆活動をいつもサポートしてくださっている出版社ワニ・プラスの佐藤俊彦社長、小幡恵編集長に心より御礼申し上げます。今回もお世話になりました。ありがとうございました。

こうした皆さまのご助力のお陰様で本書が上梓できましたことに心より感謝申し上げます。本書が読者の皆さまに、歴史の面白さ、歴史を学ぶ楽しさを伝えることができれば、この上ない喜びです。

令和五年（二〇二三）七月吉日

松沢成文

三国志年表

西暦	和暦	北条氏	武田氏	上杉氏	織田氏・豊臣氏・徳川氏
1515	永正12年	氏康、小田原城で誕生			
1521	永正18年／大永元年		信玄、積翠寺で誕生		
1524	大永4年	武蔵侵攻（江戸城奪取）			
1530	享禄3年	氏康初陣（小沢原の戦い）		謙信、春日山城で誕生	
1534	天文3年				信長誕生
1536	天文5年		信玄初陣（海の口城攻め）	林泉寺に入門	
1537	天文6年	**相駿同盟破棄**	**甲駿同盟成立**		秀吉誕生
1538	天文7年	足利・里見連合軍撃破（第一次国府台合戦）			
1539	天文8年	氏政、小田原で誕生			
1541	天文10年	氏綱死去、氏康当主に	父信虎を駿河へ追放、信玄当主となる 信濃征服戦開始		
1542	天文11年		信玄堤など治水工事開始	父・長尾為景死去	家康誕生
1543	天文12年		上伊那に侵攻	林泉寺を出て栃尾城入城	
1544	天文13年			謙信初陣（栃尾城の戦い）	

1545	天文14年	駿河侵攻	駿河で北条・今川を調停 勝頼誕生	黒田秀忠反乱、制圧	
1546	天文15年	扇谷・山内上杉軍撃破 （河越夜戦）	佐久侵攻		
1547	天文16年	武蔵侵攻（岩槻城奪取）	甲州法度之次第交付		
1548	天文17年		北信濃侵攻、信濃守護小笠原氏に勝利（塩尻峠の戦い）	兄晴景から謙信に家督相続	
1549	天文18年			上杉憲政、謙信に救援要請	家康、今川義元の人質として駿府へ
1550	天文19年	税制改革実行	北信濃へ侵攻、村上氏攻略できず（戸石崩れ）	謙信、越後守護となる	
1551	天文20年	目安箱の評定制度開始 上杉憲政を越後に追放		長尾政景の反乱、制圧 越後統一	
1552	天文21年		信濃平定へ		
1553	天文22年		第一次川中島合戦	第一次川中島合戦、初上洛	
1554	天文23年	**甲相駿三国同盟**	**甲相駿三国同盟**	家臣の北条高広が謀反、制圧	
1555	天文24年／弘治元年	上野侵攻	第二次川中島合戦	第二次川中島合戦	
1556	弘治2年			景勝誕生	
1557	弘治3年	下野侵攻	第三次川中島合戦	第三次川中島合戦	

1559	永禄2年	徳政令施行、家督を氏政に 小田原衆所領役帳作成	信玄、信濃守護に	再上洛 関東管領に任命される	
1560	永禄3年			越中へ進出 関東侵略開始	信長、今川義元討ち取る （桶狭間の戦い） 家康、三河で独立
1561	永禄4年	謙信が小田原城包囲 氏康は籠城	第四次川中島合戦	小田原城包囲 第四次川中島合戦	
1562	永禄5年	北条・武田連合軍、武蔵攻略 （松山城の戦い）	武田・北条連合軍、武蔵攻略 （松山城の戦い）、	関東へ越山・侵攻、氏康と 対立	信長と家康、 **清州同盟締結**
1563	永禄6年	下野侵攻、謙信と対立		関東へ越山・侵攻、氏康と 対立	
1564	永禄7年	安房里見氏撃破 （第二次国府台合戦）	第五次川中島合戦	第五次川中島合戦 景勝、謙信の養子となる	
1565	永禄8年	上野・下野に侵攻	**武田・織田同盟** 嫡男武田義信を嫡廃・幽閉	関東へ越山・侵攻	**織田・武田同盟成立**
1566	永禄9年	武蔵・上野・下総平定	西上野攻略（箕輪城の戦い）	関東へ越山・侵攻	
1567	永禄10年	氏政、安房里見氏に敗戦（三 船山合戦）	義信自害	関東へ越山・侵攻 北条高広、再び謀反・制圧	
1568	永禄11年	今川氏救援のため駿河進攻 **甲相駿三石同盟解消**	駿河侵攻開始、 **甲相駿三国同盟破棄**	本庄繁長謀反 越中で一向一揆と衝突	信長、足利義昭と上洛 京都・畿内を制圧
1569	永禄12年	**越相同盟成立**、武田軍小田原 包囲（三増峠の戦い）	小田原城包囲（三増峠の戦い）	**越相同盟成立**	家康、遠江へ侵攻 今川氏滅亡
1570	永禄13年／ 元亀元年	駿河侵攻、武田軍と戦闘 北条三郎が謙信の養子に	駿河侵攻、北条軍と戦闘	北条三郎を養子に迎える	

1571	元亀2年	氏康死去 **越相同盟解消、甲相同盟復活**	**甲相同盟復活**	**越相同盟解消** 越中侵攻開始	信長、延暦寺焼き討ち
1572	元亀3年		西上作戦、三河・美濃侵攻（三方ヶ原合戦）	**信長と同盟**	徳川軍、で武田軍に惨敗（三方ヶ原合戦）
1573	元亀4年／天正元年	下野攻略	信玄死去、勝頼が後継	越中一向一揆討伐	信長、将軍義明を追放、室町幕府滅亡
1574	天正2年	上野・下野・下総攻略	遠江・美濃侵攻	最後の関東越山・侵攻	
1575	天正3年	下野・下総攻略	武田軍、織田・徳川軍に惨敗（長篠の戦い）	本願寺の顕如と和睦	織田・徳川連合軍、武田軍に大勝（長篠の戦い）
1576	天正4年	**第三次甲相同盟**	**第三次甲相同盟**	**信長との同盟破棄** 越中平定、能登侵攻	信長、安土城築城
1577	天正5年	下野・常陸攻略		能登平定（七尾城の戦い） 織田軍に勝利（手取川の戦い）	
1578	天正6年	御館の乱をめぐり、氏政と勝頼が対立	御館の乱で勝頼が景勝と和睦	謙信、春日山城で死去 御館の乱勃発、景勝対景虎	
1579	天正7年	**甲相同盟破棄**	**越甲同盟締結・甲相同盟破棄**	**越甲同盟締結**	
1580	天正8年	上野・駿河に侵攻し勝頼と戦闘、信長と同盟し氏直家督	上野・駿河に進攻、氏政と戦闘	御館の乱終結、景勝国主に	
1581	天正9年	伊豆・駿河侵攻、勝頼と戦闘	韮崎に新府城築城・入城	新発田重家謀反	
1582	天正10年	甲州征伐、天正壬午の乱で上野・信濃へ侵攻	甲州征伐、織田軍・徳川軍、武田領に侵攻 勝頼自害、武田氏滅亡	天正壬午の乱、北信濃進攻	甲州征伐 本能寺の変で信長横死

1583	天正11年	**北条・徳川同盟締結** 上野侵攻			秀吉、柴田勝家を破り、信長の後継に
1584	天正12年	下野侵攻（沼尻合戦）		景勝、秀吉と接近	秀吉と家康の対立（小牧・長久手の戦い）
1585	天正13年	氏政、伊達政宗に接近 北条・徳川同盟強化			秀吉、関白となる
1586	天正14年	関東平野、ほぼ領有化		秀吉に臣従し初上洛	家康、秀吉に臣従
1587	天正15年	秀吉、北条氏に惣無事令通達 小田原城大改修		新発田重家討伐、越後再統一	
1588	天正16年	氏直、家康から秀吉への征属を勧告される		庄内平定	
1589	天正17年			佐渡平定	
1590	天正18年	豊臣軍、小田原城包囲 氏政・氏照自害、北条氏滅亡		小田原征伐に参戦	豊臣軍、徳川軍、小田原征伐へ
1591	天正19年	氏直、監禁先の高野山で病死			
1598	慶長3年			会津一二〇万石に転封	秀吉、伏見城にて死去
1600	慶長5年			会津討伐、慶長出羽合戦	関ヶ原合戦、家康の東軍勝利
1601	慶長6年			上洛し、家康に謝罪。米沢三〇万石に減移封、上杉氏存続	

参考文献

『北条氏康』青木重數／新人物往来社
『北条氏康　関東に王道楽土を築いた男』伊東潤・板嶋恒明／PHP新書
『北条氏政　乾坤を截破し太虚に帰す』黒田基樹／ミネルヴァ書房
『北条氏照　秀吉に挑んだ義将』伊東潤／PHP文庫
『戦国大名北条氏―合戦・外交・領国支配の実像』下山治久／有隣新書
『戦国北条氏五代』黒田基樹／戎光祥出版
『戦国北条記』伊東潤／PHP文芸文庫
『実録　戦国北条記』伊東潤／H&I
『北条氏五代と小田原城』山口博／吉川弘文館
『最後の戦国合戦「小田原の陣」北条氏はなぜ籠城戦で滅亡したのか？』中田正光／洋泉社
『戦国時代の終焉　「北条の夢」と秀吉の天下統一』齋籐慎一／吉川弘文館
『原本現代訳　小田原北条記（上）（下）』江西逸志子原著・岸正尚訳／教育社
『戦国大名北条氏の歴史　小田原開府五百年のあゆみ』小田原城総合管理事務所編・小和田哲男監修／吉川弘文館
『武田信玄　武田三代興亡記』吉田龍司／新紀元社
『武田三代』新田次郎／文春文庫
『新編　武田信玄のすべて』柴辻俊六編／新人物往来社
『武田信玄大事典』柴辻俊六編／新人物往来社
『戦国の猛虎　武田信玄』UTYテレビ山梨監修・萩原三雄・秋山敬編者／新人物往来社
『武田信玄入門』萩原三雄・平山優・秋山敬・畑大介・西川広平・山下孝司・海老沼真治・宮沢富美恵・堀内亨／山梨日日新聞社
『上杉謙信』井上鋭夫／講談社学術文庫
『上杉謙信』花ヶ前盛明／新人物往来社
『上杉謙信　人物叢書』山田邦明／吉川光文社

『上杉謙信　信長も畏怖した戦国最強の義将』相川司／新紀元社
『上杉謙信大事典　コンパクト版』花ヶ前盛明編／
『関東戦国史　北条vs上杉55年戦争の真実』黒田基樹／角川ソフィア文庫
『関東戦国全史　関東から始まった戦国１５０年戦争』山田邦明編／洋泉社
『横浜の戦国武士たち』下山治久／有隣新書
『小田原合戦　豊臣秀吉の天下統一』下山治久／角川選書
『歴史群像デジタルアーカイブス小和田哲男選集4　上杉vs武田vs北条　関東三国志』小和田哲男／学研プラス
『歴史に学ぶ　地方主権』村田吉優監修・一般社団法人地域再生推進機構編・著／創生社
歴史群像シリーズ『戦国【関東三国志】上杉謙信、武田信玄、北条氏康の激闘』／学習研究社
歴史群像シリーズ『真説【戦国北条五代】早雲と一族、百年の興亡』／学習研究社
歴史群像シリーズ『武田信玄【風林火山の大戦略】』／学習研究社
新・歴史群像シリーズ『【闘神武田信玄】戦国最強・甲州軍団の激闘』／学習研究社
歴史群像シリーズ戦国セレクション『疾風　上杉謙信【破竹の懸り乱れ龍】』／学習研究社
別冊歴史読本『戦国の魁　早雲と北条一族　北条五代百年の興亡の軌跡』／新人物往来社
『戦国武将の解剖図鑑』監修・本郷和人／エクスナレッジ
『図説　戦国北条氏と合戦』黒田基樹／戎光祥出版

取材地

【神奈川県】小田原城、三増峠古戦場、津久井城、小机城、玉縄城、早雲寺、石垣山城　【東京都】江戸城、世田谷城、八王子城
【埼玉県】川越城、針形城、忍城　【静岡県】山中城、韮山城、駿府城、掛川城、浜松城　【山梨県】武田神社（躑躅ヶ崎館）、甲府城、甲斐善行寺　【長野県】川中島古戦場、松代城（海津城）、善行寺、諏訪大社、上田城　【新潟県】春日山城、春日山神社、高田城　【群馬県】厩橋城（前橋城）

松沢成文（まつざわしげふみ）

1958年、神奈川県川崎市生まれ。慶應義塾大学法学部政治学科卒業。松下政経塾3期生。87年神奈川県議会議員に当選、93年衆議院議員に当選し3期務めた後、2003年神奈川県知事となり2期務める。13年参議院議員として国政復帰。政治活動の傍ら、歴史研究と著作活動を展開。著書に『生麦事件の暗号』（講談社）『教養として知っておきたい二宮尊徳』（PHP新書）『横浜を拓いた男たち』（有隣堂）、『始動！江戸城天守閣再建計画』『北条五代、奇跡の100年』（ワニブックス【PLUS】新書）、ほか。血液型A型、家族は妻、娘夫婦、孫ふたりと柴犬。

激闘！関東三国志

氏康・信玄・謙信の夢と挫折

2023年9月10日初版発行

著　　者　松沢成文

発 行 者　佐藤俊彦

発 行 所　株式会社ワニ・プラス
〒150-8482
東京都渋谷区恵比寿4-4-9 えびす大黑ビル7F

発 売 元　株式会社ワニブックス
〒150-8482
東京都渋谷区恵比寿4-4-9 えびす大黑ビル
ワニブックスHP　https://www.wani.co.jp
（お問い合わせはメールで受け付けております。
HPより「お問い合わせ」にお進みください）
※内容によりましてはお答えできない場合がございます。

カバーデザイン　柏原宗績

イ ラ ス ト　宮下あきら

D T P 制作　株式会社ビュロー平林

印刷・製本　中央精版印刷株式会社

Printed in Japan ISBN 978-4-8470-7340-3